奈良國立文化財研究所史料第四冊

# 俊乘房重源史料集成

小林剛編

奈良國立文化財研究所

1　俊乗房重源像　東大寺俊乗堂

2

俊乗房重源像　阿彌陀寺

3

俊乗房重源像　新大佛寺

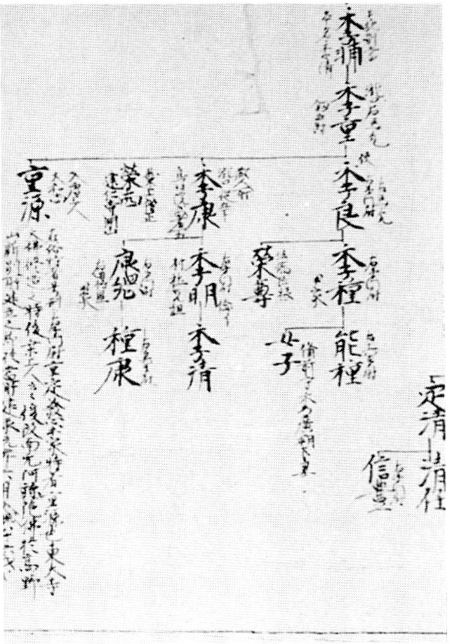

季輔　季重　季良　季種　能種　重源　季康　季明　季清

5　紀氏系図　上司家蔵

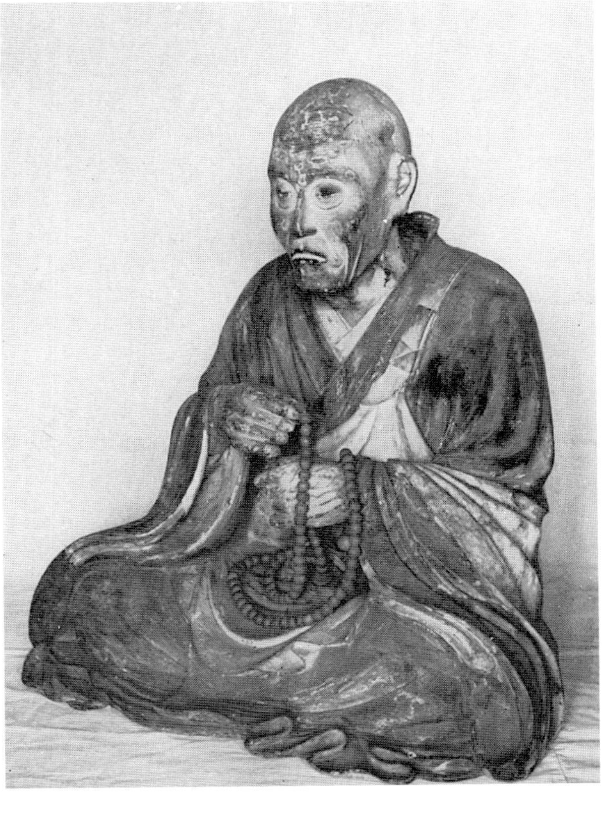

4　俊乗房重源像　浄土寺

6 延壽院銅鐘　泉福寺蔵

7 阿彌陀如来像（傳東大寺浄土堂舊佛）　一念寺

8　浄　土　堂　浄土寺

9　阿彌陀三尊像　浄土寺浄土堂

10 銅五輪塔　浄土寺蔵

12 般若臺銅鐘　笠置寺蔵

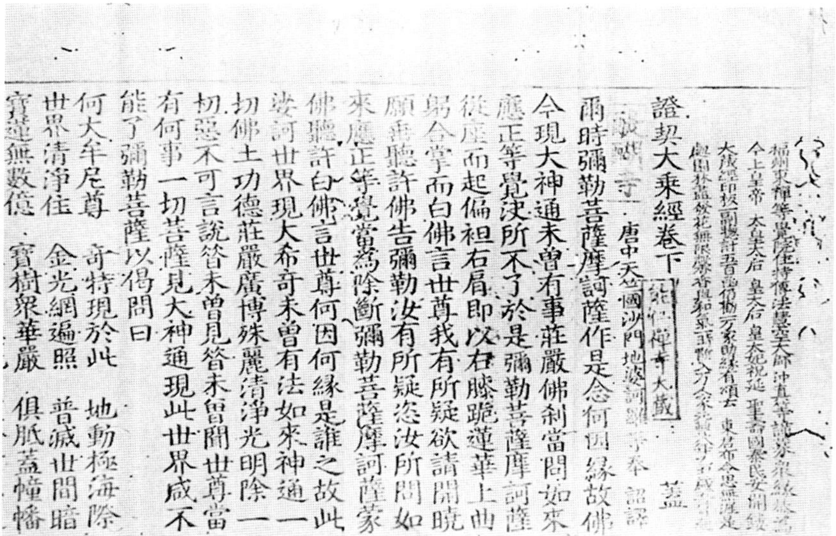

福州東禪等覺院住持傳法慧空大師沖真等謹募衆緣恭為
今上皇帝　太皇太后　皇太后　皇太妃祝延　聖壽國泰民安開鏤
大藏經印板一副總計五百[illegible]
[illegible]

證契大乘經卷下　蓋
唐中天竺國沙門地婆訶羅等奉　詔譯
爾時彌勒菩薩摩訶薩作是念何因緣故佛
今現大神通未曾有事莊嚴佛刹當問如來
應正等覺決所不了於是彌勒菩薩摩訶薩
從座而起偏袒右肩即以右膝跪蓮華上曲
躬合掌而白佛言世尊我有所疑欲請開曉
願垂聽許佛告彌勒汝有所疑恣汝所問如
來應正等覺當為除斷彌勒菩薩摩訶薩蒙
佛聽許白佛言世尊何因何緣是誰之故此
娑訶世界現大希奇未曾有法如來神通一
切佛土功德莊嚴廣博殊麗清淨光明除一
切惡不可言說昝未曾見昝未曾聞世尊當
有何事一切菩薩見大神通現此世界咸不
能了彌勒菩薩以偈問曰
何大牟尼尊　奇特現於此　地動極海際
世界清淨住　金光網遍照　普滅世間暗
寶蓮無數億　寶樹衆華嚴　俱胝蓋幢幡

11 宋版一切経　醍醐寺蔵

13 石獅子 東大寺南大門

14 鉄湯船 東大寺大湯屋

15　鉄塔及水晶舎利塔　阿彌陀寺蔵

16　敏満寺銅五輪塔　胡宮神社蔵

17
僧形八幡神像　東大寺八幡殿

18
阿彌陀如来像　東大寺俊乗堂

19　本尊像頭部　新大佛寺

21　板五輪塔　新大佛寺蔵

20　本尊須彌壇　新大佛寺

22 南大門 東大寺

23 金剛力士像 東大寺南大門

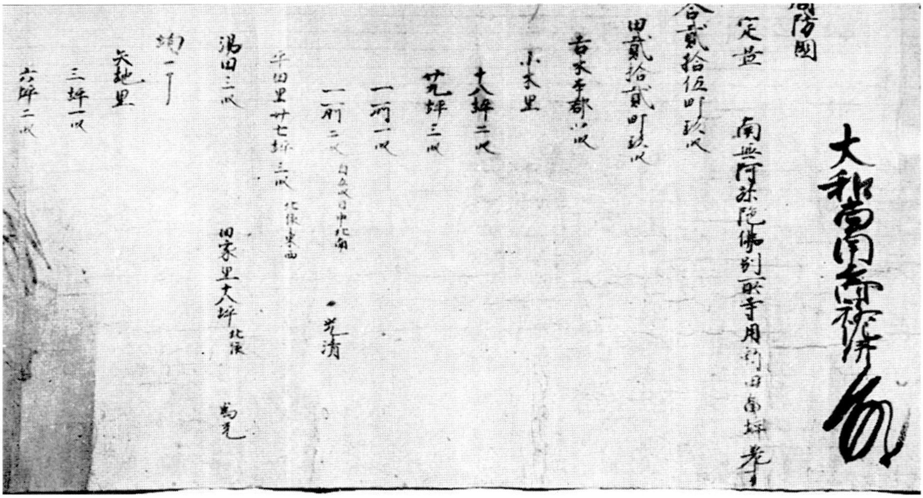

24　南無阿彌陀佛別所田畠注文竝免除状　阿彌陀寺蔵

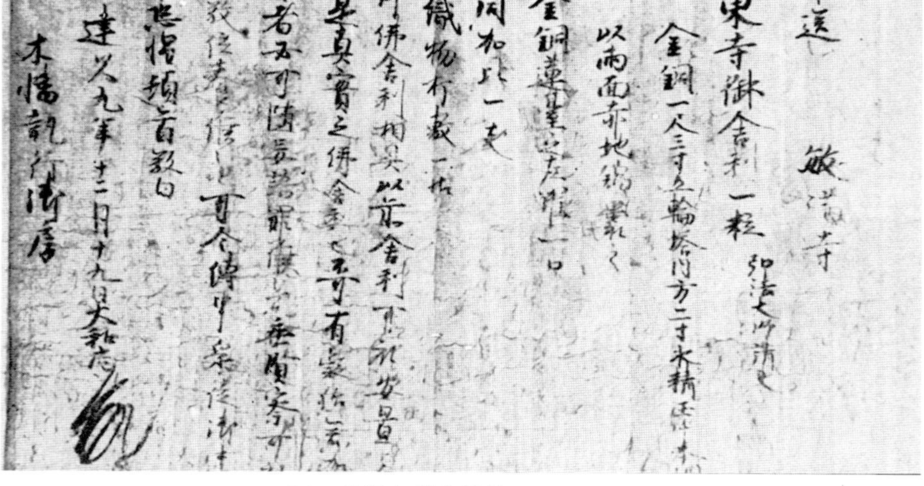

24　重源舍利寄進状　胡宮神社蔵

# 序

俊乘房重源は、藤原時代の末の保安二年（一一二一）に、京師の武官の家である紀氏の男として生れた。そして長承二年（一一三三）歳十三の時、醍醐寺に入って出家し、その後、あるいは四國の眞言靈地を巡禮して廻ったり、あるいは大峯、熊野、御嶽などの靈峯に登ったりして、僧侶としての心身を鍛錬し、さらにまた仁安二年（一一六七）には大陸の宋まで渡って、彼地の珍しい學問をいろいろと學んできた。しかし重源の前半生はあまり華々しいものではなく、世間一般にも彼の名はほとんど知られていなかった。ところが、たまたま養和元年（一一八一）に治承の兵火に燒けた東大寺の復興造營のための勸進職に任ぜられてから、一躍、彼の名は南都の内外にかがやきはじめた。その時に彼はすでに六十一歳の老年になっていたが、それから丸二十五年の間に、あの五丈にあまる巨大な銅の大佛像の修理や、世界最大の木造建築といわれる大佛殿の再建を中心として、東大寺一山のいくつかの堂宇や諸佛像などを次から次えと復興したばかりでなく、なお文治三年（一一八七）頃から周防の阿彌陀寺を營み、また建久三年（一一九二）頃には播磨の淨土寺を建て、さらにまた建仁二年（一二〇二）頃には伊賀の新大佛寺を營み、その他あちこちにかなり數多くの堂舍や佛像などを造って、まったく超人的な活躍を續けた。

それは人ひとりの仕事として、實にすばらしい限りで、一つの寺院否一つの堂宇を建てるということだけでも、なかなか容易なことでないのに、それを敢ていくつとなく營んだということは、まことに驚嘆すべきことであった。蓋し一代の傑僧といわなければならないだろう。しかしさすがの重源も遂に建永元年（一二〇六）の六月五日に、八十六歳の高齢を以て、東大寺勸進所の一隅で、その生涯の幕を閉じた。

この重源の事蹟は、いまもなお東大寺をはじめとする各地各所の關係社寺その他にかなり多く殘されていて、そのすばらしい業蹟のほどをまざまざと見せてくれる。しかしそれ等は建築、彫刻、繪畫、工藝、文書、その他のものに及んでいて、これ等を一つのまとまった研究としてとりあげることは、なかなか容易な業ではない。しかも重源の事蹟は、彼自からが書き記した「南无阿彌陀佛作善集」にきわめて詳細に收錄されているので、ちょっと考えると、これでひじょうによく判るようにも思われるが、實際にこれ等を一つづつ丹念に尋ねて廻るということは、普大抵の苦勞ではなく、ことにそれにかなりの時間と勞力とをかけなければならないのが、大きな難點である。この「史料集成」の編者は、この實地調査だけに三十餘年の歳月をかけた。そうなると、これはただ重源にとり憑かれた學問の虫でなければならない。それと共に、こんな研究にはそれぞれの分野におけるかなり多くの協力者の助成がなければならない。

この重源研究に關しても、東大寺の筒井英俊長老をはじめとして、同寛秀師、阿彌陀寺の林行寛師、淨土寺の鑑快應師、建築史の浅野清先生、彫刻史の田澤坦先生、繪畫史の田中一松先生、古文書の和田軍一、藤田經世兩先生などには何かとずいぶんお世話になった。そしてここにやっとこの研究のもっとも基礎となる史料の整理といふ段階において、この「俊乘房重源史料集成」の刊行をみるに至ったのであるが、これで鎌倉文化史の上にきわめて大きな足跡を殘した重源のことが何かと明らかにされるだろうと、ひそかに期待もしている次第である。そして大方先學のこれまでのご援助に對して心から厚く感謝の意を捧げると共に、また今後の絶えざるご鞭撻を重ねてお願いしたいと思う。なおこの重源研究について、かって昭和二十八年度に綜合研究の課題番號第一一一三號を以て、文部省の科學研究費の補助をうけたことがあるのを附記しておく。

昭和四十年二月十日

奈良國立文化財研究所長

小林　剛

# 俊乗房重源史料集成

## 目次

一 保安二年（一一二一）紀季重の男として京都に生る—本朝高僧傳、浄土寺開祖傳、阿彌陀寺略縁起、源平盛衰記、紀氏系圖（群書類従）、紀氏系圖（続群書類従）、紀氏系圖（手向山神社上司家）……1

二 長承二年（一一三三）年十三にして醍醐寺に入って出家し、上醍醐圓明房に居る—本朝高僧傳、浄土寺開祖傳、浄土鎮流祖傳、重源敬白、醍醐寺新要錄、醍醐雜事記、淨土傳燈總系譜……3

三 保延三年（一一三七）年十七にして四國邊を修行して廻る—作善集……6

四 保延五年（一一三九）十九歳の時、はじめて大峯を修行し、また熊野、御嶽、葛城等に登る—作善集、浄土寺開祖傳、重源敬白……6

五 その後、高野山にも登る—浄土寺開祖傳、重源敬白……7

六 久壽二年（一一五五）六月廿一日、醍醐の栢杜堂を建て、九躰阿彌陀像を造る—作善集、醍醐雜事記、醍醐寺新要錄、尊卑分脈……7

七 應保二年（一一六二）五月二十七日頃、久我雅定の遺骨を醍醐寺一乗院の本堂床下に埋葬することに結縁す—作善集、醍醐雜事記、醍醐寺新要錄……10

八 長寛（一一六三）治承（一一七七）の間、下醍醐の中院堂に藤原公基筆の額を懸けるこ

とに結縁す―作善集、醍醐雜事記、醍醐寺新要錄……11
九 この頃、藤原重兼の墓の上に建てられた醍醐寺慈心院の塔の造營に結縁す―作善集、醍醐雜事記、醍醐寺新要錄……14
一〇 またこの頃、醍醐に於て如法經等を書寫供養す―作善集……16
一一 この頃、また法然房源空に學ぶという―元亨釈書、東國高僧傳、本朝高僧傳、浄土寺開祖傳……16
一二 仁安二年（一一六七）宋に赴き、翌三年（一一六八）、榮西と共に歸朝し、淨土五祖畫像や五劫思惟阿彌陀像等を將來すという―重源敬白、元亨釈書、東國高僧傳、本朝高僧傳、浄土寺開祖傳、浄土鎭流祖傳、玉葉、延壽院銅鐘銘、法然上人行狀畵圖、法然上人傳記、東大寺諸伽藍略錄、古事談……17
一三 宋より歸國後、間もなく信濃の善光寺に參詣すという―善光寺緣起、作善集……21
一四 安元元年（一一七五）十月二十三日、榮西、鎭西誓願寺の本尊丈六阿彌陀如來像を造立供養し、重源これに結縁す―作善集、誓願寺創建緣起……21
一五 安元二年（一一七六）二月六日、高野山延壽院に銅鐘一口を施入す―延壽院銅鐘銘、紀伊國名所圖會……23
一六 治承四年（一一八〇）十二月廿八日、平重衡の兵火により、東大寺一山燒亡す―玉葉、吾妻鏡、明月記、東大寺續要錄……26
一七 治承五年（一一八一）二月下旬、重源、東大寺に參詣して、燒け損じた大佛を見て

歎く―東大寺造立供養記……30
一八　治承五年（一一八一）六月廿六日、東大寺造營の知識詔書を下し、造寺官を任命す―百錬抄、玉葉、東大寺續要錄、東大寺造立供養記、辨官補任……31
一九　治承五年（一一八一）七月十三日、公家、東大寺造營の費用捻出について苦慮す―玉葉……34
二〇　養和元年（一一八一）八月、重源に東大寺造營勸進の宣旨を賜る―東大寺續要錄、東大寺造立供養記、作善集、黒谷源空上人傳、法然上人祕傳、本朝祖師傳記繪詞、法然上人傳記、法然上人傳繪詞、源平盛衰記……35
二一　養和元年（一一八一）十月六日、東大寺大佛鑄造始。先ず大佛の螺髪を鑄始む―玉葉、東大寺續要錄……46
二二　養和元年（一一八一）十月九日、重源、洛中の諸家を勸進して廻り、女院その他より奉加を受く―玉葉……47
二三　養和二年（一一八二）二月廿日、重源、東大寺大佛鑄造の費用を、主として知識物を以てなす由を申す―玉葉……47
二四　壽永元年（一一八二）七月廿三日、重源、宋の鑄師陳和卿を語らって、東大寺大佛を鑄造せんとす―東大寺續要錄、玉葉……48
二五　壽永二年（一一八三）正月廿四日、重源、はじめて九條兼實に招かれて、入宋その他のことを語る―玉葉……48

二六　壽永二年（一一八三）二月十一日、東大寺大佛の右手を鑄造す―東大寺續要錄……50
二七　壽永二年（一一八三）三月十七日、重源の勸進により、鑄師草部是助、上醍醐大湯屋の湯釜を鑄造す―醍醐雜事記、作善集、醍醐寺新要錄……51
二八　壽永二年（一一八三）四月十九日、東大寺大佛の頭部を鑄始む。この頃から鑄師草部是助等を加えて、五月十八日にその鑄造を畢り、六月一日に磨き上ぐ―東大寺續要錄、東大寺造立供養記、吾妻鏡、東大寺要錄、玉葉、百鍊抄……52
二九　壽永二年（一一八三）十二月廿二日、造東大寺官の下名あり―吉記……59
三〇　壽永二年（一一八三）頃から、重源、諸人に阿彌陀佛號を付し始む―作善集、黑谷源空上人傳、源空上人私日記、法然上人傳記、法然上人傳繪詞、愚管抄……59
三一　壽永三年（一一八四）正月五日、東大寺大佛の左手を鑄造す。そして重源の見込では、本年中に大佛修造の功を終るという―玉葉……61
三二　壽永三年（一一八四）四月九日、重源、弘法大師空海所持と傳える獨鈷、三鈷、五鈷等を傳得し、六月廿一日、これ等を高野山御影堂に奉納す―作善集、重源施入置文、御影堂御物目錄……62
三三　壽永三年（一一八四）六月二十三日、東大寺大佛の鑄造ほゞ畢りしを以て、來七月中に完成せしめて、その後、鍍金をなすという―玉葉……63
三四　この頃、重源、東大寺造營用の巨材を吉野山中に見出して喜ぶ―玉葉……63

三五 元暦二年（一一八五）二月廿九日、重源、東大寺大佛殿を營むために邪魔になる大佛背後の築山をくずさんことを請い、三月十九日、その指圖類を差出す—玉葉……64
三六 元暦二年（一一八五）三月七日、源頼朝、重源に米一萬石、砂金一千兩、上絹一千疋等を奉加す—吾妻鏡……65
三七 元暦二年（一一八五）三月卅日、重源、東大寺造營用の巨材を伊勢太神宮の杣にて採らんことを申請す—玉葉……66
三八 元暦二年（一一八五）四月廿七日、九條兼實、大佛の像内に納める佛舎利及び願文を重源に渡し、八月廿三日、またこれに清淨經などを加えて、奉籠す—玉葉、東大寺続要錄、醍醐雜事記、作善集……66
三九 元暦二年（一一八五）六月廿三日、南都の請により、平重衡を木津邊にて斬り、その首級を奈良坂に懸く—玉葉……70
四〇 文治元年（一一八五）八月廿八日、東大寺大佛開眼供養—百錬抄、山槐記、玉葉、東大寺造立供養記、東大寺続要錄、重源請定、醍醐雜事記、東大寺諸伽藍略錄……71
四一 文治二年（一一八六）二月二日、重源を東大寺別當に補さんとの議あれど、止む—玉葉……99
四二 文治二年（一一八六）二月中旬、重源、伊勢太神宮に參詣して、東大寺造營の成功を祈り、四月廿六日、神前に大般若經を轉讀す—東大寺八幡大菩薩驗記、作善集、東大寺

造立供養記、神宮寺藏古經題跋、重源伊勢太神宮参詣記、法然上人傳記、古今著聞集……………………99
四三 文治二年（一一八六）三月廿三日、周防國を東大寺造營料に宛て、重源をして國務を管せしむ―玉葉、吾妻鏡、東大寺造立供養記、阿彌院寺略縁起……………………124
四四 文治二年（一一八六）四月十八日、重源、番匠等を率いて周防國に下向し、杣に入る―吾妻鏡、阿彌陀寺鐵塔銘、東大寺造立供養記、阿彌陀寺文書……………………126
四五 文治二年（一一八六）七月廿七日、東大寺大佛が時々光を放って、奇異をあらわすことを注進す―玉葉……………………132
四六 文治二年（一一八六）七月、東大寺三綱等、寺家の造營を進めるために、伊賀國における伊勢齋宮の野宮課役を免れ、また平時定などが同國黑田莊、鞆田莊、湯船莊、玉瀧莊等の寺領を濫妨するのを停められんことを請う―東大寺文書……………………134
四七 文治二年（一一八六）八月十五日、九條兼實、東大寺に參詣す―玉葉……………………137
四八 文治二年（一一八六）八月十六日、西行、重源との約束による奥羽勸進の途次、鎌倉に立寄る―吾妻鏡、北條九代記……………………138
四九 文治二年（一一八六）秋頃、重源、源空や顯眞等の大原談義に參會す―本朝祖師傳記繪詞、源空上人私日記、法然上人傳記、法然上人傳繪詞、沙石集……………………138
五〇 文治三年（一一八七）正月廿六日、重源、九條兼實に面會す―玉葉……………………143
五一 文治三年（一一八七）三月四日、源頼朝、東大寺造營の材木運搬に妨害をなさず精

勤すべきことを、周防國の地頭等に仰付く—吾妻鏡 …… 144
五二 文治三年（一一八七）四月廿四日、重源、高野山新別所における蓮社の交りを絶って、鎌倉に赴くという—高野春秋 …… 148
五三 文治三年（一一八七）五月十九日頃、鎮西の宇佐、香椎、筥崎等の諸宮造營され、重源、その中の筥崎宮に於て如法經を書寫す—玉葉、作善集 …… 148
五四 文治三年（一一八七）五月廿九日、造東大寺司除目。權右中辨藤原定長、行隆に代って長官となる—玉葉、辨官補任 …… 149
五五 文治三年（一一八七）八月廿七日、東大寺衆徒、源頼朝に祈請卷數を送り、十月九日、頼朝これに對して報狀を出す—吾妻鏡 …… 150
五六 文治三年（一一八七）九月二日、重源、自然木脇息を東大寺念佛所に施入す—脇息銘 …… 151
五七 文治三年（一一八七）九月廿九日、造東大寺長官定長、大佛鍍金のための砂金その他について、九條兼實と相談す—玉葉 …… 151
五八 文治三年（一一八七）九月頃、東大寺大佛殿の長さ十三丈に及ぶ棟木を、周防杣にて採る—吾妻鏡 …… 153
五九 文治三年（一一八七）十月三日、重源、九條兼實に謁して、東大寺造營に關し、人夫のこと、麻苧のこと、材木のこと等を語る—玉葉 …… 153

一六〇　文治三年（一一八七）十月七日、院宣を下して、伊賀國司雅經が東大寺領鞆田荘を押妨することを停めしむ—東大寺文書、東南院文書……155
一六一　文治三年（一一八七）十月十八日、近江敏滿寺の再興成り、重源これに結縁して、藤原伊經筆の額を施入す—作善集、敏滿寺縁起……157
一六二　文治三年（一一八七）頃、重源、東大寺淨土堂を建つ—東大寺造立供養記、東南院文書、作善集、重源讓狀……159
一六三　文治三年（一一八七）頃から、周防阿彌陀寺を建つ—阿彌陀寺鉄塔銘、阿彌陀寺文書、作善集、重源上人誓願之記、阿彌陀寺略縁起……161
一六四　文治四年（一一八八）二月十八日、鎌倉幕府、東大寺造營について、重源に合力すべきことを、帥中納言經房に申渡す—吾妻鏡……173
一六五　文治四年（一一八八）三月十日に鎌倉に到着した重源の書狀によれば、東大寺の再興造營は何かと諸檀那の合力に俟つところ大なる旨を申す—吾妻鏡……173
一六六　文治四年（一一八八）三月十七日、重源の請により、源頼朝、東大寺の用材を周防國から運搬するについて、請文を進め、次いでその廿八日に、院宣を下さる—吾妻鏡、玉葉……174
一六七　文治四年（一一八八）五月下旬、東大寺鎭守八幡宮の神躰造立のことを奏聞す—東大寺八幡大菩薩験記、玉葉……176

一六八　文治四年（一一八八）頃、重源の奬めにより、南都の齊所聖と稱するもの、高野山新別所の蓮社に入るという―高野春秋……179
一六九　文治五年（一一八九）三月廿一日、勅封倉の濕損甚しきにより、造東大寺長官藤原定長これを撿知す―玉葉……180
一七〇　文治五年（一一八九）閏四月八日、鎌倉幕府の奥州追討が東大寺造營の妨にならざるように、藤原經房をして源頼朝に教書を遣さしむ―玉葉、吾妻鏡……180
一七一　文治五年（一一八九）六月四日、源頼朝、東大寺の用材を周防國から運ぶについてこれに特に力を盡した佐々木高綱を稱讃す―吾妻鏡……181
一七二　文治五年（一一八九）八月三日、重源、九條兼實に面會して、東大寺造營の困難を語り、勸進職を辭退せんことを申す―玉葉……181
一七三　文治五年（一一八九）八月廿二日、九條兼實、南都に下向して、東大寺大佛の面相の出來榮えを見る―玉葉……182
一七四　建久元年（一一九〇）六月二日、重源、公家の下知を俟たずして、東大寺大佛背後の築山を除き去る―玉葉、東大寺續要錄、東大寺造立供養記、東大寺緣起……183
一七五　建久元年（一一九〇）七月廿七日、はじめて東大寺大佛殿の母屋柱を立つ―東大寺造立供養記、吾妻鏡……185
一七六　建久元年（一一九〇）八月廿七日、東大寺造營用の麻苧のことについて、院宣を下

さる—吾妻鏡……………………………………………………186
七七　建久元年（一一九〇）十月十七日、東大寺東南院を建つ。重源これに播磨大部庄、周防椹野庄等を寄附し、またその藥師堂を修理す—東大寺續要錄、東大寺文書、作善集……187
七八　建久元年（一一九〇）十月十九日、東大寺大佛殿上棟—百錬抄、吾妻鏡、玉葉、東大寺造立供養記………………………………………………189
七九　建久元年（一一九〇）十月廿七日、東大寺の工人等を、諸國の權守や介や目等に任ずることを得せしむ—玉葉…………………………191
八〇　建久元年（一一九〇）十二月十二日、院宣により、陳和卿に伊賀國の有丸、廣瀬、阿波の諸莊を賜りしも、和卿これを東大寺淨土堂に寄進す—東大寺要錄、重源譲狀……192
八一　建久二年（一一九一）五月廿二日頃、重源の弟子空諦、室生の舍利について事を起し、そのため六月十日に重源逐電のことなどありしも、その廿日に至って、重源、空諦を伴って院に參上し、舍利三十粒を獻じて、事落着す—玉葉、吾妻鏡……196
八二　建久二年（一一九一）十月十五日、東大寺尊勝院の鐘を造るため、幢頭を下司倉より借用せんことを請う—東大寺文書……………………201
八三　建久二年（一一九一）閏十二月九日、院廳御下文により、鎌倉幕府、佐々木高綱を奉行として、東大寺の柱材四十八本を明年中に運送することを、畿内や西海の地頭等に仰付く—吾妻鏡…………………………202

八四　建久二年（一一九一）頃、重源、半作の大佛殿に觀經曼荼羅と淨土五祖像を懸け、源空を請じて講說せしむ―法然上人傳記、法然上人傳繪詞……203
八五　建久三年（一一九二）正月十九日、重源、東大寺の柱材を周防國から運送するについて、大内弘成の妨害をうけしことを、幕府に訴う―吾妻鏡……204
八六　建久三年（一一九二）三月十三日、後白河法皇の崩去により、東大寺に於て華嚴會式を修す―東大寺續要錄、東大寺要錄……205
八七　建久三年（一一九二）八月廿五日、播磨國大部庄に改めて東大寺領としての牓示を立つ―淨土寺文書、東大寺要錄、重源讓狀……207
八八　建久三年（一一九二）九月廿七日、重源、播磨淨土寺を建つ―淨土寺文書、重源讓狀、淨土寺開祖傳、作善集、淨土寺緣起……209
八九　建久三年（一一九二）十一月廿四日、九條兼實、東大寺別當勝賢に、住吉神人殺害事件については、重源に相談すべき由を申す―玉葉……214
九〇　建久三年（一一九二）十二月廿九日、源賴朝、重ねて令して、周防國における東大寺造營用の材木を催進せしむ―吾妻鏡……215
九一　建久四年（一一九三）正月十四日、高雄の文覺、東大寺造營の困難なることを聞き彼の預れる故後白河法皇領の備前國を、その造營料に宛てんことを申請す―吾妻鏡……215
九二　建久四年（一一九三）二月廿六日、九條兼實も、兼てから東大寺柱材の運送を沙汰

せし由を、造東大寺長官定長の許に申遣す―玉葉……216
九三　建久四年（一一九三）三月二日、鎌倉幕府、東大寺造營料米について、精誠を致すべきことを、周防國の地頭に命ず―吾妻鏡……216
九四　建久四年（一一九三）三月十四日、東大寺造營のために、播磨國を文覺に奉行せしむ―吾妻鏡、高野春秋……217
九五　建久四年（一一九三）四月十日、九條兼實、重源及び定長を召して、東大寺造營料として備前國を付すことを申す―玉葉、愚管抄、東大寺造立供養記……217
九六　建久四年（一一九三）四月、播磨浄土寺の藥師堂を建立すという―浄土寺縁起……220
九七　建久四年（一一九三）五月八日、源頼朝に、なお一層、東大寺の造營に協力すべき旨の宣旨を給う―拾遺宣下鈔……220
九八　建久四年（一一九三）五月十日、重源、九條兼實の沙汰によって、東大寺の柱材三十餘本が近日到着することを喜ぶ―玉葉……221
九九　建久四年（一一九三）五月十七日、重源、九條兼實に謁して、東大寺柱材運送の人夫のことを語る―玉葉……221
一〇〇　建久四年（一一九三）六月、伊賀國山田郡有丸の公田八十餘町が、在廳官人に押領せらるることを訴う―龍松院文書……222

一〇一　建久四年（一一九三）六月、播磨浄土寺の銅鐘を東大寺に於て鑄造すという—浄土寺縁起　223
一〇二　建久四年（一一九三）六月、重源、備前國金山寺の修造に結縁す—金山寺文書、作善集……224
一〇三　建久四年（一一九三）六月廿五日、文覺が管理せる東大寺造營料國を、私するとの風聞あるによって、梶原朝景等に調査せしめしところ、その七月廿八日に、文覺はその讒訴なる旨を陳上す—吾妻鏡……225
一〇四　建久四年（一一九三）十月廿六日、九條兼實、東大寺の立柱に取綱結縁し、そのついでに、これまで重源が建立した堂舎や、過日五月五日に定長がその破損を撿知した羂索堂等を巡見す—玉葉……226
一〇五　建久五年（一一九四）二月七日、造東大寺長官定長、九條兼實の許に東大寺供養雜事注文を持参す—玉葉……227
一〇六　建久五年（一一九四）二月十三日、重源、九條兼實に謁して、四天王寺の住吉社造宮課役を免ぜられんことを申すも、兼實の説明によって納得す。またこの夜、造東大寺長官定長、東大寺供養の日次を兼實に相談す—玉葉……227
一〇七　建久五年（一一九四）三月十二日、重源の沙汰により、佛師院尊、弟子六人及び小佛師六十人を率いて、東大寺大佛の光背を造り始む—東大寺續要録……228
一〇八　建久五年（一一九四）三月廿日、東大寺勅封倉の修造成り、この機會に重源に佛事用として錫杖十支を賜る—玉葉、東大寺續要録……229

一〇九 建久五年（一一九四）三月廿二日、源頼朝、東大寺大佛光背に用うる砂金の中、二百兩を先ず送り、次いで五月十日に、殘りの百三十兩を送り届く―吾妻鏡 ……… 233
一一〇 建久五年（一一九四）五月廿九日、鎌倉幕府、諸國の守護に令して、東大寺供養の用途を勸進せしむ―吾妻鏡 ……… 233
一一一 建久五年（一一九四）六月廿八日、源頼朝、その御家人をして東大寺造營を助成せしめ、殊に大佛の脇侍菩薩像、四天王像、戒壇院等の工事の遲延せるを催促す―吾妻鏡 ……… 234
一一二 建久五年（一一九四）九月二日、鎌倉幕府、諸國に勸進した東大寺供養の用途の中御布施を京都まで送り届く―吾妻鏡 ……… 234
一一三 建久五年（一一九四）十月十二日、播磨淨土堂の鉦鼓を造る―淨土寺鉦鼓銘 ……… 235
一一四 建久五年（一一九四）十月十五日、重源、播磨淨土堂に佛舍利三粒を安置す―淨土寺文書 ……… 235
一一五 建久五年（一一九四）十二月廿六日、佛師快慶及び定覺、小佛師廿七人、繪佛師卅一人、塗師卅二人を率いて、東大寺中門の多聞持國二天像を造り始む―東大寺續要錄 ……… 236
一一六 建久五年（一一九四）東大寺華嚴會料として、舞裝束、樂器等を施入す―東大寺要錄 ……… 239
一一七 建久六年（一一九五）正月五日、東大寺中門を建て始め、その十七日に上棟す―東大寺造立供養記、玉葉 ……… 239

一二八　建久六年（一一九五）二月十四日、源頼朝、東大寺供養に参列するために鎌倉を出立し、三月四日京都に着き、十日南都に到る。そしてその翌十一日に、馬千疋を東大寺に施入す―吾妻鏡……240
一二九　建久六年（一一九五）三月十二日、東大寺供養。後鳥羽天皇、七條院殖子、將軍源頼朝等これに臨む。この日、宣旨により、重源に大和尚の號を授く―百錬抄、玉葉吾妻鏡、東大寺續要錄、東大寺造立供養記、僧官補任……242
一三〇　建久六年（一一九五）三月十三日、源頼朝、重源を通じて、陳和卿に會わんとするも、和卿これを固辭し、賜品を東大寺に寄進す―吾妻鏡……285
一三一　建久六年（一一九五）春、榮西、宋の天台山より持ち歸りし菩提樹を東大寺の鯖木の跡に植え、重源これに結緣す―元亨釋書、東大寺造立供養記、作善集……286
一三二　建久六年（一一九五）五月十三日、重源、高野山に逐電し、源頼朝の召請によってようやくその廿九日に東大寺に歸る―吾妻鏡……287
一三三　建久六年（一一九五）八月五日、重源、周防國に下向し、その七日から九月廿八日の間に、同國一宮の玉祖神社を造替す。またその頃、同國の遠石八幡宮、小松原八幡宮、末武八幡宮、松崎天神宮等をも造營す―一宮造替神殿宝物等目錄、作善集……287
一三四　建久六年（一一九五）九月、周防國宮野庄を特に東大寺領となす―宮野庄田畠等立券文……291
一三五　建久六年（一一九五）十一月七日、重源、宋版一切經を醍醐寺に施入し、翌八日、

一應これを下醍醐栢森堂に於て讃嘆し、やや後年の同九年（一一九八）三月九日に至って、上醍醐に經藏を建て、改めてこれを供養す—醍醐寺座主次第、作善集、上醍醐寺類集、醍醐寺新要錄……319

一二六　建久六年（一一九五）十一月十一日、造東大寺長官藤原定長卒去し、藤原宗頼その後を嗣いで、翌七年（一一九六）二月一日に長官となる—三長記、辨官補任……324

一二七　建久七年（一一九六）四月八日における東大寺大佛殿の伎樂會のために、佛師康慶伎樂面を補作す—東大寺伎楽面銘、東大寺要錄……325

一二八　建久七年（一一九六）六月三日、重源の請により、官符を攝津國に下して、魚住、大輪田の兩泊を修築せしむ—攝津古文書、作善集……325

一二九　建久七年（一一九六）八月十五日、重源、解脱上人貞慶の笠置山般若臺の銅鐘を鑄造し、また宋版大般若經一部と白檀釋迦如來像一軀を施入す—笠置寺銅鐘銘、作善集笠置寺緣起……328

一三〇　建久七年（一一九六）六月十八日より十二月十日までの約半ヶ年に、佛師康慶、運慶、定覺、快慶等、東大寺大佛殿の脇侍菩薩像と四天王像とを造る—明月記、東大寺造立供養記、鈔本東大寺要錄、東大寺續要錄、作善集、左大辨實頼奉書、重源相博狀……331

一三一　建久七年（一一九六）十一月三日、重源の請により、備前國野田保を東大寺大佛燈油料として不輸地となす—東大寺續要錄……337

一三二　建久七年（一一九六）宋の石工伊行末等、重源の沙汰によって、東大寺大佛殿の石の脇士像、四天王像、中門の石獅子等を造る―東大寺造立供養記、作善集、般若寺笠塔婆銘……340
一三三　この頃、重源、宋の阿育王山の舎利殿造營に結縁して、周防國の材木を寄進す―東大寺造立供養記、作善集……342
一三四　建久八年（一一九七）二月廿九日、重源の沙汰により、東大寺鎭守八幡宮上棟す―東大寺八幡大菩薩験記、東大寺要錄、東大寺造立供養記……343
一三五　建久八年（一一九七）六月十五日、重源、含阿彌陀佛定範に、伊賀國の阿波、廣瀬山田、有丸諸庄、播磨國の大部庄、周防國の椹野、宮野兩庄、備前國の南北條、長沼神前、野田諸庄等の寺領と、高野新別所、東大寺別所、渡部別所、播磨別所等の諸堂舎を讓る―重源讓狀……344
一三六　建久八年（一一九七）閏六月廿五日、暴風雨により、東大寺の廻廊百十三間顚倒す―百錬抄……350
一三七　建久八年（一一九七）夏頃、重源、東大寺大湯屋の鐵湯船を造る―東大寺造立供養記、東大寺大湯屋鉄湯船銘、重源讓狀、作善集……351
一三八　建久八年（一一九七）八月十七日、東大寺僧綱等、鎭守八幡の神躰として勝光明院寶藏の畫像を奉請するも、これに對して、男山八幡宮や神護寺からもそれぞれ要請があり、結局、神護寺の文覺の得るところとなる―東大寺八幡大菩薩験記、神護寺

文書、神護寺規摸殊勝之條々、仁和寺文書……352
一三九　建久八年（一一九七）八月廿三日、解脱上人貞慶を導師として、播磨浄土寺を落慶すという―浄土寺縁起……356
一四〇　建久八年（一一九七）四月廿四日より八月廿八日の間に、東大寺戒壇堂を建つ―東大寺造立供養記、圓照上人行狀、東大寺別當次第……357
一四一　建久八年（一一九七）十月十二日、空阿彌陀佛明遍を本願として、佛師快慶、近江圓福院の釋迦如來像を造る―圓福院釋迦如来像銘……360
一四二　建久八年（一一九七）十一月廿二日、重源の發願により、鑄師草部是助、同助延、同是弘等、周防阿彌陀寺の鐵塔を造る―阿彌陀寺鉄塔銘……360
一四三　建久八年（一一九七）重源、渡邊別所に於てはじめて迎講を始む―作善集、渡部浄土堂迎講鉦鼓銘、重源譲狀……366
一四四　建久九年（一一九八）十二月十九日、重源、弘法大師請來の舎利一粒を納めた金銅五輪塔一基を、近江敏滿寺に寄進す―重源佛舎利寄進狀、胡宮神社金銅五輪塔銘、作善集、佛舎利相承系図、重源書狀……367
一四五　建久九年（一一九八）十二月、重源の請により、備前國三野郡野田庄を東大寺大佛燈油料田として、その四至を牓示す―東大寺續要錄……371

一四六　正治元年（一一九九）正月廿日、藤原資實を造東大寺長官に任ず―明月記……374
一四七　正治元年（一一九九）三月八日から五月頃にかけて、東大寺西南の大垣を修理し、その後また國分門北側の大垣を修築す―東大寺要錄、東大寺別當次第……374
一四八　正治元年（一一九九）六月、東大寺南大門を上棟す―東大寺要錄、東大寺別當次第、東大寺諸伽藍略錄……375
一四九　正治元年（一一九九）八月八日から、重源、信阿彌陀佛弁曉をして、東大寺法華堂を修造せしむ―東大寺法華堂棟札、作善集、東大寺法華堂前石燈籠銘、圓照上人行狀……375
一五〇　正治元年（一一九九）十月二十三日における大安寺の銅鐘改鑄に、結縁す―春華秋月抄、作善集……377
一五一　正治二年（一二〇〇）春頃から、東大寺の良辨僧正御影堂を修造す―東大寺別當次第、作善集、東大寺要錄、東大寺續要錄……378
一五二　正治二年（一二〇〇）八月、重源の申請により、播磨淨土堂を御祈禱所となす―東大寺文書……379
一五三　正治二年（一二〇〇）十月廿二日、東大寺尊勝院を建つ。重源その水精五輪塔一基に結縁す―東大寺續要錄、作善集……382
一五四　正治二年（一二〇〇）十一月、重源、周防阿彌陀寺における不斷念佛や長日溫室等の用途のための田畠を定む―阿彌陀寺文書、阿彌陀寺田畠注文（東大寺藏）、阿彌陀寺田畠注文

并免除狀（阿彌陀寺蔵）、阿彌陀寺田畠注文（上司家蔵）…………383

一五五　正治二年（一二〇〇）重源、播磨別所に於て迎講を始む―作善集…………425

一五六　建仁元年（一二〇一）三月、伊賀國衙、興福寺僧房造營のために、東大寺の伊賀國における荘園を停めて、これを國領となさんことを請いしを以て、東大寺僧綱等、狀を上りて抗辯す―東大寺文書、東南院文書…………426

一五七　建仁元年（一二〇一）四月、東大寺僧綱等言上して、本年中に大佛殿の廻廊が完成する予定なるを以て、それに引續いて講堂及び三面僧房を造營せんことを請う。これに對して、重源は七重寶塔の造營を企圖すという―春華秋月抄…………436

一五八　建仁元年（一二〇一）六月、東大寺境内の道路を修理す―東大寺要錄…………438

一五九　建仁元年（一二〇一）九月廿日、四天王寺塔修造供養。重源、この修造のことに携る―猪隈関白記、作善集、百錬抄、一代要記…………439

一六〇　建仁元年（一二〇一）九月廿一日、重源、渡邊別所において迎講を行い、八條院暲子内親王、その念佛衆供料と佛性燈油料等として、攝津の頭成庄を施入す―百錬抄、作善集…………439

一六一　建仁元年（一二〇一）十二月廿七日、土御門天皇、後鳥羽上皇、七條院殖子、八條院暲子内親王、守覺法親王等を願主として、佛師快慶、東大寺鎮守八幡宮の神躰僧形八幡神像を造立す。またこの頃、重源、八幡宮御寶前に大般若經三部を

安置供養す—東大寺八幡殿僧形八幡神像銘、作善集……440
一六二　建仁元年（一二〇一）重源、自身の肖像を造って、これを周防阿彌陀寺に置くという—阿彌陀寺略縁起……445
一六三　建仁二年（一二〇二）七月、東大寺印藏の修理料として、鎭西の米百石を勸進所に寄進せらる—東大寺要録……446
一六四　建仁二年（一二〇二）重源、佛師快慶に命じて、金泥三尺の阿彌陀如來像（現東大寺俊乗堂安置）を造らしむ—東大寺諸集、東大寺俊乗堂阿彌陀如來像銘……446
一六五　建仁二年（一二〇二）頃、重源、伊賀新大佛寺を建つ—作善集、伊水温故、新大佛寺來由記新大佛寺記、新大佛寺再興記、本尊御頭面内書付写……448
一六六　建仁三年（一二〇三）五月十七日、重源の申請により、將軍家政所、播磨國大部庄并に魚住泊に於て、守護人使等の亂妨することを停めしむ—将軍家政所下文……455
一六七　建仁三年（一二〇三）五月廿八日、聖德太子の御墓を發いた犯人僧浄戒、見光の二人を、重源の申請によって、その知行國たる備前及び周防國に配流す—百錬抄、猪隈関白記、古今目錄抜萃……456
一六八　建仁三年（一二〇三）五月頃、重源の沙汰により、東大寺新院の門を修理す—東大寺別當次第……457

一六九　建仁三年（一二〇三）七月、備前國における同年の麥の進未進并にその散用を注進す――作善集紙背文書……457
一七〇　建仁三年（一二〇三）九月十五日、重源、伊賀新大佛寺の板五輪塔（印佛）を造る――新大佛寺板五輪塔銘……467
一七一　建仁三年（一二〇三）七月廿四日から十月三日に至る約七十日間に、重源の沙汰によって、佛師運慶及び快慶、大佛師二人、小佛師十六人と共に、東大寺南大門の金剛力士像を造る――東大寺別當次第、東大寺要錄、作善集……469
一七二　建仁三年（一二〇三）十一月卅日、東大寺總供養――百錬抄、明月記、業資王記、東大寺緣起、東大寺續要錄、猪隈関白記、公卿補任、體源抄……469
一七三　建仁三年（一二〇三）頃、重源その生涯の事蹟を錄し、これを「南无阿彌陀佛作善集」と名付く――作善集……482
一七四　元久元年（一二〇四）三月廿九日、東大寺造寺官の除目あり。またこの日、東大寺塔事始の日時を定め、四月五日に、その事始を行う――百錬抄、公卿補任、辨官補任……495
一七五　元久元年（一二〇四）十月十五日、笠置寺禮堂供養。鎌倉將軍家これに奉加す――吾妻鏡……496
一七六　元久二年（一二〇五）三月十六日、興福寺塔造佛始。重源この塔に心柱三本を施入す――明月記、作善集……496
一七七　元久二年（一二〇五）十二月、重源、東大寺七重塔の造立後に、大佛殿及び塔前に

於て千部法華經を轉讀するための勸進をおこなわんとす—東大寺文書……497

一七八　元久三年（一二〇六）四月十五日、院廳下文により、東大寺の播磨國大部庄、伊賀國阿波廣瀬山田有丸諸庄、周防國宮野庄等における宋人陳和卿の濫妨を停む—随心院文書、三長記……499

一七九　元久三年（一二〇六）四月八日、東大寺の塔の造佛始の日時を勘し、一應この月の十六日に定めしも、實際の御衣木加持は、それより十二年後の建保六年（一二一八）におこなわれ、また塔の造營も、ほゞその頃から貞應二年（一二二三）頃にかけて營まる—猪隈関白記、三長記、高野山文書、東大寺續要錄、無名字書、百鍊抄……502

一八〇　建永元年（一二〇六）六月五日、重源、八十六歳の高齢を以て、東大寺において示寂す—明月記、浄土寺開祖傳、阿彌陀寺文書、四箇大寺古今傳記拾要新書、源平盛衰記、三長記、興福寺略年代記、高野春秋、大乘院寺社雜事記……505

# 圖版目次

1 俊乘房重源像（東大寺俊乘堂）……1
2 俊乘房重源像（阿彌陀寺）……2
3 俊乘房重源像（新大佛寺）……2
4 俊乘房重源像（浄土寺）……3
5 紀氏系圖（手向山神社上司家蔵）……3
6 延壽院銅鐘（泉福寺蔵）……4
7 阿彌陀如來像—傳東大寺浄土堂舊佛（一念寺）……4
8 浄土堂（浄土寺）……5
9 阿彌陀三尊像（浄土寺浄土堂）……5
10 銅五輪塔（浄土寺蔵）……6
11 宋版一切經（醍醐寺蔵）……6
12 般若臺銅鐘（笠置寺蔵）……6
13 石獅子（東大寺南大門）……7

14　鐵　　湯　　船（東大寺大湯屋）…… 7
15　鐵塔及水晶舍利塔（阿彌陀寺藏）…… 8
16　敏滿寺銅五輪塔（胡宮神社藏）…… 8
17　僧形八幡神像（東大寺八幡殿）…… 9
18　阿彌陀如來像（東大寺俊乘堂）…… 9
19　本尊像頭部（新大佛寺）…… 10
20　本尊像須彌壇（新大佛寺）…… 10
21　板五輪塔（新大佛寺藏）…… 10
22　南　大　門（東大寺）…… 11
23　金剛力士像（東大寺南大門）…… 11
24　南無阿彌陀佛別所田畠注文竝免除狀（阿彌陀寺藏）
　　重源舍利寄進狀（胡宮神社藏）…… 12

# 俊乗房重源史料集成

一　保安二年（一一二一）紀季重の男として京都に生る

〔本朝高僧傳　巻第六十五〕

和州東大寺沙門重源傳

釋重源、字俊乘、典厩丞紀季重子、長谷雄十二世之孫、俗名重定、

〔浄土寺開祖傳　播磨浄土寺藏〕

重源、字俊乘、洛陽人、紀長谷雄卿之裔也、禀性峻軼有遠量、幼恭慕佛堂、行則忘歸、

〔華宮山阿彌陀寺略縁起　周防阿彌陀寺藏〕

（俊乘房重源）俗性（姓カ）ハ紀氏、武内宿禰末葉、參議飯麿十六代ノ後胤、瀧口左馬允季重ノ四男、俗名刑部左衞門重定ト稱ス、明菴榮西禪師ノ内（肉カ）弟ナリ、

〔源平盛衰記　巻第四十五〕

彼俊乘坊（房カ）上人ト申ハ、左馬大夫季重カ孫、左衞門大夫季能カ子也、上醍醐法師ニテオハシケリ、

○浄土寺—兵庫縣小野市浄谷町

○阿彌陀寺—山口縣防府市牟禮

〔紀氏系圖　群書類従巻第六十三所収〕

- 季輔 號池別當
  - 季重 左馬允
    - 季良 左馬允
      - 季種 右衛門
        - 能種 左兵衛
    - 季康 鳥羽武者所
      - 季明 右衛門
        - 季清 後鳥羽西面
      - 康綱 左衛門
        - 種綱 左兵衛
    - 重源 俗名重定入唐 俊乗坊大和尚

〔紀氏系圖　續群書類従巻第百六十八所収〕

- 季輔 號紀別當
  - 季重 瀧口左馬允
    - 季良 使左馬允
      - 季種 右衛門尉
        - 能種 左衛門尉
        - 女子 備前守秀廣朝臣妻
    - 季康 従五位下藏人所瀧口
      - 季明 右衛門尉
        - 季清
      - 康綱 右衛門尉
        - 種康 左衛門尉
    - 榮西 葉上僧正 建仁寺開山
    - 重源 入唐上人大和尚

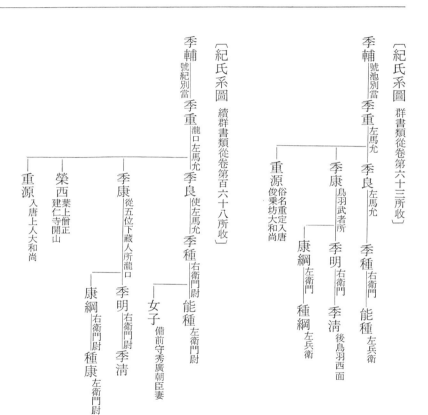

○醍醐寺—京都市伏見區醍醐伽藍町

〔紀氏系圖 手向山神社宮司上司家藏〕

- 季輔（號紀別當 本名季清）
  - 季重（瀧口右馬允 鋺爵）
    - 季良（使 左衛門尉 左馬允）
      - 季種（右衛門尉 出家）
        - 能種（左衛門尉）
        - 女子（備前守秀廣朝臣妻）
      - 榮尊（法橋法眼）
    - 季康（藏人所 瀧口從五下 鳥羽院武者所）
      - 季明（右衛門尉 倫イ 村社先祖）
        - 季清
      - 康綱（右衛門尉 右近將監 出家）
        - 種康（左衛門尉）
    - 榮西（葉上僧正 建仁寺開山）
    - 重源（入唐上人 大和尚）
      在俗特者号刑部左衛門尉重定發心出家特者重源也東大寺大佛修造之特俊乗上人云々後改南无阿彌陀佛於高野山新別所建立之即於當所建永元年六月入滅八十六才也

二 長承二年（一一三三）年十三にして醍醐寺に入って出家し、上醍醐圓明房に居る

〔本朝高僧傳 卷第六十五、重源傳〕

俄慕釋門、出家得度、在醍醐寺、習學密教、

〔淨土寺開祖傳 播磨淨土寺藏〕
年甫十三、投醍醐寺、入釋門、身心精勇、堪苦行、掩窻戸屛居者千日、六時懺悔、待靈應時、普賢菩薩乘白象現道場、諸佛遍空中、稱善哉、來摩頂、愈勉勵忘寢食、齋舍千日修際畢、
〔淨土鎭流祖傳卷第三、圓光大師門資十哲 檀輿第一重源上人〕
上人重源、號俊乘、始居上醍醐、綜密藏、
〔文治元年重源敬白 東大寺續要錄、供養篇〕
伏惟、佛子早出二恩之懷、久求一實之道、初住醍醐寺、
〔醍醐寺新要錄 卷第五、經藏篇〕
一春乘房者爲當山衆事
寺解云、況無當山出生之重源者、爭有彼寺(東大寺)建久之造營乎、
寅云、山上圓明房ヨリ出云々、彼寺者東大寺之事也、大佛再興之儀也、大釜是以此聖人施入云々、于今山上風呂ニ在之、水船ノ釜是也、
〔醍醐寺新要錄 卷第十一、金剛王院篇〕
法流血脈事

聖賢（三密房阿闍梨）
- 源運（金剛王院權大僧都又號攝津僧都淡路守輔明子）
  - 北院御室守
    - 賢朝 尾張阿
    - 覺鏡 遮那院僧都
  - 源政 備中阿
  - 雅西 聖阿院阿 智定房
    - 貞源 越前阿
    - 賢海
  - 貞源
  - 重源 俊乘房

〔醍醐雜事記 卷第十三裏書〕

圓光院　請定　理趣三昧衆

（仁平二年九月十二日付ノ内）　重源大法師 奉

（久壽二年九月十一日付ノ内）　重源大法師 讃奉

（保元元年九月十一日付ノ内）　重源大法師 讃奉

〔淨土傳燈總系譜 日本弘傳第三、開宗門資第二〕

俊乘重源上人

世姓紀氏、長谷雄裔、瀧口季重之子、俗名重定、初爲醍醐密徒、

三　保延三年（一一三七）年十七にして四國邊を修行して廻る

〔南无阿彌陀佛作善集〕

生年十七歳之時、修行四國邊フチヲ

四　保延五年（一一三九）十九歳の時、はじめて大峯を修行し、また熊野、御嶽、葛城等に登る

〔南无阿彌陀佛作善集〕

於生年十九、初修行大峯、已上五ヶ度、三度者、於深山取御紙衣、調料紙、奉書寫如法經法花經、二度者、以持經者十人、於峯内令轉讀千部經大日經、於熊野奉始之、於御嶽誦作禮而去文、又千部法花經奉讀誦、葛木二度、

〔淨土寺開祖傳 播磨淨土寺藏〕

遍禮天下之名區、

〔文治元年重源敬白 東大寺續要錄、供養篇〕

靈地名山處々、春草纔結孤庵、巡禮修行年々、秋月只爲親友、

五　その後、高野山にも登る

〔浄土寺開祖傳 播磨浄土寺藏〕

攀紀之野峯、籠弘法大師之神崛、屢得靈感、

〔文治元年重源敬白 東大寺續要錄、供養篇〕

（初住醍醐寺）後棲高野山、

六　久壽二年（一一五五）六月廿一日、醍醐の栢杜堂を建て、九躰阿彌陀像を造る

〔南无阿彌陀佛作善集〕

（醍醐寺條下）奉造立

下醍醐栢杜堂一宇并九躰丈六

〔醍醐雜事記 巻第五〕

一大藏卿堂 八角二階

九躰丈六堂　三重塔一基 各檜皮葺

本佛阿彌陀丈六像

願主大藏卿正四位上源朝臣師行之建立也、敷地者三寶院領也、

〔醍醐雜事記 巻第七、第八裏書〕

久壽二年具注曆

六月小建　廿一日丁酉火滿

「大藏卿栢杜堂供養御導師　讃衆廿口」

〔醍醐雜事記 巻第十五〕

寶藏文書樻目錄

（三寶院分ノ内）

大藏卿入道請文等一巻四枚内

一枚　政所宛文起請　久安四年三月十七日

一枚　大藏卿入道請文　久安四年三月十七日

一枚　賣劵 田二段百廿歩 畠七段　久安四年潤六月十六日 行助賣之

一枚　賣劵 畠一町四段百廿歩　久安四年潤六月廿六日 行助賣之

〔醍醐寺新要錄 巻第十三〕

大藏卿堂篇

慶延記第五卷云、一大藏卿堂八角二階　九躰丈六堂、三重塔一基各比皮葺　本佛阿彌陀丈

六像、願主大藏卿正四位上源朝臣師行之建立也、敷地者三寶院領也、

〔尊卑分脈 卷第十〕

村上源氏、中院家

師時―師清（小納言従五上　母「官女」中宮女房）
　　―師行（山城長門等守　大藏卿正四上　母家女房　住醍醐　號支度大藏卿　承安二・六(一イ)卒）
　　　　―有房（右中將正四下　母大宮大進清兼女）
　　　　―時房
　　　　―聖慶（東大寺得業東南院　母）

〔醍醐寺新要錄 卷第五〕

經藏篇　新經藏段

一春乘房聖人施入事

座主次第云、建久六年十一月七日、春乘房聖人被施入唐本一切經於當寺、（實名重寅云、）

一於柏森堂讃嘆事（源、南都大佛殿本願、）

同次第云、聖人被施入唐本一切經於當寺、柏森大藏卿入道（師行）堂奉渡、爲讃嘆、寺僧十人岡屋津參向、

七　應保二年（一一六二）五月二十七日頃、久我雅定の遺骨を醍醐寺一乗院の本堂床下に埋葬することに結縁す

〔南无阿彌陀佛作善集〕

（醍醐寺條下）奉結縁　一乗院

〔醍醐雜事記　巻第二〕

一一乗院　三間四面　檜皮葺

奉安置法華曼荼羅

願主入道大相國雅實奉爲先妣所被建立也、先妣者堀河院之外祖母入道大相國道長之女也、

寛治四年二月三日上棟、同七月八日開眼供養、導師法務御房定賢、供僧六口、毎日朝暮二座修法華法、預二人、下部三人、寺領紀伊國秋津庄　領家中院右大臣家、寺用米百十石

佛供御明日別各二升、別當五升、供僧各三升、預各二升、下部各一升、

衣服絹綿自圓光院被曳之

供僧六口各絹一疋、綿十五兩、近來十兩、預二人各布六丈、綿六兩、近來布二反、下部三人各布一反半、綿五兩、

先妣御骨　雅實御骨　右大臣雅定御骨　御堂下被安之、

〔醍醐寺新要録 巻第五〕

一乘院篇

一草創事

慶延記云、寛治四年二月三日上棟、

一院號事

同記云、一乘院三間四面檜皮葺、

一願主事

同記云、願主入道大相國雅實、奉爲先妣、所被建立也、先妣者堀河院之外祖母、入道大相國道長之女也　治部卿隆俊女、中宮賢子并久我太政大臣殿母義、

一納御骨事

同記云、先妣御骨・雅實御骨・右大臣雅定御骨、御堂下被安之、

（備考）　久我雅定は應保二年五月二十七日に歿す

八　長寛（一一六三）治承（一一七七）の間、下醍醐の中院堂に藤原公基筆の額を懸け

ることに結縁す

〔南无阿彌陀佛作善集〕

（醍醐寺條下）奉結縁　中院堂

〔醍醐雜事記　巻第四〕

一中院（三間四面 又號往生院）　檜皮葺

廊一宇二間二面　比皮葺

本佛阿彌陀（半丈六 佛師長勢）　樂天井十六躰（各等身）

板繪像六躰　并廿二躰

願主安房守源元親（親元）（法名 阿法）、爲養君三位殿（後三條院御乳母、別當 中納言源朝臣經成女也）、所建立也、念佛勸進本願觀照聖人（阿法之始也（マヽ） 往生人云々）、權僧正御房勝―（覺）令立西御堂之時、被壞渡此院、其後徒爲空地之間、豐前守藤原重兼可立私堂之由申請、權僧正御房賜宛文、以本僧房湯屋爲重兼之宿所、然間前大僧正御房自西山運返、如本所被立中院也、則院内事被付住僧延秀了、重兼者無彼堂之間暫地主也、額者本不打、當座主（乘海）御房之時、彼宿所有如小兒之狼藉、爲止其難、專被表爲公所之由、所令打也、入道公基（法名 西法）書之、公基者手書少納言公經之孫也、

中院篇

一草創年紀事

一願主事

慶延記第四卷云、願主安房守源親元法名阿法爲養君三位殿後三條院御乳母、別當中納言源朝臣經成女也所建立也
念佛勸進本願觀照聖人阿法之始(マヽ)也往生人云々、

一堂宇事

同卷云、中院三間四面檜皮葺、廊一宇二間二面比皮葺、中院地藏堂、

一本尊事

同卷云、本佛阿彌陀半丈六佛師長勢、樂天菩薩十六躰各等身、板繪像六躰、并廿二躰、中院
地藏堂本佛者、延喜御本尊等身像六躰也、仍二月八講之僧供奉曳之、

一額事

同卷云、額者不打、當座主乘海御房之時、彼宿所有如小兒之狼藉、爲止其難、
專被表爲公所之由、所令打也、入道公基法名西法書之、公基者手書少納言公經之孫
也、

一被壊渡于西山事

同巻云、權僧正御房勝―令立西御堂之時、被壊渡此院、其後徒爲空地之間、豊前守藤原重兼可立私堂之由申請、權僧正賜宛文、以本僧房湯屋爲重兼之宿所、然間前大僧正御房、自西山運返、如本所被立中院也、郎院内事被付住僧延秀了、重兼者、無彼堂之間、暫地主也、權僧正御房被壊渡中院於西山之時、所移立今里也、

一別號事

同四巻云、又號往生院、

一舊跡事

愚聞決岳抄云、問、三寳院一門祖師中中院律師云人在之歟、中院云在所如何、答、中院律師一定律師事也云々、中院深砂邊在之、當時竹草滋生人跡不通歟、朱雀院御陵彼邊御座云々

九 この頃、藤原重兼の墓の上に建てられた醍醐寺慈心院の塔の造営に結縁す

〔南无阿彌陀佛作善集〕

（醍醐寺條下）奉結縁　慈心院塔

一慈心院塔者、自粟田壊渡之、所立長官藤原重兼朝臣之墓上也、堂一間四面、阿彌陀丈六安置之、息男少納言資隆并阿闍梨覺敬等結構也、〔醍醐雜事記 巻第二〕

〔醍醐寺新要錄 巻第五〕

慈心院篇

一塔自粟田壊渡事

慶延記云、慈心院塔者、自粟田壊渡之、所立長官藤原重兼朝臣之墓上也、寅云、二重寳塔也、于今現在、初重之上ニ地藏菩薩立像十二躰歟行道之躰在之、檜皮葺、九輪クサリ四筋在之、

一堂事

同記云、堂者一間四面、阿彌陀丈六安置之、息男少納言資隆并阿闍梨覺敬等結構也、寅云、當時無之、

一覺敬事

覺鏡律師者、覺洞院勝―同時ノ人也、然者其比建立歟、覺敬結構云々、

一額事　高演云、慈心院之三字者、小野道風之書也、近年迄塔モ額モ存在也（自筆）

一〇　またこの頃、醍醐に於て如法經等を書寫供養す

〔南无阿彌陀佛作善集〕

一於上醍醐、一千日之間、無言轉讀六時懺法奉行、御紙衣、於上下搆道場、於十一所、喎百餘人請僧、如法經

一日奉書寫供養 導師三井寺宰相僧正公顯

凡於上下醍醐奉書寫如法經度々、

一一　この頃、また法然房源空に學ぶという

〔元亨釋書 巻第十四〕

釋重源、黑谷源空之徒也、

〔東國高僧傳 巻第九〕

釋重源、未詳其姓氏、黑谷空公之高弟也、

〔本朝高僧傳 巻第六十五、重源傳〕

（在醍醐寺）後隨源空、受專修法、遊行畿内、勸掖淨業、

〔淨土寺開祖傳 播磨淨土寺藏〕

○五臺山—中國山西省太原府五臺縣の東北百四十支里に在り

○天台山—中國浙江省台州府天台縣城の北三支里に在り

師本歸彌陀期安養、逢黑谷法然上人、唱專念宗、彌得往生之安心、法師歎服其精信、

三 仁安二年（一一六七）宋に赴き、翌三年（一一六八）榮西と共に歸朝し、淨土五祖畫像や五劫思惟阿彌陀像等を將來すという

〔文治元年重源敬白 東大寺續要錄、供養篇〕

加之殊乘大願力、遙渡大宋國、詣五臺山、而奉拜文殊之瑞光、就三遊山、而早祐伽藍之洪基、其間靈異匪遑具錄、其後歸我鄉國、往還都鄙、以利生爲朝暮之行、以念佛爲寤寐之勤、

〔元亨釋書 卷第十四、重源傳〕

仁安二年、跨海入宋、適與明菴西公遇于四明、相伴上台山、拜蒸餅峯阿羅漢、又返明州、見鄮嶺舍利瑞光、三年秋、偕明菴歸、

〔東國高僧傳 卷第九、重源傳〕

仁安二年、入大宋、遇明菴西禪師于四明、同登天台、還育王、禮舍利、明年秋、同歸朝、

〔本朝高僧傳 巻第六十五、重源傳〕
仁安二年、浮溟入宋、適逢明菴西公於四明、相伴登天台山、拜蒸餅峰阿羅漢、
又還明州、見鄮嶺舍利發瑞光、翌秋歸朝、
〔淨土寺開祖傳 播磨淨土寺藏〕
仁安二年、企入宋、泛溟海、猛風頻起、船舶歓蕩、殆危時、赤衣神與天童八十
餘人現船中曰、吾是育王山之神也、船中皆相欽、風波忽定、早著明州濱、五月
適與本國明菴西公遇四明、相伴上天台山、拜蒸餅峯阿羅漢、又返明州、見鄮嶺
舍利瑞光、三年秋九月、共西公歸本邦、
〔淨土鎭流祖傳 巻第三、圓光大師門資十哲 檀興第一重源上人〕
仁安二年、入宋、上台山、拜蒸餅峰羅漢、感舍利之瑞光於鄮嶺、傳來五祖同幢、
而欽大師之内監、
〔玉葉 巻第三十八〕
（壽永二年正月）廿四日庚寅天晴、東大寺勸進聖人重源來、余（兼實）依相招也、（中略）件聖人
渡唐三箇度、彼國之風俗委所見知云々、
〔延壽院銅鐘銘 泉福寺藏〕

安元二季二月六日

勸進入唐三度聖人重源

〔法然上人行狀畫圖 第六〕

震旦に淨土の法門をのぶる人師おほしといへとも、上人(源空)、唐宋二代の高僧傳の中より、曇鸞、道綽、善導、懷感、少康の五師をぬきいでゝ、一宗の相承をたて給へり、其後、俊乘房重源入唐のとき、上人仰せられていはく、唐土に五祖の影像あり、かならすこれをわたすべしと、これによりて渡唐の後、あまねくたつねもとむるに、上人の仰たがはず、はたして五祖を一鋪に圖する影像を得たり、重源いよいよ上人の内鑑冷然なることをしる、(中略)

いま上人さきたちて淨土の宗義をひらきたまひ、後に重源入唐の時、かの影像をわたすべきよしを命ぜられ、わたすところの影像、上人の仰にたがはざること、豈奇特にあらずや、されは道俗貴賤かの五祖の眞影を拜して、いよいよ上人の德に歸し、ますます念佛の信をふかくしけり、當時二尊院の經藏に安置するは、かの重源將來の眞影なり、

〔法然上人傳記 卷第二、下 善導御影事〕

上人、五祖類聚傳といふ書を造て、震旦國の念佛の祖師、曇鸞、道綽、善導、懷感、少康等の五祖の德を顯し給へり、しかるを其後、俊乘房重源初めて大唐より渡す所の五祖の眞影、一鋪に類聚せり、上人所造の類聚傳に符合せる事、先に織給へる當麻寺の曼陀羅の緣の文、のちにわたれる觀經の疏の文に違ざるに同じ、不思議の奇特なりければ、道俗男女貴賤上下、眞影を拜たてまつりて念佛の歸依彌ふかし、

〔東大寺諸伽藍略錄〕

一勸化所 龍松院公慶上人大佛殿勸進所也、

南北面三間　東西奥五間　堂一宇、安五刧思惟彌陀尊像、御長三尺六寸、善導大師作、俊乘坊重源上人爲大佛殿勸化入唐之時、自大唐將來之本尊也、

〔古事談 卷第三〕

東大寺聖人舜(俊)乘坊入唐ノ時、敎長手跡ノ朗詠ヲ持、渡唐、入育王山、長老以下見之、感歎無極、其中天神御作春之暮月々之三朝之句、殊以褒美、不堪感懷、遂乞取納育王山寶藏云々、

一三 宋より歸國後、間もなく信濃の善光寺に參詣すという

〔善光寺緣起 巻第四 俊乘坊重源參詣之事〕

東大寺大佛上人俊乘坊渡香麗國、同渡五六人、爰彼國人十餘人來集、五躰投地、禮日本僧事數返、俊乘坊問其故、落涙答云、生身如來在一國、定常參詣給覽、只偏如釋迦如來御在世中、天竺佛弟子冥々、于時俊乘坊言、我未詣善光寺、其時作禮僧共无本意將還、時日本僧徒中末坐僧云、我詣彼寺云々、聞此旨、向彼末坐僧又更禮言、仁定今度可離生死人也、可蒙如來引接故、我等深結仁者來緣、必引導一佛淨土、返々契語、其後俊乘坊歸朝而急詣善光寺云々、

〔南无阿彌陀佛作善集〕

信濃國參詣善光寺、一度者十三日之間滿百万遍、一度者七日七夜勤修不斷念佛、初度夢想云金色御舍利賜之、卽可呑被仰、仍呑畢、次度者面奉拜見阿彌陀如來、奉造立竪丈六四躰、

一四 安元元年（一一七五）十月二十三日、榮西、鎭西誓願寺の本尊丈六阿彌陀如來像を造立供養し、重源これに結縁す

○誓願寺―福岡市今津町

〔南无阿彌陀佛作善集〕

鎭西於箱崎奉書寫如法經、於糸御庄奉結緣丈六、

（奉造立修複大佛并丈六佛像員數ノ内）鎭西今津一躰

〔鎭西太宰府邊志摩縣今津□□□誓願寺創建緣起　誓願寺藏〕

夫天地無初、而以造作法爲初也、心法無體、而以覺悟理稱體也、無初無體之物、猶論初論體乎、有處有形之寺、寧不謂起首乎、所以誓願寺者、依仲原氏太娘之願樂、而所同宿僧寬智之建立也、其女弟子歲始三十有四而深厭女身、歎於五障之重、常願佛質、慕於九品之蓮、爰係心於彌陀八萬之相海、發丈六刻彫之誓、凝思於淨刹金繩之界道、企方丈建立之願、故號曰誓願寺也、嘉應二年庚寅五月一日始發願、結書表三種誓、一欲造丈六彌陀像、二欲寫大般若妙典、三欲供法華持者千人云々、其後承安元季辛卯十月　日呼取周州小縣杣人某甲、誂丈六御素木畢、卽宛行新米十三斛、然後先二ヶ度入山、而不得眞木、及第三度、蒙示現如夢敎至到而見之、正得眞木、是則彌陀之靈瑞、先令現弟子之宿題、終可遂之所致也、同二季夏秋運材木九十一支了、同三季三月十八日庚戌尾宿火曜甘露辰、奉斧始佛像了、同五月三日甲午佛後光中、檀那兩人姓名字彫付之、首尾七

十日之間、佛師檀主共精勤勇猛無障礙、同月二十八日功畢、同四季八月二十四日戊寅星宿圖土曜甘露日、堂斧始之、同五年改安元十月二十三日庚子輪宿日曜甘露辰、敬以遂供養、素懷了、備前州日應山入唐法師榮西啒之、爲阿闍梨、而申胎金兩部合行之齋席、于足立冬入月之後、風雪不靜、不似例季冬至之時、然當爾之日無風而卷雲、有耀而收映、殆可謂春日乎、道俗成市、賢愚澄心、此卽彌陀之靈驗掲焉、檀那之信力所招歟、又大般若經一部六百卷請漢家之本、其日開題了、供持者未滿大數乎、凡厥伽藍建立地相者、于北峙高山、堅塞夜叉鬼門也、于南湛内海、深澄八功德池也、于東聳野岳、登拜明星出現也、于西通州濱、既爲極樂土道也、前則有屋宅竝棟、下化衆生之表示乎、後則有寂漠絶人、上求菩提之規模乎、東漢青龍移此、西土白蓮現此、且依昔日之誓願、且任今世之結搆、遂一願濟萬羞、于時法師寛智齡五十有五歲、仲原太娘得壽子等三十有九歲、所生男子四人女子四人也、今爲傳後代、錄緣起而已、安元元季大歲乙未十月二十五日壬寅、

一五　安元二年（一一七六）二月六日、高野山延壽院に銅鐘一口を施入す

○泉福寺―和歌山縣海草郡美里町

〔延壽院銅鐘銘 泉福寺藏〕

（第一區）

高野山延壽院

（梵字ア―普賢種子）

奉施入鐘一口

爲僧照靜僧聖慶源時房

（梵字バク―釋迦種子）

尼妙法兼法界衆生也

安元二季二月六日

（梵字マン―文殊種子）

勸進入唐三度聖人重源

願主尼大覺

（第二區）

（梵字サ―觀音）

（ヲン）（ア）（ミリ）（タ）

（梵字キリク―阿彌陀）（ウン）

（テイ）（ゼイ）（カ）（ラ）

（阿彌陀小呪）

（梵字サク―勢至）

（第三區）

（ヲン）（ア）（ボ）（キヤ）
（ベイ）（ロ）（シヤ）（ナウ）
（マ）（カ）（ボ）（ダラ）

（光明眞言）

（第四區）

（マ）（ニ）（ハン）（ドマ）
（ジンバ）（ラ）（ハラ）（バ）
（リタ）（ヤ）（ウン）

（光明眞言）

（上　部）

（ソ―妙音）
（バア―薬王）（バク―釋迦）（ア―常精進）
（ア―文殊）（アク―无盡意）
（ユ―彌勒）（ア―多寶）（ボ―観音）
（アン―普賢）

（法華曼荼羅）

（内　部）

（アン）
（バン）（ケン）（カン）
（ラン）

（五大種子）

〔紀伊國名所圖會 第三篇五之巻〕

西院谷 壇上より西にありゆゑに號く

左側　大門並に不動坂より壇場及奥院へ參詣する街道にかゝれる谷々の寺院すべて街道の左右を分ちて順次をなす

○延壽院　○實相院　○三光院

一六　治承四年（一一八〇）十二月廿八日、平重衡の兵火により、東大寺一山焼亡す

〔玉葉 巻第三十五、第三十六〕

（治承四年十二月）廿九日丁未天晴、巳刻人告云、重衡朝臣征伐南都、只今歸洛云々、又人云、興福寺東大寺已下堂宇房舎拂地焼失、於御(春日)社者免了云々、又惡徒三十餘人梟首之、其殘逃籠春日山云々、至于凶徒之被戮者、還爲御寺要事、七大寺已下悉變灰燼之條、爲世爲民佛法王法滅盡了歟、凡非言語之所及、非筆端之可記、余聞此事、心神如屠、自昔天性之所禀、曾不惜身命、只欲不留遺恨之名、而去冬以後取諸身極生涯之怨、當此時忽見我氏之破滅、以彼比之、敢不足爲喩、

恨還爲悦者歟、凡佛寺堂舍雖滿日域、東大、興福、延暦、園城、以之爲宗、而於天台之兩寺者、度々遭其災、至于南都之諸寺、未曾有如此之事、當惡運之時、顯破滅之期歟、誠是雖時運之令然事、當時之悲哀、甚於喪父母、整生而逢此時、宿業之程、來世又無憑歟、天下若有落居之世者、早可遂山林之素懷、臨終正念之宿願、一期之大要也、淳素之世、於今者難期其時歟、仰天而泣、伏地而哭、拭數行之紅涙、摧五内之丹心、言而有餘、記而無益、努力々々、申刻、光雅送書於基輔之許、關白拜禮問大將之參否、長者已不歎、此事存恒例之儀歟、凡不能左右、長者有出仕者、已次又可從彼歟、可悲、余元正不可出仕之由、日來存之、彌以無異議者、猶々大佛再造立、何世何時哉、不異會昌天子之跡者歟、

(治承五年正月)六日癸丑

春日神主泰隆注文

興福寺所司等注文同前

東大寺内

大佛殿　講堂　食堂　四面廻廊　三面僧房　戒壇　尊勝院

安樂院　眞言院　藥師堂　東南院　八幡　氣比　氣多

已上三箇寺、兩院、内外堂舍、僧房、在家、不知數燒失了、御佛一體不奉取出之、是依恐官兵也、

殘、

興福寺内小房二宇、東大寺内堂舍少々、寶藏僧房少々、元興寺内本堂已下堂舍少々、僧房少々、龍藏院内本堂已下堂舍少々、僧房在家三分之二、新藥師寺邊本堂并僧房在家、禪定院内堂舍僧房□野田邊僧房在家少々、

已上、是等許燒殘也、

(治承五年閏二月)廿日丙寅天晴、午刻、藏人左少辨行隆爲院御使來臨、(中略)行隆傳仰云、東大興福兩寺惡徒、依謀反事被追討了、其後寺領及僧徒領併收公之由、被下宣旨了、嚴刑難宥之故也、其趣忽雖不可變、恒例佛事等併退轉、無過怠之禪侶等悲歎此事、就中、東大寺大佛御身雖全、御首燒損、遠近見聞之輩莫不驚眼、雖如形可造掩假佛殿之由、寺僧等欲結構之處、寺領等沒官之間、無力於經營云々、云彼云是、聞食歎不少、因茲寺領并寺僧領等、如本可被返付哉、若然者宣下之趣、似無始終、又惡徒等濫行、向後不可絶、仍蹔不可及此沙汰歟、兩箇之間、思慮可量奏、

〔吾妻鏡 卷第一、第二〕

(治承四年十二月)廿八日丙午、(中略)今日、重衡朝臣燒拂南都云々、東大興福兩寺郭内堂塔一宇而不免其災、佛像經論同以囘祿云々、

(治承五年正月)十八日乙丑、去年十二月廿八日、南都東大寺興福寺已下堂塔坊舍悉以爲平家燒失、僅勅封倉寺封倉等免此災、火焔及大佛殿之間、不堪其□周章投身燒死者三人、兩寺之間、不意燒死者百餘人之由、今日風聞于關東、是相摸國毛利庄住人僧印景之説也、印景爲學道、此兩三年在南都、依彼滅亡歸國云々、

〔明月記〕

(治承四年十二月)廿九日丁未晦天晴、官軍入南京、燒堂塔僧坊等云々、東大興福兩寺已化煙云々、可彈指云々、

〔東大寺續要錄 造佛篇〕

一當寺燒失事

右一院(以仁王)皇子向于薗城寺、彼寺憐皇子、欲令扶持之間、乞與力於興福寺、遂欲逃下南都之刻、興福牒于當寺、共行向木津邊、皇子於道頭誅之間、衆徒空以歸寺、其後興福寺大衆僉議云、皇子東國現存、申最勝太子、卽行除目、且補東國々司、

其上觸前兵衞佐賴朝、伊豆前司源仲綱等、興福寺大衆若令蜂起者、同心合力、可誅大相國淸盛入道之旨、有其沙汰云々、大衆張本所搆出無實也、于時彼寺正權別當共以逝去、無今制禁沒收和州平家領、塞南北上下之路、欲令發向之間、相國禪門聞此事、治承四年十二月廿六日、下數百騎官兵、大衆行向、隔木津河合戰、翌日廿八日官兵入來南都、處々追捕、遂以放火、大佛殿、四面廻廊、講堂、三面僧坊、食堂、八幡宮、東塔、戒壇院、大湯屋、上院、閼伽井屋、白銀堂、東南院、尊勝院、其外僧坊民屋悉以燒失、暴風吹自西、猛火熾于中、滅亡時臻嗚咽不休、所殘、法花堂、二月堂、同食堂、三昧堂、僧正堂、鐘堂、唐禪院堂、上司倉、下司倉、正院、國分門、中御門、砧礚門、南院門等也、

一七　治承五年（一一八一）二月下旬、重源、東大寺に參詣して、燒け損じた大佛を見て歎く

〔東大寺造立供養記〕

養和元年四月九日、重源上人行向行隆亭云、東大寺事再々感靈夢、仍二月下旬參詣彼寺、拜見燒失之跡、烏瑟之首落而在于後、定惠之手折而橫于前、灰燼積

而如火山、餘煙揚而似黑雲、目暗心消、愁涙難抑、遇一兩耆老、述心緒之處、
為勅使下向之由承之、仍所參也、

一八 治承五年（一一八一）六月廿六日、東大寺造營の知識詔書を下し、造寺官を任命す

〔百錬抄 巻第九〕
（治承五年六月）廿六日、造東大寺定、被下知識詔書、

〔玉葉 巻第三十六〕
（治承五年六月）廿六日辛未、此日 東大寺行事官除目云々、造佛造寺等長官共行隆也云々、
（同七月）十日甲申天晴、大夫史隆職來、召前仰雜事、語云、隆職被相副造佛東大寺也長官、依無被任次官之例、被加長官、雖面目可足、沙汰不可叶、尤為大事云々、

〔東大寺續要錄 造佛篇〕
一造營事
安德天皇御宇、治承五年庚子春、禪定法皇殊發叡願、被令作治計、卽治承五年

六月廿六日、任造寺官、
長官藏人左少辨正五位下藤原朝臣行隆
次官三善爲信　　判官中原基康
主典三善行政　　造佛長官藤行隆
次官小槻隆職
左辨官下大和國並東大寺
應任日時令勤行大佛殿已下木作事
八月十日甲寅　後巳二點若未
右左大臣宣、奉勅、彼佛殿已下土役夫材木作料、且支配諸國、且可用封戸庄薗物、來月十日事、寺家先募庄薗之年貢、任日時宣令勤行者、國寺宜承知、依宣行之、
治承五年六月廿六日　　右大史中原朝臣在判
奉少辨藤原朝臣
日時勘文
陰陽寮

擇申可被始東大寺木作日時

八月十日甲寅　時巳二點若未

治承五年六月廿六日

大屬菅原朝臣季長

權陰陽博士伯耆權介菅原朝臣季親

權曆博士兼丹波介賀茂朝臣憲定

大舎人頭兼天文博士伯耆介安倍朝臣業俊

掃部頭兼陰陽博士安倍朝臣季弘

雅樂頭兼權助賀茂朝臣濟憲

陰陽寮

擇申可被奉修補東大寺大佛日時

十月六日己酉　時巳二點若午

治承五年六月廿六日

連署同前

〔東大寺造立供養記〕

治承五年庚子春、禪定法皇殊發叡願、企作治之計、即六月廿六日任造寺官、長官藏人左少弁正五位下藤原朝臣行隆、次官三善爲信、判官中原基康、主典三善行政、

造佛長官藤□行（原行隆カ）、次官小槻隆職、

〔辨官補任 治承五年ノ條〕

右中辨從四位下藤兼光 造東大寺長官、氏院別當、二月五日從四位上、六月十五日遷兼造興福寺長官、

左少辨正五位上藤行隆 藏人山城守、六月廿六日任造東大寺長官、九月日被止山城國務、（五十二）

一九 治承五年（一一八一）七月十三日、公家、東大寺造營の費用捻出について苦慮す

〔玉葉 巻第三十六〕

（治承五年七月）十三日丁亥陰晴不定、入夜雨下、酉刻、左少辨行隆爲院御使來、余出逢之、行隆傳院宣云、近日衆災競起、所謂炎旱、飢饉、關東以下諸國謀反、天變客星爲大事、恠異太神宮已下、毎社有希代之恠異、又院中頻示之、又法勝寺有一茎二花之蓮、先例皆不快、等也、廻何謀略、鎭彼夭殃哉、朕已迷成敗、公宜奏所思、敢莫憚時議、努力々々者、余報奏云、依積善之餘慶、雖昇大位、以至愚之短慮、難測重事、早召有識之卿大夫、咫尺龍顔、而可被献讜言歟、抑先以民爲國之先、而去今兩年、炎旱渉旬之上、謂兩寺之營造、謂追討之兵粮、計民庶之費、殆過巨萬歟、豐年猶可泥所濟、況及餓死之百姓哉、國

失民滅者、雖誅賊首、有何益哉、然則先省衆庶之怨、蹔可從人望歟、此外之德化、不可應時議、兼又猶可被祈請佛神也、

## 二〇 養和元年（一一八一）八月、重源に東大寺造營勸進の宣旨を賜る

〔東大寺續要錄 造佛篇〕

行隆云、天平行基并興叡願而致勸進、齊衡眞如親王廻丹誠而唱知識、聖人發心感應不空、早可令含綸旨、勸衆庶之由、且以談話、養和元年秋八月、重源上人賜宣旨、造一輪車六兩、令勸進七道諸國、宣旨云、

勅、朕以幼齡忝讚聖緒、唯依宗廟之保護、偏思社稷之安全、粤若大和國添上郡建大伽藍、安十六丈金銅盧舍那佛像、蓋感神聖武天皇天平年中所鑄造也、棟甍插于半天、光明超于滿月、諮之和漢敢無比、方而去年窮冬不慮有火、四百餘歲之華搆空化灰燼、三十二相之金姿悉交煙炎、禪定仙院忽聞斯綷、惻隱于懷、任礎石於舊製、採山木以致造營、撰鎔範於良工、聚國銅以欲修補、叡願之趣尤足隨喜、夫有天下之富者朕也、有天下之勢者朕也、以此富勢將助禪念、亦答本願聖靈之曩思、宜唱大善知識之勸進、上自王侯相將、下及輿僮草隷、毎日三拜盧

遮那佛像、各當存念手自造盧遮那佛像也、昔聖武天皇志存兼濟、誠功利生、内祈神道、外勸法界、降綵綸之命、遂廣大之善緬、尋舊規可復古跡、雖一粒半錢、雖寸鐵尺木、施與者世々生々在々所々、必依妙力、長保景福、彼泰山無嫌撮壤、故疊起雲之峯、巨海不厭細流、故激浮天之浪、况乎時臨澆醨、俗非淳索、共勵興立之思、同結菩提之因、今在斯時、已與斯善、幸遇朕之勸進者、豈非民之良緣哉、然則率土之濱霑法雨、以伴華胥、普天之下染惠風、以同栗陸、五畿七道諸國等司、因此事莫令侵擾百姓、布告遐邇俾知朕意焉、

治承五年六月　日

東大寺勸進上人重源敬白

請特蒙十方檀那助成任綵綸旨終土木功修補佛像營作堂宇狀

右當伽藍者、軼雲雨於天、半有棟甍之竦擢、佛法恢弘之精舍、神明保護之靈地也、原夫聖武天皇發作治之叡願、行基菩薩表知識之懇誠、加之、天照太神出兩國之黄金、採之奉塗尊像、菩提僧正渡萬里之蒼海、啒之令開佛眼、彼北天竺八十尺彌勒菩薩現光明於每月之齋日、此東大寺十六丈盧遮那佛施利益於數代之聖

朝、以彼比此、此猶卓然、是以代々國王尊崇無他、蠢々士俗歸敬匪懈、然間去
秊窮冬下旬八日不圖有火、延及此寺、堂宇成灰、佛像化煙、跋提河之春浪、哀
聲再聞、沙羅林之曉雲、憂色重聳、戴眼仰天、則白霧塞胸而不散、傾首俯地、
亦紅塵滿面而忽昏、天下誰不歔欷之、海内誰不悲歎之、與從催底露不若企成風、
因茲遠訪貞觀延喜之舊規、近任今上宣下之勅命、須令都鄙以遂營作、伏乞十方
一切同心合力莫家々清虚、只可任力之所能、雖尺布寸鐵、雖一木半錢、必答勸
進之詞、各抽奉加之志、然則與善之輩、結縁之人、現世指松栢之樹號比算、當
來坐芙蕖之華號結跏、其福無量、不可得記者乎、敬白、

養和元年八月　日　　　　　　　勸進上人重源敬白

別當法務大僧正大和尚位在判

〔東大寺造立供養記〕

養和元年四月九日、重源上人行向行隆亭云、東大寺事、再々感靈夢、仍二月下
旬、參詣彼寺、拜見燒失之跡、烏瑟之首落而在于後、定惠之手折而横于前、灰
燼積而如大山、餘煙揚而似黑雲、目暗心消、愁涙難抑、遇一兩耆老、述心緒之
處、爲勅使下向之由承之、仍所參也、行隆云、天平行基菩薩與叡願令勸進、齊

衡眞如親王廻丹誠而唱知識、聖人發心、感應不空、早可令含綸旨勸衆庶之由、
且以談話、遂法皇召上人、仰合此事云々、時重源奏云、傳聞、當寺建立之始、
寄廿五箇國、六十一年而勵營作、終造功也、末世薄福之衆生、奉加知識、敢無
憑者歟、雖然、發大願、唱知識、王德不可空、武家又加力歟、況佛神之冥助、
更無疑、勅願成辨、旁有憑云々、仍□重源上人賜□
宣禪定仙院忽甫聞斯綍、惻隱于懷、任礎石於舊製、採山木以致造營、撰鎔範於
良工、聚國銅以欲修補、叡願之趣、尤足隨喜、

（中略―東大寺續要錄造佛篇の記事に同じ）

卽捧此勅書廻諸國、又在上人之勸進帳、彼此共□一輪車普令見知諸人、以彼
車六輛、令配六道、□盧遮那佛并脇士四天像六鋪、以每車被副也、遣□
□東勸進毛人域、而夷類等有隨分奉加、是一不思議也、爰奥州猛者藤原秀平眞
人、殊抽慇懃之志、專廻知識之方便也、依眞人忠節、盡奥州結緣、從爾以降、
一天四海、次第結緣也、

〔南无阿彌陀佛作善集〕

於行年六十一、蒙東大寺造營勅定、

○黒谷源空上人傳―安貞元年聖覺著

〔黒谷源空上人傳 第十、勸進念佛往生門〕

治承四年庚子十二月二十八日、平家南都をせめしとき、東大寺に火かゝりしかば、皆悉炎燒す、其後、造興の爲に右大辨藤原行隆朝臣をもて大奉行に定られけるに、行隆敬て、往昔より彼寺は一天四海の人民を勸て御建立ありけり、今又勸進の聖を付られんか、眞力を假ずんば俗補勇難と、勅答申し上げれば、尤先例に任べしとて、大勸進の聖の沙汰侍けるに、法然房源空こそ其器量に當れりと選定て、行隆朝臣を御使にて勅宣ありけるに、上人申されけるは、源空が好所は念佛勸進の行なり、起立塔像の大勸進職は其器量にあらず、若勸進の職に應ぜば、世務心を惱て、念佛轉退しなん、念佛永廢せは、唯佛意に背のみにあらず、兼ては亦和尚の意に違ん、若念佛退轉なからんと欲はゞ、造興成難かるべし、造營功畢ずんば、豈命旨に背ざらんや、且は聖見を慚、且は勅命を恐、然ば則一旦の宣旨に隨はんよりは、永辭せんにはしかずとて、固辭退申されけり、行隆朝臣その志の堅固なるをみて、ことの由を奏しければ、もし門徒の中に其器量の者あらば、擧申べきよし、重て仰下されけるによて、上人醍醐の俊乘房重源を召て、勅に應じて參内せしむ、法皇後白川喜給ひて、遂に大勸進の職に補

せられにけり、

〔法然上人祕傳 巻中〕

抑テ治承四年十二月二十八日東大寺炎上ノ後チ後白河ノ法皇大勸進ノ御沙汰アリ月卿雲客一同ニ僉議セラレケルハ當世畿内ニ貴キ有智高才ノ人多シトイヘドモ法然房ニ超過セルアルベシトモ覺ヘズ彼ノ方ヘ仰セ下サルベキ旨申サル尤トテ右大辨行隆ヲモテ院宣ヲ成シ下サル上人申サレケルハ源空四十三ヨリ聖道門ヲ捨テ淨土門に入リシヨリ以來夕晝三萬遍ノ念佛ヲ申テハ一切衆生ニ廻向シ夜三萬遍ノ念佛ヲ申テハ我往生ニアテガヒ候然ルニ大勸進ノ職ニ補セラレバ此行タチマチニカケ候ナレバ自他共ニ往生トケガタシ此ノ旨ヲモツテ仰セ入ラルベキヨシ申サル行隆ノ卿歸リ參テ此樣ヲ奏聞ス然ラバ弟子共ノ中ニ器量ノ仁アラバ擧シ申セトノ宣旨アリ上人ノ給ハク王土ニハラマレテ院宣ノ旨ヲ二度マデ返シ奉ル事ハハカリオホシト云ヘドモ弟子分ノ内ニモヲボヘズ候ガ醍醐寺ノ俊乗房重源コソ勸進器量ノ法師ニテ候ガ折節奥州秀衡ニ比企ノ左藤宗清ト申ス者ノ諸縁アルニヨリテ放逸邪見ノ者ニテ候程ニ勸メテ念佛申サセントテ當時ハ是ニハ候ハズ其ヨリ外ニハヲボヘ候ハズト申サルニ法皇チカラヲヨバズトノ御氣色ナ

リ然ルニ其夜宗清ガサムラヒ所ニ臥シタル俊乗房ノ夢ニ見ル様ハ上人モテノ外ニ御氣色タガハセ給ヒテイカニ御房是レ程ニ源空ガ大事ノ勅定蒙リテ王土ニハラマレテ院宣ヲ二箇度マデ返シ奉ル事恐レカサナリタルヲ今マデ來テ聞ヌゾト承テイカサマニモ上人ノ御ウヘニ大事アルヨト思テ其曉宗清ガ宿所ヲ立チ出テイカヾ往ケン行路四十餘日ノ路ヲ晝夜三日ニ參ラレタリ御様ニシテ旅装束ヲヌギテ御前ニ參ル上人夢想ニ見奉リシニ少シモタガハズ御氣色カハリテイカニ御房ハ源空ガ是程ニ大事ノ仰セ蒙テ候ヲ今マデ來テ聞給ヌゾト俊乗房申シテ云ク恐入タル申事ニテ候ヘ𪜈一昨日ノ夜夢ヲ蒙テ四十餘日ノ路ヲ三日參テハイタハシキ事ニハ候ハジト申セバ上人打笑ヒ給テ院ヘ奏聞セラレタリ先ノゴトク行隆卿參リ向ヒテ勸進ノ義ヲ仰セラル俊乗房辭退モ申サズ御ウケ申シスナハチ弟子六十人ヲ國ヘ指遣シテ我身ハ坊ニ居住シテ倩コトノ心ヲ勘ヘテ云ク一切衆生受ケガタキ人身ヲウケタリト云ヘ𪜈程ナキ浮世ノタノシミニホコリ來世ノ悲ヲ思ヒシラズシテ空ク明シ暗シテツヤ〳〵後世ノツトメナカラン生死無常ノ習ヒ老少不定ノ堺ナレバ冥途ノ路ニヲモムキテ閻魔王ノ御前ニ引スヱラレテ善悪ヲメシトハレン時彌陀如來ノ分身シ給ヘル所ノ六道ノ地藏菩薩行向ヒテソモ〳〵娑

娑世界ニシテ名ヲバ何ト云シゾト問ハセ給ハン時彼ノ罪人是ゾ東大寺ノ勸進ノ聖リ俊乗房上人ヨリ阿彌陀佛ノ法號ヲ給ハラレケリト云ハ阿彌陀ノ三字ヲ口ニ唱ルホドノ人三悪道ノ苦患ヲノカルベキ旨ヲハカラヒ給テ法華經ノ文字ノ數六萬九千三百八十四字ヲカシラトシテ阿彌陀ノ札ヲ書テ道俗男女ニクバル畿内ノ貴賤サヒハイナリト悦デ雲霞ノゴトク聚テ札ヲ給ハル

〔本朝祖師傳記繪詞 巻第二〕

治承四年庚子十二月十一日、平家亂逆の時、東大寺炎上の庭に、舊跡にまかせて大佛治鑄し奉るべきよし、右大辨藤原行隆朝臣、奉行にて侍けるに、昔一天四海の民土にすゝめて御建立侍りける、今度も勸進上人をやつけられ侍べきよし、勅答申ければ、先例にまかすべきよし、宣くだされける刻、奉行辨祕に法然上人に御勸進侍なんやと、内議の返答に、源空は勸進のうつは物に非ず、同行修(俊)乗坊に申合べき狀はからひて、彼上人に被召仰侍けるところ、

勸進内議の圖

抑この勸進、修(俊)乗坊うけとり給てのち、廣十方施主をすゝむるに、このしるしはかりがたし、いかゞして奉加の得不得を知べきの評定ありけるところに、法

○本朝祖師傳記繪詞
—嘉禎三年躭空著

眼顯眞云、一乘妙典は八軸の經王、文字のかず六萬九千三百八十四字也、この文字を阿彌陀佛の上におきて、彼名號を檀那の字として、比丘、比丘尼、優婆塞、うばいの四部の衆にくばりて、猶あまる字あらば、法花經何部也ともとてかへして、人々に結縁せしめて、九品三輩のともとや侍べきよし、相議して、其名字を賦ところ、重源和尚唐の善導和尚眞像をわたし給て、上人にたてまつらしめ給に、道俗男女はじめてこれを禮し給へる、

〔法然上人傳記 卷第二、上 俊乘房大勸進事〕

東大寺造營の爲に大勸進の聖の沙汰ありけるに、法然房源空其仁にあたれりと人々すゝめ申によりて、勸進聖たるべきむね後白河法皇より右大辨行隆朝臣を勅使として、仰下されけるに、上人申されけるは、源空山門の交衆をとゞめ公請を辭し申事は、しづかに修行して順次に生死を離れんが爲也、もし大勸進の職におらば忩劇ひまなくして行業すたれぬべしと、かたく子細を申されければ、行隆朝臣其堅固の心ざしを見て、即奏聞する所に、然らば器量の仁を擧申さるべしと重て仰下されける時、上人俊乘房重源をよびよせて、院宣の趣をのべ給ふに、重源左右なく領狀す、よて擧し申されければ、大勸進の職に補任せ

られけり、重源もし此大勸進成就したらば、一定の權者かな迚上人の給ひける、

〔法然上人傳繪詞 巻第三〕

治承四年庚子十二月廿八日東大寺炎上の後、大勸進のさたのあひた、當世におきては法然房源空かの精撰にあたれりと人おほくのゝしる、後白河法皇此事をきこしめされて、勸進たるへき旨、先右大辨藤原行隆朝臣をもて内々仰らるゝに、上人したいして云、貧道もとより山門の交衆をやめて林叢の幽栖をよみする事は、しつかに佛道を修行して順次に生死をはなれむかため也、もし大勸進の職にをらは劇務萬端にして自行さためてすゝみかたからむか、自行すゝますは往生とけかたからん、いまにおきてはひとへに淨土の法をのへ、自のためは專稱名の行を修して、この二のほかには他のいとなみなからむと思ふと云云、行隆朝臣その志をしりてかの詞を奏す、法皇重て仰せて云、若然者器量の仁あらは奏申されへし、上人申給はく、しはらく案して、すなはち春乘重源上人醍醐におはしけるをよひくたして云、法皇より東大寺の大勸進の器量の仁御尋あり、召にかなひてむやいなや、重源左右なく領承によりて奏達せらる、法皇きこしめしよろこひて、大勸進職に補せられおはりぬ、補して後上人の給はく、重源

大勸進にたる事一定の權者かなと云云、

〔源平盛衰記 巻第二十五 大佛造營奉行勸進事〕

又東大寺ノ大勸進ノ仁誰ニカ仰セ附ヘキト議定アリ、當世ニハ黑谷ノ源空ハ戒德天ニ覆ヒ、慈悲物ニ普クシテ、人擧テ佛ノ思ヲナス、彼ノ法然房ニ仰含ラルヘキカト、諸卿吹擧シ申ケレハ、法皇卽チ行隆朝臣ヲ以テ大勸進ヲ勤ヘキノ由仰下サル、法然房院宣ノ御返事申サレケルハ、源空山門ノ交衆ヲ止テ、林泉ノ幽居ヲ占ル事、偏ニ念佛修行ノ爲ナリ、若シ大勸進ノ職ニ候ハヽ、定テ劇務萬端ニシテ、自行成就セシト、固ク辭申サレケリ、重ネタル院宣ニハ、門徒ノ僧中ニ器量ノ仁アリヤ、擧シ申スヘシト仰下ス、法然房暫案シテ、上ノ醍醐ニオハシケル俊乘房重源ヲ招キ寄テ、院宣ノ趣申含給ケレハ、左右ナク領掌シ給ヘリ、則是ヲ擧シ申サレケレハ、俊乘坊院宣ヲ賜テ、大勸進ノ上人ニ定リニケリ、俊乘房院宣ヲ帯シテ法然房ヘ參シテ角ト申タリケレハ、宣ケルハ、相構テ御房大銅ニ食レテ一大事ノ往生忘ルヘカラス、若シ勸進成就アラハ、御房ハ一定ノ權者ナリト申サレケルカ、事故ナク遂給ニケリ、サレハ勸進俊乘房奉行行隆共ニ直人ニハアラシト、人首ヲ傾ケリ、

## 三　養和元年（一一八一）十月六日、東大寺大佛鑄造始。先ず大佛の螺髮を鑄始む

〔玉葉 巻第三十六〕

（養和元年）九月卅日癸卯（中略）又云、東大寺勘文等大略付職事了、來月四日可有定云々、去比、參左大臣亭、被命云、閣下雖無御參、可覽勘文云々、又可被鑄始東大寺大佛事、先日被任造寺長官等之次、被勘日時、來月六日云々、理須發遣八幡奉幣使并山陵使等之後、被造始歟、然而期日已迫、次第之沙汰不可叶、仍可延引哉否、職事内々猶豫云々、然而左府猶六日可被鑄始之由被執云々、

十月三日丙午天晴、及晩雨下、酉刻、大夫史隆職來談云、來六日可被鑄始東大寺御佛、仍行隆相共明後日可下向南都者、

（同月）五日戊申天晴、大外記頼業告送云、去夕東大寺定延引了、左府、左大將、宰相中將二人實守、通親、參陣、依公卿員少、令行隆申攝政、延引了云々、明日六日可被奉鑄始大佛螺髮云々、

〔東大寺續要錄 造佛篇〕

養和元年十月六日、被鑄始大佛御頭羅髮之時、戒師授戒於鑄工等、次踏多々良、即奉鑄羅髮三流、鑄工持參長官前、置八足上之間、主典取祿上品絹一疋、白布一反、與長官

圖書屬成吉、次四人各給白布一反使部取之、次御髪被渡僧官座、此後各起座、

○東大寺造立供養記の記事これに殆んど同じ

三 養和元年（一一八一）十月九日、重源、洛中の諸家を勧進して廻り、女院その

他より奉加を受く

〔玉葉 巻第三十六〕

（養和元年十月）九日壬子（中略）東大寺奉加之聖人、廻洛中諸家請之奉始法皇不論貴賤、女院御

奉加銅十斤、他所或銭一千貫文、若金六兩云々、

三 養和二年（一一八二）二月廿日、重源、東大寺大佛鑄造の費用を、主として知

識物を以てなす由を申す

〔玉葉 巻第三十七〕

（養和二年二月）廿日辛酉天晴、大夫史隆職來、召前談雜事、語申云、東大寺大佛御

首事、以土可造形云々、用途大略以智識物成寄之由、重源聖人令申云々、

二四　壽永元年（一一八二）七月廿三日、重源、宋の鑄師陳和卿を語らって、東大寺
大佛を鑄造せんとす

〔東大寺續要錄 造佛篇〕

壽永元年壬寅、聖人勸進有由金銅多施、而巧手無仁歎而送日之處、大宋國鑄師陳和卿爲商沽而渡日域、上人悅感應令然、相語彼宋人而下向、同七月廿三日、於大佛御前、上人宋人共議其營、

〔玉葉 卷第三十七〕

（壽永元年七月）廿四日壬辰（中略）又聞、東大寺大佛奉鑄加事、依重源聖人之功已欲成、宋朝鑄師年來渡此朝、且今年渡而在鎭西、而欲歸宋朝之間、忽船破損、不遂前途、度々止了、而之間、此事出來、依件聖人之請京上、廻種々之祕計、莫大之功、無煩欲終、誠是神之助天之力也、世欲滅亡、所憑只在斯歟、彌致勤愼、可庶政化之反淳素也、

二五　壽永二年（一一八三）正月廿四日、重源、はじめて九條兼實に招かれて、入宋
その他のことを語る

○五臺山―中國山西省太原府五臺縣の東北百四十支里に在り

○天台山―中國浙江省台州府天台縣城の北三支里に在り

○阿育王山―中國浙江省寧波府鄞縣治に在り

---

〔玉葉 巻第三十八〕

（壽永二年正月）廿四日庚寅天晴、東大寺勸進聖人重源來、余依相招也、聖人云、大佛奉鑄成事、偏以唐之鑄師之意巧可成就云々、來四月之比、可奉鑄云々、件聖人渡唐三箇度、彼國之風俗委所見知云々、仍粗問之、所語之事、實希異多端者歟、五臺山被打取大金國了、渡海之本意爲奉禮彼山也、仍空歸朝之處、天台山阿育王山等可奉禮之由、宋人等勸進、仍暫經廻、詣件兩所、天台山ニハ有石橋、破戒罪業之人無渡得、其橋事、本國之人十之八九ハ不遂前途、但於日本國之人者多分渡之、令感依此願渡海之志歟云々、即此重源聖人所渡其橋也、尤可貴々々、其橋體、廣四寸、長三四丈、亘大河上（河自南流北、橋自東亘西、）其橋西邊有大巖、縱横共六尺許也、其左右無人之可通之路、仍不知其奥云々、如傳聞者、自石橋六町入奥天有銀橋云々、奥有金橋云々、其奥正身證果之羅漢五百十八人見住、人致信心、備供具、祈念之時、顯現石橋西頭、奉禮彼正身之人、萬千萬人之中一人猶難云々、又云、謂阿育王山者、即彼王八萬四千基塔之其一被安置彼山、件塔四方皆削透云々、其上奉納金塔（當時帝王所被造進云々、件根本塔高一尺四寸云々、）其上銀塔、其上金銅塔、如此重々被奉納云々、件舍利現種々神變、或現丈六被攝之姿、或現小像、或現光明云々、此聖人兩度奉禮神變一度ハ光明、一度ハ小像佛云々　雖末代此事不陵遲云々、但彼國人、心ハ以信心爲先、或道、或俗、徒黨五百人、若ハ千人、如此同時始精進、起猛利之淨信、三歩一禮ヲ成テ參詣、其路雖不遠、或三月、若半年之間、遂其前途、參着之後、皆悉奉唱釋迦之寶號、一向成奉禮神變之思、其中隨罪之輕重、有神變之現否云々、實是重殊勝之事也、我朝之人、比彼敢無可及之者、可悲々々云々、數刻之後、聖人歸了、此聖人之體、實無餝詞、尤足可貴敬者也、件聖人又云、大金國欲伐漢朝之意趣ハ爲取三ケ之寶也、所謂、其一ハ難定眞本是祕書也、此書之得、金銀錦繡及布絹米穀之類、凡人間之要物、書其字之所、其物化現足用之、更無盡期、此祕藏之說等ヲ令書顯之書也、第一之寶云々、其二ハ金帯不知其功用云々、其三ハ玉印卽卞和玉也云々、漢朝之習、以此三物爲寶云々

二六　壽永二年（一一八三）二月十一日、東大寺大佛の右手を鑄造す

〔東大寺續要錄 造佛篇〕

壽永二年二月十一日、大佛右御手奉鑄之、

○東大寺造立供養記これに同じ

二七　壽永二年（一一八三）三月十七日、重源の勸進により、鑄師草部是助、上醍醐大湯屋の湯釜を鑄造す

〔醍醐雜事記　卷第二〕
一大湯屋一宇　五間三面　板葺

〔醍醐雜事記　卷第六〕
（壽永）同二年　大湯屋釜鑄料物寄頭、

〔醍醐雜事記　卷第十〕
一（壽永二年）同年三月十七日、上醍醐大湯屋釜鑄、々師草壁是助、三十石納、鐵八百斤用之、多々良八立之、纒頭經院奏可叙五位、且指貫狩衣等給之、俊乘房重源聖人勸進也、
一同四月十四日、三寶院内湯屋釜、同鑄師鑄之、二百十斤用之、七石納、釜爐具等加定二百六十斤云々、纒頭被物二重八丈絹一疋給之、

〔南无阿彌陀佛作善集〕
（上醍醐）大湯屋之鐵湯船并湯釜

〔醍醐寺新要錄　卷第五、大湯屋篇〕

慶延記云、大湯屋一字五間三面板葺

同記第十巻云、壽永二年三月十七日、上醍醐大湯屋釜鑄、々師草壁是助、三十石納、鐵八百斤用之、多々良八立之、纒頭經院奏可叙五位、且指貫狩衣等給之、俊乘房重源勸進也、

寅私云、大釜俊承(乘)房大唐ヨリ渡タル由、當時申傳了、見右記、散不審了、于今西谷風呂ノ水船ニテ現在尤廣大ノ釜也、諸人驚目、一寺重寶也、

二六 壽永二年(一一八三)四月十九日、東大寺大佛の頭部を鑄始む。この頃から鑄師草部是助等を加えて、五月十八日にその鑄造を畢り、六月一日に磨き上ぐ

〔東大寺續要錄 造佛篇〕

(壽永二年)同年癸卯四月十九日、始奉鑄御首、鑄物師大工宋朝陳和卿也、都宋朝工舍弟陳佛壽等七人、日本鑄物師草部是助已下十四人也、重源上人與宋朝和卿俱廻祕計、作大鑪三口、以佛後山爲其便、置佛上之東西、口弘一丈、高一丈餘也、涌銅或時一萬餘斤、或時七八千斤也、炭或六十石、或五十石、連々加副之、錫湯入鑪内、如大河流于江海、飛焔上空中、似猛火燒于泰山、其聲如雷電、

聞者悉驚動、禪定法皇御奉加之銅奉送、御使當時長官左大辨藤原朝臣行隆、大夫史小槻宿禰隆職也、權中納言藤原朝臣成範被相副彼使、興福寺別當權僧正云々以銀銅二香爐令入鑪中、于時僧正自昇假屋上也、今日奉加人不知其數、水瓶、鍉、鏡、金銅等多寳物皆所施入也、京都之施物、或積牛車運送、或負人馬持參、云炭云銅不知其數、斯間祈請勇猛精進也、初日如法如説一日奉轉讀大般若經一部、興福寺別當僧正催當國諸寺諸山淨行法侶等、於鐘堂之岡、高聲令誦尊勝陀羅尼、都一寺成群、方人並肩、日々令轉讀觀世音經、連々勤行百座仁王講、如此祈請不遑羅縷、雖然尚所怖只魔縁之障碍也、而南大門立札、其銘云、大佛已擬鑄畢、有四鳥欲盜大佛銅云々、然間有大叫聲、不知何事、一寺大令驚疑、是天魔之所爲者歟、其後又奉鑄之日、銅湯流出佛御胸、假屋既燒上、煙如黑雲、禪衆學衆、或乍着袈裟、荷足桶、以運水、在家出家、或脱衣裳、渥泥水、以消炎、各如救頭燃、更無惜身命、因茲銅湯流止、焰火煙絶、凡此間靈瑞太多、奇異非一、或自春日山白鳥飛來、入多々良煙中、或鳴囀假屋檐下、更不怖于人類、頻飛翔于佛邊、又雷神震響、以隨諸人中繞大像一匝、而昇虛空畢、萬人皆變色、四衆雖消魂、只依龍神之結縁、更無人倫之惱、害事之嚴重謂而有餘者歟、又三位中將重衡者、當寺燒失之大將也、遂元暦二年六月廿二日、被渡南都、被斬首畢、彼妻室、重衡所持物内、以金銅具令奉之、上人垂慈愍、以彼銀銅等欲奉鑄加大像之處、爐忽令破裂、即於彼金銅之類不變本質、皆以流出、深重之罪業尙漏如來之慈悲歟、

奉治鑄御佛工事

宋朝工七人、大工陳和卿　舍弟陳佛壽　從五人　日本鑄物師工十四人　大工散位草部是助　長二人　草部是弘　同助延　小工十一人　是末　助吉　爲直　助友　貞永　延行　助時　助友　助包　是則　宗直

壽永二年五月十八日戊酉、奉鑄滿畢、首尾經三十九日、治鑄終十四箇度、于時別當前法務大僧正禎喜

龍蹄一疋　美絹十疋　給于大工陳和卿畢、同年六月一日、經奏聞、其後漸加礪磨、奉彰相好、如開重霧、忽矚金山妙相、凞融神姿晃昱、歡喜之涙不覺而降矣、

熟銅都合八萬三千九百五十斤、御身所塗黃金一千兩、并所押金薄十萬枚、抑雖有黃金若無水銀、則佛身難成、而伊勢國住人大中臣以水銀二萬兩貢上法皇、是

則自彼仁之舊宅所堀出也、以一萬兩被献大佛、
凡奉鑄佛像之間、祈請惟多、其中大般若轉讀廿餘部、百部仁王講三千四百餘座、
八幡春日兩社御神樂度々勤之、
壽永二年五月十日、於竈神殿、爲上人之沙汰、令修如説大仁王會、導師權律師
辨曉 花嚴宗
自同十一日四箇日之間、於佐保山御陵前、同大勸進上人爲願主、被勤行八座講
肆、

辨曉律師 花嚴宗　　惠珠擬講 三論宗
章縁律師　　景嚴得業
乘延律師 三　　賢道得業 三
惠經律師 三

〔東大寺造立供養記〕

（壽永二年）同年癸卯四月十九日、始奉鑄御首、同年五月十八日丙戌奉鑄既了、首尾經
卅九日、前後及十四ヶ度、終其功了、鑄物師大工陳和卿也、都宋朝工舍弟陳佛
鑄等七人也、日本鑄物師草部是助以下十四人也、和卿與上人作火爐三口、以置

佛上之東西、爐口弘一丈、高一丈餘也、涌銅或時一萬餘斤、或時七八千斤、炭
或六十石、或五十石、初日如法如說奉轉讀一日大般若經、惣奉鑄之間、或讀不
斷觀音經、或讀持經持物、或勤行百座仁王講、或誦尊勝陀羅尼、又興福寺別當
權僧正催當國諸寺諸山之淨行人等、與於鐘堂之崗、以誦尊勝陀羅尼、凡如此祈
請每度勇猛精進也、彼別當僧正以銀銅二香呂令入爐中時、僧正自昇假屋上也、
今日奉加入不知其數也、水瓶鍉鏡金銅具等、多寶物皆所施入也、當寺長官左大
弁藤原朝臣行隆之子息、爲上人之弟子也、大勸進上人以下同朋五十餘人、鑄師
七十二人、并中門衆、法花堂衆、或有驗壯年輩、同心合力也、錫湯入爐內、如
大河流于江海、飛焰上空中、似猛火燒于泰山、其聲如雷電、聞者悉驚動、禪定
法皇御奉加之銅奉送、御使當寺長官左大弁藤原朝臣行隆、大夫史小槻宿禰隆
職、藤原朝臣成範、被相副御使也、京都之□□上或以人運送、云炭云銅不
知其數□也、雖然所恐只魔緣之障㝵、□大已擬鑄畢、有四鳥欲盜大
佛銅云々、□何事萬人疑之、諸僧驚之、是□之日、銅湯流出佛胸、
假屋□衆或乍着袈裟荷足桶、□以泥丸塞孔、或捨身
命消之、各如拂頭燃也、道俗男女走驚、貴賤上下失機也、然後消之畢、至五月

廿八日奉鑄滿畢、□當寺別當前法務大僧正禎喜、以龍馬一疋、美絹十疋、賜宋人陳和卿也、□僧綱已講乃至幼稚學者、皆以徃詣上人所、令賀申也矣、磨滅之昔、悲歎流涙、成就之今、歡喜驚目、云悲歎云歡喜、皆是憶佛之一緣、云道俗云貴賤、何非一結之良因哉、爰金容圓滿以出西土毗首之心、佛躰滿足以作東隅无双之形、然間佛像治造之時、雷電震響以墮諸人里、大佛一匝卽昇虛空、諸人反色道俗消魂、雖然龍王之結緣无雷神之災害、可謂奇異、又自春日山白鳥飛來、翔多々羅上、或飛廻火爐之邊、或上下炎煙之中、萬人驚目、是爲結緣化鳥飛來、或假屋之上瑞雲聳、如此靈瑞非一、又重衡卿後室、彼遺物之中、以金銅具奉加之、卽以其金銅欲鑄加之處、爐亦破裂、銅湯多流出、遂於彼奉加金銅具不相交而只如本、仍見聞之客、罪業之至、彈指重憐、又奉鑄佛像之間、祈請是多、其中大般若轉讀二十餘部、百座仁王講三千四百餘□、八幡春日兩社御神樂勤之也、自餘祈禱不遑羅縷、熟銅都合八萬三千九百五十斤、御身所塗黃金一千兩、并所押薄十萬枚弘薄定、抑雖有黃金、若无水銀、則佛身難成、而伊勢國住人大中臣以水銀二萬兩貢上法皇、是則彼人之舊宅所掘出也云々、一萬兩被献大佛、

〔吾妻鏡 卷第十五 建久六年三月十二日ノ條〕

爰法皇勅重源上人曰、訪本願往躅、唱高卑知識、課梓匠而令勤成風業、代檀主而可終不日之功之由者、上人奉命旨、去壽永二年己卯四月十九日、令大宋國陳和卿始奉鑄本佛御頭、至同五月廿五日、首尾卅餘日、治鑄十四度、鎔範功成訖、

〔東大寺要錄 巻第五、別當章 第八十三法務大僧正禎喜ノ條〕

壽永二年四月十九日、始奉鑄大佛了、同年五月十八日、奉鑄滿了、別當龍蹄一疋濟絹十疋給于和卿了、

〔玉葉 巻第三十八〕

（壽永二年五月）十五日戊寅今日被立佐保山陵使、被謝申東大寺大佛燒損並近日修補事云々、上卿權大納言宗家卿、參議親宗卿、參着使座、先被定時日、今日巳二點、大内記光輔進宣命、使參議親宗朝臣、前和泉守季長朝臣四位等參向云々、藏人二人敍爵云々、院供花如例云々、

十七日庚辰此日被立八幡奉幣使、被告申東大寺大佛燒損並近日修補事也、上卿權大納言實房卿、先有日時定、大内記光輔進宣命草、行事辨右少辨兼忠、使權中納言實宗卿云々、

十九日壬午（中略）又今日奉鑄東大寺大佛之面云々、

〔百錬抄 巻第九〕

（壽永二年五月）十九日、被鑄始東大寺大佛、

二九 壽永二年（一一八三）十二月廿二日、造東大寺官の下名あり

〔吉記〕

（壽永二年十二月）廿二日壬午、今夕有下名、上卿堀河大納言、右中辨行隆朝臣、少納言重綱、輔代隼人正清定、有加任、行隆朝臣書之云々、（中略）

造東大寺判官中原基康叙留　主典紀有康兼

東大寺修理大佛次官小槻有頼兼

判官大江國通兼　主典中原資廣

三〇 壽永二年（一一八三）頃から、重源、諸人に阿彌陀佛號を付し始む

〔南无阿彌陀佛作善集〕

阿彌陀佛名付日本國貴賤上下事、建仁二年始之成廿年、

〔黑谷源空上人傳 第十、勸進念佛往生門〕

○大原談義—源空私日記、拾遺古德傳等は之を文治二年のこととす

○法然上人傳繪詞—琳阿撰

東大寺の大勸進俊乘房重源上人、念佛信仰の餘に、一の意樂を發て、我が國の道俗、閻魔呵責の庭上に跪て、其名字を答ん時、佛名を唱しめん爲に、阿彌陀佛名をつくべしとて、先我が名を南無阿彌陀佛とぞ號せられける、我が朝の阿彌陀佛名は此より始れり、

〔源空上人私日記〕

（大原談義）結願之朝、顯眞付法華經之文字員數、一人別阿彌陀佛名付被敎訓、大佛上人、自其時南無阿彌陀佛之名付給了、

〔法然上人傳記 卷第二、下 顯眞座主上人論談事〕

重源上人同く淨土の法を信じ、念佛の行を立て、又一の願を發して云、我國の道俗、閻魔の廳に跪かん時、其名を問れば、佛號を唱へんが爲に、阿彌陀佛名をつけん迚、まづ我名を南無阿彌陀佛といはんといへり、我朝の阿彌陀佛の名、是より始れり、

〔法然上人傳繪詞 卷第三〕

大佛の上人、一の意樂をおこして云、此國の道俗、閻魔宮にひさまつかむとき、交名をとはれは、其時佛名を唱へしめむかために、あみた佛名をつけんとて、

まつ我名をは南無阿彌陀佛云云、我朝に阿彌陀佛名の流布する事は、此時より
はしまれり、
〔愚管抄 第六〕
大方東大寺ノ俊乗房ハ阿彌陀ノ化身ト云コト出キテ、ワガ身ノ名ヲバ南無阿彌
陀佛ト名ノリテ、萬ノ人ニ上ニ一字ヲキテ、空アミダ佛、法アミダ佛ナド云名
ヲ付ケルヲ、誠ニヤガテ我名ニシタル尼法師ヲヽカリ、ハテニ法然ガ弟子ト
テ、カヽル事ドモシ出タル、誠ニモ佛法ノ滅相ウタガイナシ、是ヲ心ウルニ
モ、魔ニハ順魔逆魔ト云、コノ順魔ノカナシウカヤウノ事ドモヲシフル也、彌
陀一教利物偏増ノマコトナラン世ニハ、罪障マコトニ消テ極樂へマイル人モ有
ベシ、マダシキニ眞言止観サカリニモアリヌベキ時、順魔ノ教ニシタガイテ得
脱スル人ハヨモアラジ、悲シキ事ドモナリ、

三　壽永三年（一一八四）正月五日、東大寺大佛の左手を鑄造す。そして重源の見
込では、本年中に大佛修造の功を終るという
〔玉葉 巻第四十〕

（壽永三年正月）五日乙未、陰晴不定、（中略）余歸宅之後、右中辨行隆來、余召簾前、問大佛之間事、左御手已奉鑄了、凡今年内可終功之由、聖人所申也、又云、宋朝鑄師之外、爲聖人沙汰而加河内國鑄師、宋人雖有不快之色、誘彼是、於今者和顏了云々、

三　壽永三年（一一八四）四月九日、重源、弘法大師空海所持と傳える獨鈷、三鈷、五鈷等を傳得し、六月廿一日、これ等を高野山御影堂に奉納す

〔南无阿彌陀佛作善集〕

高野御影堂、弘法大師御所持獨古三古五古、納置之、

〔俊乘坊重源施入置文寫　高野山文書〕

壽永三秊四月九日亥時、傳得之、同秊六月廿日、御山奉送之、次日廿一日巳刻、奉納御影堂、

元暦元秊甲辰六月廿一日　聖人重源（花押）

撿挍定兼夏臈六十四秊年臈七十九也　請取之、奉安置者也、

（定兼草名）

〔御影堂御物目録 貞應元年壬午七月 高野山文書〕
獨古一口　五古一口　三古一口
已上三種 東大寺聖人南無阿彌陀佛施入、施入帳有之、撿校定兼時、

三三 壽永三年（一一八四）六月二十三日、東大寺大佛の鑄造ほゞ畢りしを以て、來七月中に完成せしめて、その後、鍍金をなすという

〔玉葉 巻第四十〕
（壽永三年六月）廿三日庚辰晴、及晩右中弁行隆來、召簾前、問大佛之間事、答云、於御身者皆悉奉鑄了、當時奉營之間也、來月之内可終其功、其後奉塗滅金若打薄可押歟、可随有様、可有開眼也、滅金料金、諸人施入有少々之上、頼朝千兩、秀平五千兩奉加之由、所承也云々、

三四 この頃、重源、東大寺造營用の巨材を吉野山中に見出して喜ぶ

〔玉葉 巻第四十〕
（壽永三年六月廿三日）又造寺之間事、叶寸法之材木、存難得之由處、吉野山之奥

聞有大物之由、聖人行向見之處、殆過分而在之、隨又爲河邊之間、不可有引材木之煩、縱雖有材木、爲遠國者可多煩、又雖爲近近、無水便者可費人力、而近近之間得水便、誠是天之令然也、聖人及寺僧歡喜無極云々、

三五 元暦二年（一一八五）二月廿九日、重源、東大寺大佛殿を營むために邪魔になる大佛背後の築山をくずさんことを請い、三月十九日、その指圖類を差出す

〔玉葉 巻第四十二〕

（元暦二年二月）廿九日癸未天晴、未刻、藏人宮内權少輔親經爲院御使來、仰云、東大寺大佛之後被築山、而今度欲立堂之處、彼山爲妨、仍可壞退之由、勸進上人所申也、更不可有傾危之恐云々、可計申者、申云、此大佛無煩奉成事、偏彼聖人之力也、至此事定無失歟、但猶被召上人、委細問答之後、所申協理者、早可被壞歟、傾危之條、猶非無不審之故也者、親經云、左大臣被申可被行御卜之由、此事不甘心、内大臣被申早可被壞退之由云々、

（同三月）十九日壬寅天晴、東大寺勸進聖人重源相具指圖目錄來臨、大佛後山可壞退之間事也、先壞小分、可奉鑄御佛御背云々、此條尤可然歟、

三六　元暦二年（一一八五）三月七日、源頼朝、重源に米一萬石、砂金一千兩、上絹一千疋等を奉加す

〔吾妻鏡 巻第四〕

（元暦二年三月）七日庚寅、東大寺修造事、殊可抽丹誠之由、武衞被遣御書於南都衆徒中、又被送奉加物於大勧進重源聖人訖、所謂八木一萬石、沙金一千兩、上絹一千疋云々、御書云、

東大寺事

右當寺者、破(被)滅平家之亂逆、遂逢囘祿之厄難、佛像爲灰燼、僧徒及沒亡、積惡之至比類少之歟(惟少者)、殊以所歎思給也、於今者、如舊令遂修(複)復造營、可被奉祈鎭護國家也、世縦雖及澆季、君於令施舜(猶)德者、王法佛法共以繁昌候歟、御沙汰之條、法皇定思食知候(御)歟、然而如當時者、朝敵追討之間、依無他事、若令遅々候(御)歟、且又當寺事、可致丁寧之由、所令相存候也(ナシ)、仍勤狀如件、

（元暦二年）三月七日　　前右兵衞佐源朝臣（在判）

○この頼朝書狀の寫は右大將家御書案文（東大寺圖書館藏）にも收む

三七　元暦二年（一一八五）三月卅日、重源、東大寺造營用の巨材を伊勢太神宮の杣にて採らんことを申請す

〔玉葉　巻第四十二〕

（元暦二年三月）卅日癸丑天晴、（中略）今日右中辦行隆來、依灸治不謁之、以人申云、東大寺之事、條々有可申上、今兩三日之間故可參云々、余云、造寺料材木之中、大物等可執大神宮御杣木之由、先日聖人所示也、有靈告等云々、而明年可爲正遷宮山口年云々、仍年内可取彼材木之由所存也、可被忩申沙汰事歟者、行隆日來不存此事、尤可然之由歸伏云々、抑余非執權之臣、又非指造寺上卿、然而中心思此事之條勝等輩、仍聖人及行隆等常來臨、示合此事也、余外存奉公之由、内爲勝因所存等所示也、

三八　元暦二年（一一八五）四月廿七日、九條兼實、大佛の像内に納める佛舍利及び願文を重源に渡し、八月廿三日、またこれに清淨經などを加えて、奉籠す

〔玉葉　巻第四十二〕

（元暦二年四月）廿七日庚辰天晴、（中略）東大寺勸進聖人來、余奉渡可奉籠大佛之舍

利三粒、奉納五色五輪塔、相具願文、其上入錦袋、是又五色也、

（同八月）廿三日癸酉天晴、（中略）又書寫黄紙同（如法經）清淨經二部一部奉爲先妣、余濵反古色紙送之、一部近年合戰之間死亡候輩、奉始先帝至于大官十爲出離也、送東大寺、被奉籠大佛御身也、

〔東大寺續要錄 供養篇、文治記〕

（文治元年八月）廿三日癸酉、有度緣請印事、今日、東大寺上人重源、奉納舍利二粒於大佛御腹藏件舍利、招提東寺舍利也、法皇令奉加給云々、次法印權大僧都雅寶令啓白、奉塗塞云々、

藏人宮内權少輔親經草願文云々、

弟子沙門重源、歸依一切佛寶、歸依一切法寶、歸依一切僧寶、而作是言、東大寺者聖武天皇御願之仁祠、大日本國無雙之道場也、堂宇之挿天維也、虹蜺廻帯於禁梋、佛像之出雲表也、日月咫尺于色相、宛然都史多天之四十九重、其奈蕪迷盧山之八萬由旬、名稱聞于異域殊俗矣、靈驗被于四海八埏焉、誠此書契以來未或紀之者也、於是治承四年冬十二月、惡魔競兮欲滅佛法、回祿現兮忽起火難、堂舍佛像門樓僧房一時燒盡、須臾殊破天下之有可、有目者誠莫不雷歎頽息矣、伏惟佛子早出二恩之懷、久求一實之道、初住醍醐寺、後棲高野山、靈地名山處々、春草纔結孤庵、巡禮修行年々、秋月只爲親友、東鄙奥州之愚民、赴勸

誘而住善心、西遐鎮西之醜類、隨教諭而改邪執、加之殊乘大願力、遙渡大宋國、
諸五臺山而奉拜文殊之瑞光、就三遊山而早祐伽藍之洪基、其間靈異匪遑具錄、
其後歸我鄉國、往還都鄙、以利生爲朝暮之行、以念佛爲寤寐之勤、然間治承年
中聊有夢想、忽詣此寺奉禮此佛、不經幾程果有炎上、誠思夢告之符契、專知機
緣之純熟、有願于興廢、有意于繼絶、以此一大事偷語左中丞、又有一宋客、告
以吾慇懃、彼此然諾、遂廻計策、爰達天聽、被降恩詔、課五畿七道、勸遠近親
疎、如響之應聲、似影之隨形、兼金美玉寸絹尺布知識日新施與雲集、梵宮之居
構雖未締、大像之尊顏已欲成、傳聞、以生身之舍利納造佛之胎中、忽放光明、
頻現靈瑞、是以廣訪眞俗、奉請舍利、太上法皇叡聞、早通藐姑射山之傳持、招
提東寺之舍利、殊凝冲襟、即令奉加、醍醐座主權僧正見此勝善、忽以歸敬、百
箇日間手自祈供、方今仲秋八月廿三日、晝夜均分、支干相應、以彼舍利奉籠腹
藏、令法印大僧都雅寶敬白事之旨趣、殊啒此綱維、蓋有其由緒也、造佛長官左
中辨藤原朝臣某、被催懇篤之志、偏致施供之儲、推彼至誠、佛定納受、抑國主皇
帝經始之昔、尚歷十載而終其功、凡愚沙門修營之今、不出五年而成此事、希哉、
又希矣、非口所宣、非心所測、殊勝尚殊勝、言不可盡、筆不可窮、誠知諸佛善逝

成隨喜焉、化工人而鎔鑄、梵釋龍神致歸命矣、代施主而助成、曠刧多生有何宿緣、濁世末代遂此大營、歡喜溺涙、薜衣殆難乾、信向銘肝、石心彌堅固、以此因爲車、則煩惱之邪山蓋超、以今功爲船、則生死之大海可渡、然則現世安穩、後生善處、得無生忍、住不退轉、始自有緣及于無緣、普以引接悉令拔濟、殊請左中辨朝臣、歸依甚深、同心無貳、必生一佛之淨土、得爲二世之伴侶、凡厥一針一草合力之人、一稱一禮抽誠之輩、不論罪障之輕重、不謂福業之厚薄、各導菩提之門、入慈悲之室、南无大毗盧遮那佛、南无大毗盧遮那佛、莫奪我志、莫奪我志、稽首和尚敬白、

文治元年八月廿三日　　　　　　弟子沙門重源敬白

〔醍醐雜事記 卷第十〕

元曆二年七月

十七日戊戌 座主御房爲小院御忌日導師令下御、々乳母大夫三位之請也、御布施被物三重、八丈絹三疋、生衣二領、色々布十段、理趣三昧經衆、宗嚴阿闍梨、定範〻〻〻、壽海〻〻〻、乘雅〻〻〻、任賢入寺、各絹一疋、袈裟一帖、裹物一、去四月廿三日御登山之後、今日令下、然而卽時令登御可被滿百箇日云々、其故

者、俊乘房聖人欲奉籠舍利於大佛、件佛舍利於淨所以淨人百个日爲令供也云々、

文治元年八月

十八日戊辰 七个日不斷寶篋印陀羅尼結願、有百種供養於淸瀧宮傳供之、有童舞左右各四、導師座主御房、可奉籠東大寺大佛舍利、日來於上醍醐百箇日被供之其供養也、願主俊乘房重源被聽聞、

〔南无阿彌陀佛作善集〕

東大寺

奉納大佛御身佛舍利八十餘粒并寶篋印陀羅尼經如法經、

兲 元暦二年(一一八五)六月廿三日、南都の請により、平重衡を木津邊にて斬り、その首級を奈良坂に懸く

〔玉葉 巻第四十二〕

(元暦二年六月)廿二日癸酉 天晴、大藏卿泰經傳院宣云、前内府(平宗盛)并其息淸宗、三位中將重衡等、義經相具所參洛也、而乍生入洛無骨、於近江邊可梟首其首、可渡使廳哉、將可棄置哉、可隨院宣之由、賴朝卿令申旨、義經所申也、可計申者、

但重衡ハ遣南都了云々、余申云、此事左右只可在勅定者、
廿三日甲戌天晴、(中略)傳聞、重衡首於泉木津邊切之、令懸奈良坂云々、

四〇 文治元年(一一八五)八月廿八日、東大寺大佛開眼供養

〔百錬抄 巻第十〕

(文治元年八月)廿五日乙亥、行幸鳥羽殿、來廿八日東大寺大佛可有開眼、依大將軍遊行方忌也、

廿八日戊寅、雨降、今日東大寺大佛開眼也、法皇自昨日御幸、巳刻、左大臣経宗權大納言宗家卿已下參入、開眼師定遍僧正、法皇自令開眼御云々、呪願權僧正信圓、導師權大僧都覺憲、今日式左大臣被作進也、

(九月)四日甲申、被行非常赦、依東大寺大佛開眼也、

〔山槐記〕

(文治元年八月)廿七日丁丑、天晴、地震一度、法皇令參東大寺給、依明日大佛開眼也、(中略)申剋、着御東大寺、先令禮大佛給、次着御所、

廿八日戊寅、天陰、自午剋許甚雨、今日有東大寺大佛開眼事、地震一度、後日

新藤中納言注送曰、午剋、法皇臨幸御步行、法皇昇大佛假階、令開眼御、法會之儀不違注申、（中略）大佛假屋葺松葉、御後山切之小松、御面許奉塗滅金、相好甚微妙、院御所在大佛殿前、三間一面、西有妻庇、假屋葺松葉云々、參殿人歸來所談如此、（中略）大佛殿前有蓋高座、其南退東立院御所、三面廻廊跡立假屋、七大寺造之、爲衆僧座千僧、門跡不作屋、院御所南庭東西相對子午妻作假屋、爲西行事大臣以下座、東爲公卿座、大佛殿前立龍頭一本、懸幡、是天平供養物、是一物殘云々、又件時開眼筆墨長一尺許、當日早旦法皇手自可令奉開眼御由、上人懇切申行、仍遣右少辨定長於左大臣宿所、被仰合申云、此事一切不可候、天平僧正菩提代朕之由所見也、是有所思食歟、（中略）法皇以天平筆被奉開眼、廻寸法如法被入眼、歸下之時或向後退下云々、

〔玉葉　卷第四十二〕

（元曆二年七月）廿日辛丑天晴、（中略）今日藏人少輔親經傳院宣云、東大寺大佛開眼來月廿八日也、而爲下吉日之由有時難云々、然而彼大佛天平勝寶初度開眼、即下吉日也、仍不可有其憚哉、如何者、（中略）思案、件大佛僅雖奉鑄御躰、未及治營、又不押滅金云々、加之開眼之儀頗爲大

事歟、而強被忩開眼之條、未得其意者歟、

（文治元年八月）廿七日丁丑天晴、依明日大佛開眼、法皇、八條院已下洛中之緇素貴賤、併以下向南都、

廿八日戊寅　此日東大寺金銅盧舍那佛開眼供養也、自朝有雨氣、午之後大雨、若妨法會之威儀歟、尤遺恨、若是半作之供養、中間之開眼、不叶大佛之照見、本願之叡念歟、但開眼儀了有此雨、還又可謂効驗歟、今日之雨、兩般之疑相兼者也、

廿九日己卯天晴、自旦至暮上下緇素多以歸洛、未刻八條院還御、日沒法皇還御、昨日兩法會中間云々、子細可尋記之、且問歸洛之輩、各答云、法皇自取筆入佛眼、定遍僧正本寺別當滿神呪云々、如天平勝寶例者、波羅門僧正自奉入佛御眼、又誦眞言、今度左府所造式云、佛師入御眼云々、然則法皇爲佛師歟、是何例哉、可尋之、或人云、彼天平例、聖武天皇于時上皇自取筆、奉入御眼給云々、此事未見記文、如要錄者、菩提僧正勤之也、

卅日庚辰　一昨日開眼供養儀、問遣雅頼卿許之所、返札如此、

去廿七日、酉初、參着東大寺候、卽奉禮滿月御顏候了、自昔御面相ハ一定令

劣給之様見給候き、御面許金色候也、未及他所之磨瑩候、借屋以錦鏽類褁餝之、葺以松葉、後山同以松枝餝之、壇上巽角造立院御所假屋（葺松葉、懸翠簾）、高座等立壇下、左右立幢（高九丈、各懸錦幡一流、是上人結構云々）、廻廊跡立數間借屋（片柱）、爲諸僧座、其内東西又立假屋（東公卿以下座、西行事官座）、中門東西假屋爲樂屋、中央有舞臺、

廿八日、卯時、以車輿參入、如此之輿不知若干男女數員、雜人如恒砂、左大臣已下着行事屋、其後數刻無音、及未時事始、樂音風聞候き、而雨脚已欲下之間、不知爲術、歸京候了、不知後事也、善ノ綱トテ糸數丈候き、諸人結付念殊(珠カ)、若懸紳鬘等、雜人以腰刀投入舞臺上、上人弟子等出來、取集之候き、凡事儀式非公事、又非無縁事、上下作法只如交菓子候歟、

〔東大寺造立供養記〕

文治元年八月廿八日、被行開眼供養、兼日被仰行事官等、權大納言藤原朝臣宗家、權中納言經房、參議兼光、左中弁行隆、少外記忠業、左大史國通、導師當寺別當權僧正定遍、呪願師興福寺別當僧正信圓、講師興福寺權別當權大僧都覺憲、有行幸、取筆開眼師禪定法皇（法名行眞）、筆付綱十二筋、長有七町、配十二光佛、引諸方矣、參入集會之人皆悉付綱、同准開眼之儀也、

〔東大寺續要錄 供養篇 文治記〕

元暦二年七月廿九日庚戌、來月廿八日可有東大寺大佛開眼供養、仍殺生禁斷事被宣下、藏人宮内權少輔親經下申左大臣、大臣仰右中辨行隆朝臣、辨仰左大史國通云々、造東大寺判官、

元暦二年七月廿九日　宣旨

東大寺燒亡已經六箇年、盧舍那大佛像殊課巧匠、守舊鎔鑄、梵宇揆日之功、雖未甫、本尊滿月之相、已欲成、仍來八月廿八日先可奉開眼、宜令五畿七道諸國、自廿五日至九月三日禁斷殺生、至于會日於國分二寺各開齋會、太宰府於觀音寺修之、其供養料依例宛之、兼令會集道俗倶稱讃盧舍那佛號、其趣一如貞觀三年正月廿一日符、

藏人宮内權少輔藤原親經奉

文治元年八月十七日丁卯、大佛開眼定也、權大納言宗家卿着仗座、召左中辨行隆朝臣令進日時勘文、（今月廿八日戊寅時午、）次參議兼光卿着座、次仰辨令進例文、左大史大江國通置筥、右大史中原數淸置硯、藏人宮内權少輔親經卿（仰カ）開眼呪願導師等（開眼僧正）

定遍、呪願權僧正信圓、導師權大僧都覺憲、又仰行事官事、

権大納言藤原朝臣定家

権中納言藤原朝臣經家

參議藤原朝臣兼光

左中辨藤原朝臣行隆

少外記清原忠業

左大史大江國通

件等人宜令監修供養東大寺大佛會事、

卽召左中辨行隆朝臣下之、辨於陣腋下大夫史隆職、次召左中辨行隆朝臣下日時僧名、次覽行事所始日時今日、上卿見返下右大史賴清、撤例文硯、次召大外記賴業仰曰、東大寺大佛開眼供養可准御齋會、諸司堂童子令催作了、今日於陰陽寮始行事所、辨行隆朝臣以下着之云々、

東大寺大佛開眼供養會日僧名

開眼師

僧正定遍

呪願師
権僧正信圓
導師
權大僧都覺憲
法用僧
東大寺三百口
唄二口　散花二口　梵音四十八口　錫杖四十三口　衲僧百十七口
甲僧八十五口　定者三口
興福寺五百口
唄三口　散花三口　梵音百十口　錫杖百口　衲僧二百五口
甲僧七十三口　定者七口
元興寺十五口
唄一口　散花一口　梵音三口　錫杖三口　衲僧三口　甲僧三口
定者一口
大安寺卅口

唄一口　散花一口　梵音六口　錫杖七口　衲僧九口　甲僧五口
定者一口
藥師寺百口
唄一口　散花一口　梵音廿口　錫杖十四口　衲僧卅三口　甲僧廿五口
定者三口
西大寺十五口
唄一口　散花一口　梵音九口　錫杖三口　衲僧三口　甲僧三口
定者一口
法隆寺四十口
唄一口　散花一口　梵音九口　錫杖十口　衲僧十口　甲僧十口
定者一口

文治元年八月十七日
十九日己巳、權大納言宗家卿着仗座、少外記忠業覽度緣解文東大寺千僧度緣千枚解文也、被仰來廿三日可請印由云々、
廿一日、藏人少輔被送東大寺大佛開眼式案、件式左相符造進給、親經奏了、下

中上卿中御門大納言宗家、納言被下左中辨行隆朝臣云々、
廿三日癸酉、有度緣請印事、
○この日におこなわれた舍利奉籠の記事は、第三八項に收めしを以てこゝには略す
廿五日乙亥、今夕行幸鳥羽南殿、來廿八日大佛開眼供養可當大將軍遊行方、仍爲彼御方違也、
廿六日、中御門大納言宗家仰大外記頼業云、來廿八日可奉供養東大寺盧舍那大佛、從廿七日限三箇日、令文武百官淨食云々、藏人少輔親經仰下云々、
廿七日丁丑、晴、今日上皇御幸東大寺、入夜着御云々、開勅封倉、被召出筆墨天平勝寳菩提僧正令開眼筆墨也、筆一尺餘、墨二尺許也云々、 明日法皇親可令開眼御之故云々、大監物小槻有頼以下祗候云々、
廿八日戊寅、晴、三寳下吉歸忌、未剋雨灑、申剋大雨、入夜上洛下地再震、南都不然歟、今日東大寺大佛開眼會也、今日儀式不能委記録、辰剋、左中辨藤原行隆朝臣造大佛長官並行事少納言源朝臣頼房、大外記清原眞人頼業、中原朝臣師尚、左大史小槻宿禰隆職造大佛長官、大監物同有頼次官、少外記清原忠業行事、左大史大江國通造大佛判官行事、右大史中原頼清等、着行事官座佛前坤壇下立七間假屋、南北妻當舞臺西邊、西面有庇、次幕引隔、次松葉葺之、北二

間北邊設大臣座南面前置半帖軾、其南設行事上卿參議座緑端半帖三枚、其南設辨已下座、已上東面
柱際引幕、行事上卿權大納言宗家卿參着、次參議左大辨兼光卿着之、巳剋、左
大臣着座、令召使盛安召大外記頼業、被問出居堂童子參否、次召左中辨行隆朝
臣問衆僧參否、其後權中納言經房行事、右少辨藤原朝臣定長非行事加着、少納言
頼房、少外記忠業、右大史頼清着出居座、中門内右樂屋前敷座北上東面、式部大丞源光輔院藏人、彈
正忠中原安憲着其南、座末北面設座、式部着東彈正着西、衆僧參上之時、教正小選各起座畢云々、撿非違使可着出居床子、而
遂不着云々、左大史大江國通進東方、行左方事、右大史中原頼清行右方事、此間
法皇御幸于佛前巽方御所假屋、以松葉葺之、自北方入御云々、三箇間也、西一
間院御所、中間八條院御所、東間女房候所、御所在大佛後乾方二町許云々、卿
相等扈從、八條院先入御假屋云々、
前權大納言兼雅、民部卿成範、權中納言朝方、實宗、頼實、定能、通親、參
議泰通、親宗、右京大夫季能、大藏卿泰經、參議通資等參候云々、其後通親、
泰通、親宗等卿着上卿座、假屋對行事官座、
開眼師僧正定遍遲參殊甚、此間先衆僧等着集會幄、
東西發樂、音樂前大夫前行、雅樂頭賀茂濟憲朝臣、散位三善倫仲引之、次僧衆

前左右各五位二人六位二人、各率衆僧不盡千人到舞臺之東西留立、
開眼師僧正定遍駕輿自東方參進五位二人六位二人前行、執蓋一人、執綱二人、到舞臺下々輿、就禮盤、唱佛
眼眞言云々、此間衆僧惣禮了引退、開眼師退下、不乘輿直退駕輿丁、
法皇先攀登大佛殿麻柱、佛殿未成、仍治本假屋擬之、親令開眼御云々先是當佛面之前横打亘板一枚、近臣兩三人先登奉扶持、開眼之後取放佛面之前板、寺主等着淨衣役之、仍堂下之人不見其間事云々、佛面奉施金色、佛身未奉施也、法皇
下御之後經數刻、僧正參進云々、
此間、藏人宮内權少輔藤原親經進軾、仰勸賞事、左相府召右少辨定長、於軾仰
之、權少僧都辨曉開眼師僧正定遍讓、且又定遍爲寺別當之故也云々、辨歸座仰大夫史隆職、次大臣以下取綱三拜、稱善之綱諸人稱之菩提緣、件綱南面數筋東西又有之、然而少於南面、衆僧着假屋座中門代之東西假屋也、次左右亂聲、左左近將監狛則近、右散位多忠節振桙、雅
樂率樂人、衆僧前五位、六位等前行列衆僧幄、迎導師咒願、□師駕輿丁等各論次第駕丁不舁輿、其間經數刻、取寄在佛前、壇上之仕丁三人次第令勤、一方之役人々入咲壺、呪願權僧正信圓興福寺別當、導師權大僧都覺憲同權別當、乘輿參進、到舞臺
下下輿、呪願前五位二人六位二人執蓋一人執綱二人、導師前又如此、式之導師自東入、呪願自西入云々、而今日呪願自東進、導師自西進、各有所存歟、上臈自左方可進之故歟、經舞
臺上、各登高座、呪願東導師西次堂童子左右各七人、先例左右二十人八人六人也、而今度七人、隨催出歟、又不別下襲沓等、着中門外座、
入賦花筥、此間以雨儀行行之云々、次奏菩薩舞、次迦陵頻奏舞、先持佛供進佛前、十弟子傳取供之、歸舞臺舞之、次胡蝶

如迦陵頻、次有大行道事、衆僧千人起假屋、昇舞臺、廻東經佛殿東北并西舞臺北、歸

着假屋、

此間、威儀師經縁、從儀師相慶昇舞臺、取願文呪願、授導師呪願（威儀師授呪願、從儀師授導師、）

行道始程、左相府令退出給、

行道中間、雨脚漸甚、不幾滂沱、（衆僧或令擁笠或不然、）御所屋雨漏、湛(潤カ)御衣云々、

此間、梵音可經舞臺進佛前、而大雨之間不進、上卿（宗家卿）令行事、辨行隆朝臣奏之、

被仰可隨宜計行由云々、（僧從不待仰於本座唱之、稱平寺法會雨儀例云々、）錫杖又如此、萬歳樂以下左右舞、於

東方公卿座黻袂、（依勅宣不略之云々、）此間、藏人頭左近中將源雅賢朝臣進軾、仰給度者由

於上卿、（此間雨脚有隙、）左中辨行隆朝臣起座、欲授布施於導師呪願、依雨脚又甚、不能

進寄而退歸、（令送本房云々、）導師呪願自東西退出、（不經舞臺、又不乘輿、從僧擁笠、）公家有御誦經事、（內藏頭經家朝

臣參入之然而不見行事所屋事雨賀茂俊平參入由觸送之、）院八條院同有此事、申剋、上卿以下各々退出、

上皇猶御御所、樂音猶奏之、

寶樹十二株、（舞臺左右各六十本、由載式臺只六本也、）院、八條院、攝政殿、右相府令獻寶衣給云々、

大佛前南壇下、東西相對立數丈幢各一本、懸錦大幡一流、東幡天平遺寶云々、

自大佛殿上數度散花、

佛殿南東西懸大幡數流、

今日大雨尤可謂奇怪歟、匪直之事也、

大相國禪門參御所給、

院御所在大佛殿乾角二町許、五間行屋也、御幸之時御歩行云々、

開眼時、公卿侍臣不登佛殿、左少將親純、能盛入道、左馬權頭業忠同登云々、

開眼畢、親令誦佛眼眞言給、早降御、其後定遍僧正猶遲參云々、

役諸司

出居

左

右少辨藤原定長

少納言源頼房

少外記清原忠業

右大史中原頼清

式部丞源光輔

録不參云々

右

彈正忠中原安範

疏代史生藤井末遠

樂前

左

雅樂頭賀茂濟兼

允不參云々

右

雅樂助代散位三善倫仲

屬不參云々

衆僧前

左

散位藤原懷長

散位清原能高
大藏錄安倍清頼
修理屬中原忠康
右
散位三善宗遠
散位藤原頼成
圖書屬藤井依時
隼人令史三神久次
開眼前
散位三善偏仲
散位藤原貞光
掃部屬佐伯忠廣
修理屬中原忠康
執蓋
大藏錄安倍清頼

執綱
右近衞將監源光景
右衞門少志平則光
呪願前
散位藤原忠廣
散位藤原貞光
治部丞卜部友仲
丞代典藥允菅野安時
執蓋
集人令史三神久次
執綱
内匠允惟宗爲季
西市佑笠俊兼
導師前
玄蕃頭惟宗清直

散位三善倫仲
主稅允大江助政
典藥允中原賴清
執蓋
大藏錄安倍清賴
執綱
圖書允中原信清
造酒佐清原惟成
打金鼓
圖書屬藤井依時
文司
左
圖書允中原信清
右
圖書屬藤井久吉

堂童子

左

散位正五位下藤原朝臣範保
木工權頭正五位下源朝臣時盛
太皇太后宮權大進從五位上高階朝臣忠業
同權大進從五位下藤原朝臣仲賴
散位從五位下藤原朝臣邦輔
散位從五位下橘朝臣親長
散位從五位下源朝臣時綱

右

散位從五位下源朝臣國行
散位從五位下藤原朝臣家輔
散位從五位下源朝臣範實
皇太后宮大進從五位下藤原朝臣邦兼
左馬權助從五位下源朝臣誠實

散位從五位下橘朝臣邦長
散位從五位下高階朝臣忠兼

---

## 東大寺大佛開眼式

前一日有堂裝束事、大佛殿趾佛前中央間逼北立佛供机一前、（東西妻居佛供六坏）、其前東西相對（東西妻）立花机各一前、（菩薩天人供花之時置此机）、其中央居大火舍（有臺）、其東西頗退相對立高座各一基、花机前頗南退相置立禮盤各一脚、其南横東西相對敷左右唄師座、（各東西妻）壇下庭中構舞臺、其北有大燈爐、舞臺上北端立行香机、（置行香具、其左右倚御願文呪願文）、南中門内北間東西相對立散花机各一前、其東西敷堂童子座、又其東西敷威從并本寺三綱座、（東威從、西三綱）、舞臺巽坤立七丈幄各一宇、（東西妻）、爲左右樂所、同門外巽坤立七丈幄各一宇、爲衆僧集會所、東南西三方廻廊趾各立數十間假屋、爲東西僧座、佛前南壇上中央間以東、假建三間二面舍一宇、（四面懸廻御簾其中假御座）、爲法皇御在所、其巽壇下庭前立七間假屋一宇、爲公卿侍臣候所、其西壇下當佛前坤庭對公卿座、又立七間假屋一宇、爲行事官以下座、其西逼壇下敷少納言辨外記史式部彈正座、東西樂屋北邊立左右撿非違使床子、寶樹十二株列栽庭中、

當日卯一剋、打行事鐘、

同二剋、行事官等就幄座、上卿以下少納言辨外記史式部彈正各着座、撿非違使同着床子、此間、法皇臨幸于佛前御所、公卿侍臣各就座、法皇入御々所之剋、行事官等暫起其座、御座定歸着、辰一剋、治部玄蕃率衲甲衆僧唄散花梵音錫杖定者樂人等、集會衆僧幄治部在西、玄蕃在東、新樂林邑在西、高麗胡樂在東、開眼師駕輿在東訖、東西發樂音、次樂前大夫四人、六位官人各二人率樂人、自衆僧幄前到中門前、下行各就幄座、次衆僧前治部玄蕃各率衆僧、到舞臺東西橋下而留立、衆僧自舞臺上至佛前列立東西、次開眼師駕輿自東入、五位二人迎入、到舞臺下々輿、自東西衆僧之中而入就禮盤、次令佛師開眼、其間誦佛眼眞言三遍、開眼誦一遍、唄佛名三度、衆僧隨取次第、此間衆僧惣禮、次衆僧還退、次省寮引衆僧到東西脇門代壇下而留立、衆僧就座開眼師下輿就座訖、即省寮各就座、次新樂、高麗、林邑、胡樂、一々亂聲各三度、次四部樂同時亂聲、次新樂、高麗各發音、雅樂寮率樂人東西列立自幄前南行、此間東西各二行、到衆僧屋、迎導師呪願、導師自東入、呪願自西入、各駕輿、到舞臺下々輿、自舞臺之上步行、各昇高座、樂前大夫引樂人、還各就本座、次林邑、胡樂發音、菩薩東西相分、供花還却、次奏菩薩舞、次迦陵頻并天人相分、供小佛供而還、次奏迦陵頻舞訖、東西唄起座、至中門前北行、經舞臺至佛前就座、次東西定者到舞臺、各敷座具、三遍禮佛、乃取火鑪、至佛前而相列唄發音、定者東西分行、次散花師各起座、到中門前、堂童子賦花筥、即東西引頭引衆僧立、散花之後散花畢、舞臺而發音、次雅樂寮率四部樂、一度發音、新樂立西散花之前、高麗立東散花之前、林邑立西衆僧之後、胡樂立東衆僧之後、各至佛前、次大行道諸樂奏音聲、威儀師立加散花之前、凡厥行列次第周匝曲折往還之路一如他時訖、各就本座、次新樂發音、梵音罷、至佛前引頭發音訖、即還退、次舞萬歲樂勅樂訖、高麗發音、錫杖衆昇如梵音訖、舞綾切勅樂訖、威儀師二人取御願文呪願文、授導師呪願、次導師啓白讀願文了、授十善戒於集會人、次呪願畢、先是可有度者事、度緣兼可尋、寺家史公家可有御誦經事、次賜衆僧布施、

法皇賜加布施、自廳可渡行事所、次導師呪願下自高座退還、雅樂寮引新樂高麗送導師呪願、其儀如初、

此間、

法皇有御誦經事、次林邑胡樂發音、舞按摩、次舞蘇合勅樂、次舞新鳥蘇、次舞散手、次舞貴德、次舞太平樂、次舞納蘇利、若日暮入夜、主殿寮秉燭、事終、

法皇還御、上卿以下諸司等各退歸、

側聞、東大寺盧舍那大佛者、
天璽國押開豐櫻彥天皇、有天下之富、惣海內之勢、課其富勢所奉造立也、金姿耀日、如須彌之出海中、寶閣挿雲、似兜率之居天上、佛力之被華夏也、傳仁祠第一之名、國主之爲檀越也、緩累代通三之記、然間、治承末歲、綷出不圖、靈像忽化煙、暫顯寂滅之爲樂、梵宇只有地、猶恨回祿之成災、寔國之不造世以驚歎、弟子內答宿善外資知識、新住菩薩之大慈、將複佛陀於往跡、時漸臨季葉、人雖少善根、上之所好、下必從矣、爰有一比丘、同勸十方界、察懇篤之叡襟、伴治工而鑄鎔、是以普天率土劉群心、以運至誠、半錢寸鐵施輕資、以與大善、我願既滿、衆望亦足、一十六丈之尊容、月輪之妙相、再圓四百餘廻之遺美、天平之舊儀更就、於戲華構遲締、雖歎西匠之未跂、蓮眼先開、且喜億劫之一遇、方今擇曜宿於夏曆、設供養於秋風、寶樹莊嚴、曉露添貞、珠網之餝、奇香芬郁、天雨爲妙花雲之粧、一千口之智德、各出法相三論之窓、百千種之雅音、遞奏廣樂九成之曲、況亦弟子之廻仙蹕也、率月卿而幸露地、中使之臨梵莛也、修諷誦而叩霜鐘、群官豫參、專儼天子之詔命、一切愛樂譬、猶曇花之開敷、或准齋會、以助威儀、或頒度緣、以資得脫、更勸衆會之輩、各授十善之戒、加之遍勅州郡禁以漁獵、恩波之注江湖鱗介字性、惠露之及山藪雉菟安棲、今日之惠業、諸天定擁護、抑聖武皇帝自天平十五年到天平勝寶四年、首尾十年營之、弟子眇身自養和第一年到聖暦文治元年、首尾五年營之、昔若不侍多千億之佛、今豈得遂大清淨之願、仰請三寶界會知見證明先分功德、奉貴神祇彌增和光之冥威、各證照寂之果位、鎭護者本誓也、早移民俗於仁壽之域、靜謐者今望也、宜罷波瀾於四海之家、以無惠業之涯際、奉資聖武之山陵、又廻施白川鳥羽高倉之靈廟、令具足紺頂烏瑟膩沙之諸相、殊擎上分奉祈中禁、瑤圖不搖、玄紀遠及蒼旻、垂惠保胡福於萬斯年、黔首頼慶致殷阜於千斯倉、邊雲長霽、征戎之客虛候、聖日高臨、擊壤之翁歌仁、弟子禪定幽深之水洗塵心、而一清姑射、遠僻之郷、傳山呼於萬歲、多生値遇唯一乘之花文、來世遂登最上品之蓮座、又仙院后房春秋之富無限、攝籙將相風雲之契彌堅、凡厥群僚百司遐方近土、一日三拜之緇素、知識結緣之尊卑、依此一善保其百福、乃至鐵圍砂界、六趣四生、茫々群類、各々救濟、敬白

文治元年八月廿八日

弟子阿闍梨　敬白

作者參議左大辨藤原兼光卿

清書中務權少輔藤原伊經

和州境際　添上郡中　崇一仁祠　號東大寺
建立爲誰　聖武天皇　安置幾尊　盧遮那佛
梁棟之搆　高揷虚空　金銅之膚　偏蔟日月
十六丈像　倭漢无雙　三十二相　古今少彙
日連難及　已失神通　毗首不如　唯責佛力
治承四載　當季冬天　回祿餘殃　延及露地
都鄙慨矣　鯁涕酸哀　緇素悵然　展轉反側
禪定仙院　殊以傷嗟　聖主冲襟　亦復驚歎
早降勅命　欲複舊基　廣勸尊卑　可訪往製
跋造營事　任職掌官　經始五廻　黽俛幾日
爰有佛子　勤苦提行　亦有巧工　堪陶冶藝
各々運計　積琢磨勞　種々呈功　施補綴力
一日三拜　同奉生身　烏琴白毫　重以具足
乙巳之暦　南呂下旬　當彼岸終　淨匪石底
良辰得境　吉曜撰時　未究洪基　且開慧眼

層甍複屋　彩幡飄颻　高檻堂軒　華蓋照曜
方今我后　准齋會儀　勅使奉行　恭敬供養
何況法主　拙鄭重誠　仙官扈從　稽首合掌
文武將相　環珮鏘々　庶尹百僚　儀序棣々
顯密淨侶　一千成行　緇州高才　濮陽碩學
絃管妙曲　律呂沸調　咸池遺音　洞庭奇響
舞袖廻雪　如望荆臺　伎樂遏雲　似詣花界
人不得顧　九億駕肩　車不得旋　前後掛轆
旁仰州縣　即禁殺生　驚覺十方　應同三世
八幡菩薩　倍增威光　一切神祇　飡受法味
又分景福　資祖廟靈　殊捧慧薫　答本願誓
承保膺籙　天仁受圖　兩主勝因　一時證得
高倉先帝　淨土必生　各依善根　宜添妙果
象魏宸闕　秋菊獻齡　汾射仙居　椿木讓算
女院芝砌　皇后椒園　簾惟是閑　啓令共儼

藩王公主　棣蕚繁昌　攝籙台階　風雲感會
群卿百辟　長裨帝猷　七道五畿　悉靡皇憲
海内有截（本ノマヽ）　誇粟陸仁　天下无爲　伊華□俗
結縁之輩　知識之人　現當隨望　福祿叶思
設无遮善　住平等心　功德遍施　利益遠及
怨靈邪鬼　六道四生　皆出昏衢　併到覺岸
文治元年八月廿八日　作者文章博士業實朝臣
〔重源請定　正倉院事務所藏〕
來廿八日開眼供養首時
可被集會八藹已下可有
用意
奉唱　華嚴經第三卷
開眼師　僧正定遍
樂人發樂　宗明樂
呪願　僧正信圓

次打金鼓

導師　大僧都覺憲

玄觀房

觀善房

專俊房

衆僧退出

右依奉唱如件

文治元年八月　日　重源（花押）

中納言殿

帥　殿

〔醍醐雜事記　卷第十〕

文治元年八月

廿八日戊寅　東大寺供養、開眼導師東寺長者東大寺別當法務僧正定遍、呪願興福寺別當權僧正信圓、導師同寺權別當大僧都覺憲、請僧一千人之内醍醐寺廿人、内有識九人、非色十一人、自未時許降雨、依雨爲法會之妨、不至梵音錫杖云々、院御聽聞法服公卿殿上人皆束帯、自諸國參集聽聞衆、其數不知幾萬億、其中有不奉見大佛之者有五人、其内美濃國僧一人、男二人、伊勢國女二人也、於其女一人者、哀哭而於其庭切髪、奉大佛爲尼、見聞者皆以隨喜哀之、

〔東大寺諸伽藍略録〕

大佛殿

一養和元年安德天皇御宇（辛）丑年、後白川禪定法皇降旨、令俊乘坊重源爲大勸進上人、令唐和兩朝勸誘、賜源頼朝公外護之勅宣、至文治元年乙巳年、佛像修繕始成、同八月廿八日、開眼供養、

開眼師當寺別當定遍僧正

講師興福寺別當權大僧都覺憲

呪願師興福寺權僧正信圓

大勸進上人俊乘房重源

鑄師宋人陳和卿　陳佛壽和卿弟并小工五人

同日本人草部是助　同是弘　同助延并小工十一人

四一　文治二年（一一八六）二月二日、重源を東大寺別当に補さんとの議あれど、止む

〔玉葉 巻第四十四〕

（文治二年二月二日）藏人右少辨親經申條々、

一　行隆申、東大寺別當及造寺撿校長官等事、院宣云、別當未補之間、可被付上人（重源）之由、行隆令申、不可然、撿校事無分明仰、長官事如本可仰行隆者、仰、別當事、禎喜定遍兩代、本寺造營一切不致沙汰、雖自今以後、被補別當者、以同前歟、若必可被補者、此條兼能可被仰含歟、不然者、造寺之間、被付上人之條、實不似公事、只可被付造寺所歟、愚案如此、重可奏聞者、撿挍事、便宜之時、覆奏、可早左右歟、長官事、任御定可下知者、

四二　文治二年（一一八六）二月中旬、重源、伊勢太神宮に參詣して、東大寺造營の成功を祈り、四月廿六日、神前に大般若經を轉讀す

〔東大寺八幡大菩薩驗記〕

抑去文治二年二月中旬、大勸進重源上人諳天平注事、造東大寺事爲祈請參詣太

神宮、運懇會之間、同廿三日辛未夜、太神宮示現云、吾近年身疲力衰、難成大事、若欲遂此願、汝早可肥我身云々、爰上人還向本寺、衆議云、增益神明之威光、無過般若之功力、仍新寫大般若經二部、引率六十人之學侶、同四月廿八日於内外二宮、各二部爲勅願、開題供養、兼勤行番論義畢、則于今無退轉、常明寺般若會是也、彼院宣云、東大寺盧遮那佛者、聖武皇帝勸進天下衆庶、祈請伊勢太神宮、所建立也、天平十五年堂宇草創、天平勝寶四季佛像開眼、綷絶常篇、而今佛像忽焚毀、堂舍成煨燼、驚遽之甚、何以如之乎、須依古跡早可修營佛閣、而世及澆漓、時窮凋弊、遂彼涼風之迹、責其舊日之功、依木求魚、煎水作氷者歟、就中彼上人重源忽蒙夢想之告、可御願成就之趣也、仍相伴六十口寺僧、可轉讀大般若經、其例未分明、偏是任上人、自君爲己、何必溫昔乎、以此旨可令啓白給者、依院宣、執奉如件、文治二年四月廿二日　長官右大辨行隆奉　謹上尊勝院僧都御房云々、抄也、　上人同令參宮、而致法施、眠中貴女來與二顆寶珠、一白薄様裹之、一紅薄様裹之、上人驚而見之、兩顆珠親在掌中其勢各周一寸七分、眼前之奇特無物于取喩、頂戴下向南都、大願速疾成就了、件寶珠奉納大佛御首云々、

〔南无阿彌陀佛作善集〕

伊勢大神宮奉書寫供養大般若六部内宮三部外宮三部

六部三度奉供養、每度加持經者十人六十人請僧、并持經者皆勢州人也、導師解脱御房、今二度者、以本寺僧徒、奉供養之、

〔東大寺造立供養記〕

其後上人參詣伊勢太神宮、祈請造寺事、故作是念、若我願滿足、當應示旨、爾𠃵非夢非現、而寳殿之前有束帯之俗人、又幼童出來在上人懷中、語上人言、欲遂其願、可令我肥云々、夢覺之後作是念、以般若之法味、增神明之法樂、仍書寫大般若經二部、備内宮外宮之法樂、引率六十口之僧、轉讀十六會之妙典、令尊勝院律師辨曉爲導師、其後二度書寫供養、次第同前、但導師醍醐僧正勝憲、笠置上人貞慶、此外於八幡春日兩社又二部供養、皆是爲大願成就也、

〔神宮寺藏古經題跋〕

伊勢神宮寺大般若經　一部六百卷

（奥跋云）

右奉爲

天照太神法樂莊嚴威光倍增敬拂瑞垣奉供養也（有願文不載）

○原本表題なし、神宮叢書には「東大寺衆徒参詣伊勢大神宮記」という

文治二年四月廿六日

法橋上人位慶宗　權律師法橋上人位成寶　前權律師法橋上人位實憲　法眼和尚位定勝　權少僧都法眼和尚位辨曉　別當權大僧都法眼和尚位雅寶

〔俊乘房重源伊勢太神宮參詣記 寶生院藏〕

東大寺聖人參宮之次、依有夢想之告、於神宮可令轉讀供養大般若經、率六十口寺僧、來廿六日可被遂御願之、(ナシ)件宿所事、二宮相共可被用意者、依院御氣色、執啓如件、

四月七日　　右大辨藤原(行隆)在判

於神宮可被轉讀供養大般若經事、院宣如此、被仰下之旨、件宿所事、可被致用意之狀如件、

四月十三日　　神祇權少副在(判脱カ)

內宮長殿

逐申、於雜事者各可隨身也、只宿所并轉讀所、可被計沙汰也、

東大寺勸進上人重源、當寺造營祈祷、於大神宮、大般若經書寫供養并轉讀間事三ヶ度、文治貳年四月廿六日、外宮法樂、於常明寺供養導師南都尊勝院僧都弁曉、同廿七日、

六十口南京僧、轉讀、法花持者十人讀誦、同南□□、建久四年、同上人二宮法樂、大般若供養所、二見天覽寺、導師醍醐座主勝賢僧正、曼荼羅供、外宮論匠、番民部卿已講定範（布施人別□絹一疋沙金一兩ツヽ、七十口、）建久六年四月十七日、於菲山供養、十八日、讀誦、先日外宮法樂、導師侍從已講貞慶、今日内宮法樂、光明山僧都明遍所可被勤、聽聞衆中今日已講御房御説法候諸人令申之、依所望貞慶重被勤之間、嚴重不思議非一、雜尒不注之、説法最中光明森道場、種〻瑞相現、不知人之、兩上人御房互依願主信力、此不思議瑞相現云〻、御説法爲隨喜御影向瑞相也、我非信力云〻、卽日之夕、聖人坐禪眠中无止貴女來聖人前、水精珠二果授與之（一果紅薄樣裹之、一果白薄樣裹之、）聖人問云、是誰人乎、答云、吾是風宮也云〻、夢中授與珠、覺後現在袖上、捧頂上歸南都、多年安置之云〻、（件珠者火執珠、水取珠也、今度供門之間、）不思議非一、重源聖人申貞慶聖人云、御説法瑞相御得分也、此珠私得分也云〻、三ヶ度六部御經安置所〻、

二部文治二年八幡別所安置、二部建久四年常明寺、二部建久六年一部天覺寺、

一部安藝公重深安置、

條〻

一參詣由來事

文治二年（丙午歳次）仲春二月中旬之比、當寺勸進聖人重源（俊乗房）、爲祈申造大佛殿事、參詣太神宮、於瑞垣之邊、通夜之間、同廿三日（辛未）夜、大神示現云、吾近年身疲力衰、難成大事、若欲遂此願、汝早可令肥我身云々、聖人夢覺于松儒之嵐淚重于蘿衣之露、卽還向本寺、被觸此狀於衆中之處、衆徒相議曰、神明威光增益、莫過般若威力、早新寫大般若經二部、僧綱以下六十口僧徒頂戴之、參詣彼宮、於日外（內カ）二宮、各一部遂供養轉讀、兼可被行番論義云々、衆議已訖、萬人服膺了、

一參詣日時事

御示現以後、早速雖可有參詣、云御經書寫沙汰、云諸僧出立雜事、彼是色々依有其煩、自然遲引、同年四月三日（庚午）進發、同廿六日（癸酉）可有供養轉讀等之由、爲長官右大辨（行隆）沙汰、仰陰陽寮被定下了、

一御經二部調儲間事

寺家別當大僧都（雅寳）以下、（可脱カ）然寺僧之中、或支配料紙、或相撰能筆、期日以前欲終書功之處、此事自然披露、緇素貴賤、各以隨喜爲結緣、可調營御經之由、花夷競諍之間、寺家沙汰暫以猶豫、爰入道大納言頼盛、奉加一部六百軸料紙

（黄紙朱軸、標紙折界、併以被調送了、奉納唐櫃六合、）於書寫者、寺家營之、又聖人分此料紙南都北京、普以勸進之間、垂露之點、不日終功、於今一部者、比丘尼（邦綱卿女大夫三位、）以本所持之本、供養經被施之、（奉納大唐櫃三合、）仍諸衆不營、二部忽備、善縁和合、誠以早速乎、

一御幣并神馬事

於御幣者、聖人沙汰也、（二宮各上紙十帖、木綿二段、）神馬二疋、（一疋衆徒沙汰、一疋尊勝院僧都辨曉引之、）

一傳馬事

寺領大和山城莊々支配六十疋、六十僧旅籠等料、人別一疋賦之、進發之日著黒田莊、於黒田庄當莊并笠間薦生等伊賀莊々又催出六十疋、廿七日朝賦分已了、件日從黒田莊向次宿（木造邊、）自件宿迄至神宮、或觸縁尋傳馬、或用自馬云々、

一神宮經廻粮料事

別當大僧都以下、僧綱、已講被訪之、都合儲卅石於神宮之邊云々、

一神宮宿所事

此事遂依及叡聞、爲長官右大辨奉行、兼日被仰下祭主神祇權大副能隆之許云、東大寺僧徒、爲祈申造寺御願、撰定六十僧、參詣當宮、可奉供養大般若經、其間二宮宿所事、早令加用意者、依院宣、執達如件云々、祭主任院宣、可令

相儲之由、進請文了、

一願文事

事已及天聽、公家雖須仰儒家、於大神宮被行佛事之例、先蹤不分明云々、仍寺家私誂藏人右少辨親經朝臣令草之清書一通前頭辨光雅朝臣、一通藏人右衛門權佐親雅朝臣、各振筆書之、

東大寺僧綱大法師等敬白

奉書寫大般若經一部六百卷

右奉爲天照皇太神法樂莊嚴威光倍增、敬酒瑞垣所奉供養也、所以者何、我寺者、感神聖武皇帝發菩薩大願而祐基、摩訶盧遮那佛留大日本國而濟世之道場也、反宇重軒之崔巍、消雲造天、徑輪廣袤之連屬、籠山絡野、聖跡舊兮四百餘年、墻有衣瓦有松矣、堂搆紹兮三十七代、古不輕今不疎焉、隨禪定寺之究輪奐、唐報慈閣之盡麗靡、雖比高廣之製、猶忘靈異之趣者歟、然間治承年中、欻然火起一時焚燒、如長者宅當爾時也、無遠無近、自西自東、老弱相携而競來、緇素疾走而群集、見柱礎之空殘、呑聲而嗚咽、禮佛像之半焦、拭涙而蹉跎、爰有一聖僧、蓋匪直人也、怒回祿之成灾、悲佛法之欲滅、廻深圖而廣致勸進、盡巧思而欲復制度、本尊滿月之眞容、纔雖營成、梵宇撥日之新勢、誠難起立、今當大功之未半、彌歎煩費之難治、

因茲去春二月下旬三日、豫參神宮祈念而曰、國凋弊兮十方之施與漸空、身衰邁兮七旬之年算已仄、果此大願、旁無所憑、彼天平之昔草創之時、善神殊致擁護、法界尚爲知識、況今及澆季之俗、誠其少信心之人、自非蒙大權之加被、爭得遂少僧之宿誠、神若有冥助、猶試欲相勵、殊凝比念祈請之間、聊結靈夢如有感應、隨喜渇仰彌銘心肝、倩思神告之希夷、須捧般若之法味、於是寺家聞此事、僧徒尋其趣、且驚太神之示現、且感上人之慇懃、合力而聚紙墨、同心而調部帙、竹林實語、新出於草聖之功、鷲嶺誠言、悉彰于雞距之跡、方今朱夏之初黑月之候、僧綱已下六十口侶、齋持彼經、各詣斯處、一日者整儀式而先遂供養、一日者致轉讀而更行論議、搆齋莚而披題、貫春花於六百軸之露點、入理窟而拭舌、披曉霧於二八會之風儀、甚深功德、併資冥威、無來無去之宮中實智之水永澄、一陰一陽之祠下權化之雲早霽、抑青松蒼栢之靈地、遠近惟多、和光同塵之神德、大小雖嚴、殊仰當宮之利益、專祈斯寺之營作者、皇太神永守百王而全蘿圖、我大伽藍又守累聖而爲檀那之故也、佛意與神慮可謂相同、祈願與夢告已以符契、効驗決定、今正是時、寺家興隆定其不日、仰願太神知見證誠、令部類諸神而代施主之心、令護法天等而加巧匠之力、尊像早備端嚴之相、飛甍速終剞劂之態、若然八宗兼學之窻復舊、法燈更挑、更四天衞護之砌如雑(新)、新日再照、今之所祈不亦悦乎、先捧惠業、奉祝國主萬歳之遐齢、更廻薫修、敬資法皇二世之御願、院宮宰臣文官武職各頼妙因、獲得善利、殊請夏曆雨若、甫田之秋雲無盡、胡城塵收、戍樓之曉月獨澄、乃至鐵圍大鐵圍、砂界恒沙界、悉皆廻向、普以濟度、稽首和南敬白、

文治二年四月廿六日　法　橋　上　人　位　慶　宗

權律師法橋上人位成寶

前權律師法橋上人位實憲

法　眼　和　尚　位　定　勝

權少僧都法眼和尚位辨曉

別當權大僧都法眼和尚位雅寶

二宮共用此草了、但外宮乃爾波奉爲豊受皇太神法樂莊嚴止書之、所賛(替)只兩字許也、（内宮ハ天照、外宮ハ豊受、）

一御經供養導師事

權少僧都辨曉勤之、始雖爲聖人之勸進、後及法皇之恩請、

院宣云

東大寺盧舍那佛者、聖武皇帝勸進、天下之衆庶禱請、伊勢大神宮所建立也、天平十五年堂宇草創、天平勝寳四年佛像開眼、綷絕常篇、斯寺之起、盡國銅而鑄大像、掄環材而構崇閣、四州之中無其比類、三界之外未聞先規、兩主臨幸、萬僧來集、法會之儀、經始云新、妙相端正、類滿月之相、棟宇高峻、如造天之工、四海同浴惠澤、萬姓普霑法雨、誠是功被天地、仁及動植者歟、而今佛像忽焚毀、堂舍爲煨燼、驚遽之甚、何以喩此、須因古跡早修營佛閣、而世及澆醨、時極凋弊、逐彼凉風之迹、責其舊日之功者、緣木求魚煎水作氷者歟、但非可默止、憖追前蹤、差定行事官等、尋付知識上人重源、相共營之、豈圖去壽永二年宋人出來、忽以鑄治、文治元年、法皇臨幸、手自開眼、是非神宮之冥助乎、雖爲大厦之構、盍終不日之功哉、就中彼上人重源忽蒙夢告、御願可成就之趣也、仍相伴六十口之寺僧、轉讀大般若之妙典、其例未分明、偏是任聖人自君成已、何必溫昔哉、以此旨可令啓白給者、依院宣、執啓如件、

文治二年四月廿二日　　　　長官右大辨行隆奉

謹上　尊勝院僧都御房

一六十口僧名事

權少僧都辨曉
慶俊 大法房得業
玄惠 駿河得業
覺深 花聚房得業
惠深 式部得業
隆祐 義善房得業
增運 美乃得業
仁玄 周防得業
顯範 圓修房得業
秀惠 越後得業
顯珍 尊明房得業
已上成業者
相慶 相嚴房
行詮 花王房
義仁 義淵房

大法師顯尊 眞乘房 五師
行惠 讚岐得業
藏詮 定乘房得業
慶尊 大進得業
教觀 林靜房得業
顯俊 參川得業
尊玄 尾張得業
明範 參川得業
賢運 播磨得業
辨慶 大進得業
顯祐 丹後得業
勝惠 紀伊房
顯海 教惠房
寬宗 一乘房

慶應　石見房
慶曉　如法房
辨惠　定惠房
玄珍
顯照　伊豆房
辨性　性明房
聖詮　林觀房
景惠　伊豫房
延玄　但馬房
緣永　識印房
性遍　助君
信全　禪親房
秀慶　卿房
賢信　密性房
仁辨　肥前房

賢淸　官敎房
叡詮　出雲房
行尹　勸修房
顯遍　大輔房
珍乘　顯淨房
重喜　武藏房
範敎　顯性房
印豪　伊賀房
顯秀　深性房
敎玄
顯蓮　少輔房
春朝　佛心房
圓慶　美作房
辨修　攝津房

已上僧名如此、自餘僧綱、已講、多以故障、今度不參之人、遺恨及來世歟、抑當寺營作事、專可祈申鎭守八幡宮、隨又和光同塵之日、此事疑嫉妬於神慮之底、仍大菩薩寶前兼移神宮之儀、先欲展法會之席、然而經卷難調、道儀不輙、各以心勞之處、或比丘尼雅長卿母儀傳聞此事、捧來供養之大般若經一部六百軸、忽施入于當宮、善縁純熟、非直也事、仍四月十九日丙寅撤三所之前庭、立一宇之假屋、延請此六十僧於其中、開題供養已了、法莚之儀、誠以嚴重、納受之感、敢無疑貽、導師同尊勝院僧都也、此日寺僧辨實法花堂衆不堪結縁隨喜之思、引供米於六十口了、善種已殖福田、覺蘂定開佛地者歟、

一行事所司事

權寺主永兼參勤之、二宮奉行之間、一事無越度、可謂神妙、

一參詣次第事

進發以前兼三箇日、每朝沐浴潔齋、深愼三業、殊專一心、至于廿三日朝、六十僧皆悉著淨衣、先參大佛寶前、次詣鎭守八幡宮、心中祈念、申暇之後出南大門跡、或用輿、或騎馬、遙指神宮各以進發、先陣仕丁二人、逐次行里當色著褌捧白杖、次御經二部持夫十二人荷之、次神馬二疋舍人各一人引之、次小綱二人長深善順又仕丁一人貞國同以扈從、其

後、諸僧群列、但件朝大風返芝、細雨成霧之間、行列頗違亂歟、然而參宮之日、其次第如此、抑今日風雨雖爲羈旅之煩、人皆云、是天衆影向之嘉瑞、神明感動之靈驗也云々、及午刻風漸定、至晚頭雨休了、其後無風雨之難、無手足之蹟、同廿五日參著外宮、此日宮河以南以北、道俗成群、路頭如市、是爲令歴覽僧徒參詣之儀也云々、仍隨分各撫疲馬之毛、刷淨衣之袂、覆口渡其前、傾笠過其道、揭焉之甚、筆端難盡、遂及申一點著成覺寺、其邊點居宿々之間、已及深更、仍窮窟忘萬事、各就寢了、

一當日廿六日御經供養次第事

諸僧昨日宿留成覺寺、於件寺雖須遂供養、外宮一禰宜光忠申送云、常明寺者、是神官崇重氏寺也、嚴重佛事、先例必修于此砌、今度不可有異議歟云々、仍任其申狀、諸僧各集會于彼伽藍、六十僧鈍色裝束甲袈裟、導師宿裝束、此時鄰國比郡皆悅結緣、貴賤男女併契來緣、道場運歩之者、自西自東、聽聞傾耳之輩、無數無邊、何唯常啼之來詣衆香城也、六萬人之侍女、當眼釋尊之演說靈鷲山也、五天竺之衆生并肩而已哉、及午一點、導師參入、卽著禮盤、啓白事由、其詞云、

敬白

今大日本國東大寺別當權大僧都雅寶以下一門僧綱大法師等、各勵無二無三之

信力、奉專最尊最上之精勤、新令書寫大般若經二部千二百軸文、六十口僧徒、各捧頂上令參詣神宮側之內、今日奉爲外宮豐受皇太神法樂莊嚴、先一部六百軸令開題、稱揚善事、其旨趣何者、夫我大日本國者神明擁護之國也、和光之影惟新、佛法流布之堺也、傳燈之光未改、天地開闢當初、敬神之禮克調、欽明御宇以降、歸佛之勤新始、仍以敬神爲國政、以歸佛謂人善、是神明三寶驗德相諍、六十餘州利益普被之故也、方今我東大寺、一閻浮提希代之伽藍、五竺漢土未有之靈像也、三代聖靈傾國、四所菩薩變形合力、奉鑄十丈七尺之御身、歷年營廣嚴淨之梵宇、面輪之編滿月、新迎實報生身之粧、佛殿之插半天、妙移花藏莊嚴之製、詣者皆業障除身、列人定佛種萌跡、不離穢土踏此地、不出生死拜此佛、誠是宿善之令然也、誰云聊爾之結緣也、而今世臨澆季、國先暴惡、時屬末法、人忘修善之間、罪障各廻、見佛之緣忽盡、火災暗起、大悲之容永隱、見人成倒地之傷、聞者有叫天之悲、此時禪定法皇忝爲一乘六萬部之持者、此希代不思議之惡逆聞食、叡慮御愁徹肝、忍辱御衣浸涙、遂訪天平之古跡、被下知識宣旨之刻、五畿七道皆起隨喜之心、貴賤親疎共抽奉加之志、且答其法皇十善之御願、且引彼諸人一味之知識、修補複舊、面像如古、沙羅萎花匂再綻和州之風、長夜隠月貌重耀日域之天、即去年八月廿八日開眼早事了、當于其日、我后法皇執筆親開大慈悲之眼、參會諸人列綱泣契一佛土之縁、十方共感、萬人皆悦、我願爰滿、衆望亦足、然猶佛殿未有造營之勤、堂宇未全土木之功、只礎纔殘空跡、佛獨峙露地之間、嚴寒之冬雪、忝埋烏瑟之縁、霖月之天雨、鎭浸黃金之膚、相好早成悦、堂宇未備悲也、依之勸進聖人重源、去二月參詣當宮、心中祈念此事之間、夢中聊有示現之告、神若添内證之法樂者、佛殿定可成就之趣也、寺家傳聞其狀、隨喜之心幾許、仍新奉寫大般若經一部千二百軸之文、先展開講之莚、續累讀誦之功、今日其中一部開題供養之日也、願力已窮、法味至重、神慮含咲、納受無疑乎、然則冥威新施之故、國消三灾衆難之愁、法力不空之故、民富九年五袴之蓄、霞軒雲楣之崔巍、不歷年而再成、飛甍彫桷之壯觀、任舊規而速終、仰捧今日所生惠業、偏奉莊當所神宮之法樂、本地彌增内證之莊、垂跡更添威光之影、神慶之故人多樂、法弘之故國則穩、只俗返淳素、世屬休明、又釋敎再榮、法輪永轉、四悉檀花匂、普吐五道六道之風、三般若月光、遙及八寒八熱之扃、

已上表白如此、於釋注者、委細繁多、不能記錄、聽聞之庭、萬人啼泣、是

可謂菩提心之涙者歟、

一番論義事

導師退下禮盤之後、即以番之有三雙、

番僧都勤之、其表白云、

冥道之威光増益、無過般若恵日之力、神明之法樂莊嚴、只在種智菩提之悟、是以崇畢竟空之文、一日敬展開講演説之莚、番迦旃延之群、三雙忽顯實際法性之蹟、誠是甘露勝妙甚深之上味、又非和光同塵眞實之法施乎、依之本化空霽、雲翳之影永收、垂跡露濕、松柏之色彌茂、〇下文ノ問答三番略ス

已上各雌雄諍翅、龍象競蹄之間、皆能問能答、有興有感、三雙終刻、衆會早散、今日次第大略如此、抑今朝祭主送垸飯五具、即令分配諸衆了、又鎌倉二品卿使、爲令沙汰神領之訴參詣當宮、隨喜此事、引龍蹄一疋於導師僧都云々、又臨夜陰僧徒少々參拜瑞垣之邊、白晝有憚之由、禰宜諫申之故也、暗々之間、不及子細、謹以退歸了、

一御經轉讀事

同廿七日拂曉、六十口各又參會于常明寺、發願導師僧都勤之、經王轉讀之聲、

遙響六天之雲、法樂莊嚴之慶、定添二宮之光者歟、及申一點經了、結願、各退歸宿房之後、卽參向内宮、此日外宮禰宜光忠送垸飯五具、分配諸僧、又以如前、

一廿七日參向内宮事

先陣御經、御幣、神馬等行列次第、如一昨日、當宮一禰宜成長、從未刻參宮待諸僧、申刻僧都以下人々參著一鳥居之邊、僧徒群參依有其憚、成長先誘引兩三、令參詣寶前、禮拜退歸之後、殘人々漸又參向、凡厥神殿製作、不似餘社、地形勝絶、如入異域、渇仰徹骨、恐懼餘身、我等依何宿福、今詣此砌乎、隨喜溺涙、各以退出、成長點二見之浦、儲諸僧之宿云々、仍出宮門向彼浦之處、件浦有一伽藍、其名曰天覺寺、是成長建立也云々、地形爲體、湛蘢海面而擬前池、籠蓬山面爲外墎、蒼波之寄渚也、每波洗罪障之塵、琪樹之蔭天也、每枝萠菩提之種、何只望遊覽之興、驚目斷腸、又悦滅罪生善之道、餘身滿身、卽此伽藍側、今度新造數宇僧房、其中三間四面屋一宇(導師宿料)、又五間屋三宇(經衆六十人料一字各宿廿人)、又有三間之溫室、有從料之假屋、皆敷設窮善、莊嚴輝目、況每屋湛珍菓旨酒、每宿滿垸飯肴膳、縱雖須達營作之昔僧房、豈如成長結構之今舍屋哉、無

上寶聚不求自得、蓋以此謂歟、衆僧於斯各以休息之間、重送美膳六十前、其外所從雜人都合及七百人、併預餐應了、臨秉燭之期、於本堂修往生講、爲聽聞人々少々參向之處、有出佛有讀經有伽陀有音樂、皆是滅罪懺悔之方軌、抑又往生淨土之勝因也、講演事了後、衆會及宴遊、而不能盡事、無程退散了、

一同廿八日空暮過事

昨日諸僧參著已了、聽聞集來之人又如雲霞、於今日者、无左右可被遂御經供養之處、大雨自朝下、滂如車軸、一會浸身、萬人低鼻、聽聞結緣之輩出入不容易、明日可被遂之由、成長所申也、諸僧同以承諾、而間一日徒然、依喜其隙、人々相伴兒共、棹花船浮海上、閑歷覽二見浦之處、逸興莫不斷腸、仍疑（擬）六義之諷吟、各詠二見之景趣、〇和歌六首略ス

如此沈吟歷覽之後、及晩頭歸宿房、逸興之餘、宴遊猶甚、亂舞狂歌、絲竹管絃、種々雜藝、終夜不休、其中小童字如意、舞白拍子之次、囀大佛燒失之次第、音曲體骨還催哀傷、衆人滿座叩舌攪淚、今夜勝事只以在斯、後朝阿闍梨圓空本是仁和寺住侶、今籠居當國、知法名譽之人也、申送如意之許云、〇和歌二首略ス

一同廿九日御經供養事

當日巳刻、天晴雨休了、仍六十僧集會于天覺寺、及午刻、導師參入、啓白詞云、

敬白

夫天照大神者我朝之本主、此國之祖宗也、實智不知邊、雖祕本地於法性家(寂)光之都、大悲遂不捨、猶留應現於娑婆穢惡之境、卽天地開闢之昔、此國未有主時、伊弉諾尊、忽化生日神之精靈、天屋巖戸高開、施淸輝之神德御之刻、一天忽晴、晝夜之明昧爰分、四海悉澄、帝位之圖籍始成、國之爲國由何、君之爲君誰力、皆忝大神之靈眷、無非大悲之惠德、依之上自金輪一人下至茅戸之兆民、凡厥横目、誰不傾頭者哉、是以我寺本願感神聖武皇帝、傳釋尊遺法於慈氏尊之曉、爲導我國衆生於一佛土之境、勸人造希代之大像、傾國立高廣之伽藍思食、卽獻勅使於當宮、奉待靈應於大神御之處、神慮大感、冥助忽通、任御託宣之新旨、悅奉鑄盧舍那之靈像之日、十丈七尺之花御姿、忽開千花臺上之露、三身萬德之月貌、始耀長夜無明之闇、六十餘州之間、五畿七道之境、以之仰濁惡世之導師大導師、以之奉憑生死海之船師大船師、久送卅七代之聖曆、已累四百餘年之春秋之間、去治承四年之曆窮冬下旬之天、回祿成災佛像頽炎、天魔出力、寶閣昇煙、人天傷嗟之至、以何欲譬之、每家之淚過後二親之淚、每人之

悲超失一子之悲、是以禪定法皇、降修補之詔命、尋天平聖武之昔跡、重源聖人勸花夷之知識、學行基菩薩之古風、上自后宮親王下至田夫野叟、皆投寶靡勸、捨於畜勵誠、遂被引法皇十善之御願、奉成舍那滿月之尊容、人悦逢七世之父母、世謂釋尊之再出、人天共驚、龍畜同感、我願爰滿、衆望亦足、然猶佛殿無跡而七箇年、揆日之勤未企、堂宇有地而二千日、納月之勢何就、閑思昔製涙先落、泣見殘礎魂猶摧、何日再拜梁棟之複本、何時重聞作爲之如舊、踈人猶攬涙、況於佛德難謝之我等乎、行客皆呑恨、況於住寺不退之僧徒乎、然而國土桴(悖)亂未休、兵革灾蘖猶盛、今誰靡知識之勸、今誰有與力之志、若自非神明三寶之威力、奈何果大厦造營之善願、依之聖人偷尋草創之舊跡、深奉致祈請於神宮、而夢中有御示現、忝効驗可顯之趣也、寺家傳聞此事、欣喜之思幾許、仍新奉寫大般若經二部千二百軸之文、六十人侶戴之頂上、身口意誠愼之心中、企參詣於此地、奉納經典於此宮、去廿六日早遂供養讀誦之勤於外宮、今吉曜良辰又披開演說之莚於當宮、宿志無事已果、善願在今欲滿、諸衆之信力至重、二宮之納受無疑、然則依此法驗不空、答此神恩無止、先天下安穩泰平、民伽藍之營作添勇、法皇御壽命長遠、國造畢之御願有忠、作善之趣不過之、具在御

願文、

今日說法之間、堂上堂下又以落涙、結緣之本意也、尤可隨喜耳、

一番論義事

開講事了後、三雙又如前、

番表白云、

畢竟空寂之月、新照翠松蒼栢之地、一實無相之花、旁綻垂跡利生之砌、法之効驗於焉更嚴、神之威光奉令彌(爾)耀者哉、方今擇碩德於六十口之中、三雙之論鼓諍響、訪奥義於二八會之間、四辨之法將闕(闘)智、蓋是增神宮內證之法樂、早成佛殿作爲之善願、○下文ノ問答三番略ス

一同晦日御經轉讀事

當日辰刻、諸僧又以集會、轉讀之儀相同外宮、發願結願御導師、僧都同勤之、其發願表白云、

夫大般若經者、非空非有中道實相之淵底、三乘五乘解脫出離之要路也、卽如來點勝地於四處、調衆會於十六二十萬偈之中、歸萬法於一如之源、二百餘品之間、混迷謬於中道之觀、誦之滅罪生善迷無不斷、持之住行向地悟無

不顯、故三世諸佛敬能生之母、十方薩埵恭發心之師、只賢聖之衆悉崇之歸之、又神明神道、併靡心靡思、是以奉爲二宮皇大神、法樂莊嚴、威光增益、衆僧各勵一心之懇篤、早奉寫二部之妙典之内、去廿六七兩日之間、已果一部講讀於外宮、今吉曜良辰昨今之程、又遂開題轉讀於此宮、機感相應、一事無恨、天地和合、諸人成悅、始歌此願難遂難成、今悅此善叶心叶思、讀誦曝眼之勤、依之彌勇多、渇仰合掌之誠、是故增愼深、譬是常啼菩薩忘身、同往衆香城之跡、又云、遍覧三藏捨命、似到五天竺之慶、只以此法會無事已成、暗知佛殿造畢不誤、然則先一天下止兵革之營、大伽藍終土木之功、蔓大虛梁棟之構、無違天平之昔製、挿半天高廣之勢、不異本願之古日、只營作早就、基趾複本、神德猶多、積善不窮、故法燈不靡光、必繼三會慈尊之曉、論鼓不休響、久待千佛出世之時云々、

已上發願表白也、申一點、轉讀事了、各歸宿房、成長引駿馬二疋、献僧都、是聞法隨喜之餘云々、翌日五月一日未明、出宿房、各以趣歸路、同三日無事著本寺了、抑自四月廿七日、至于五月一日、前後都合五箇日之間、成長調海陸之珍膳、每日饗應七百餘人、其外日々送數具垸飯、儲不斷溫

室、是雖神宮之官長、已爲佛法之大檀、善哉々々、可貴々々、遂稱美喧天下、風聞及院中之間、早聽自達、叡感不淺云々、仍祭主能隆之許、被下御感院宣了、内信外感、陰德陽報、實以掲焉者歟、件院宣云、

神宮御祈大般若事、被遂行之由、尤所聞食悅也、而禰宜成長雖存私宿願之由、丁寧之深及叡聞、殊可被感仰者、依院宣、執達如件、

五月廿一日　　右大辨 在判

祭主殿 ○中略

以前條々次第如此、願以此一卷記錄之力、一念隨喜之緣、必爲三因佛性之種三覺果滿之基、乃至順逆結緣之人、遠近傳聞之輩、皆馴盧舍那之大悲、同爲一佛土之行人而已、于時文治二年五月廿七日、小僧慶俊走筆記之、

〔法然上人傳記卷第二、上 俊乘房大勸進事〕

重源は伊勢大神宮にまいりて、この願成就すべくば、其瑞相をしめし給へと祈請しけるに、三七日にあたりける五更の天に、唐裝束したる貴女の御手より方寸の玉をたまわると、示現をかうぶりて、夢さめてのちこれを見るに、夢に見る所の玉袖の上にあり、重源悅で頭にかけられけり、

〔古今著聞集 巻第二〕

俊乗坊、東大寺を建立の願を發して、其祈請のために、太神宮にまうで〻、内宮に七ヶ日參籠、七日みつる夜の夢に、寶珠を給はると見侍りける程に、其朝袖より白珠おちたりけり、めでたく忝く思ひて包みて持て出ぬ、扨又外宮に七日參籠、さきのごとく七日みつる夜の夢に、又前の如く珠を給はられけり、末代といへども、信力のまへに、神明感應をたれ給ふ事かくのごとし、其珠ひとつは御室に有けり、一は卿二品のもとに傳はりて侍りける、夢に、大師汝は東大寺つくるべきもの也としめさせ給ひたる、はたしてかくのごとく、たゞ人にはあらぬ也、

四三 文治二年（一一八六）三月廿三日、周防國を東大寺造營料に宛て、重源をして國務を管せしむ

〔玉葉 巻第四十四〕

（文治二年三月）廿三日辛丑（中略）入夜右大辨行隆來、（中略）又申云、以周防國被附東大寺、偏可爲聖人之沙汰之由被仰下、條々以廳御下文所被下知也件案、余云、

猶可被下宣旨歟、行隆云、尤可然、可申沙汰云々、大和國段米事、自山階寺所沙汰渡僅百石也、（本數可及萬石云々、）此條可被問彼寺、聖人申狀如此、（注子細於書札、）經院奏處、申長者殿下可有沙汰、所被仰下也（執事兼光奉書令見之、）云々、余爲尋沙汰、取件聖人札了、即以件狀先問興福寺長官兼光、且又可尋寺家之由仰光長了、

（四月）十三日（庚申）天晴、（中略）親雅爲院御使、申除目之間事、丹波國給實敎之間事也、（元知行周防國、而被宛造東大寺、國司不可執行、仍其替給丹波、元前攝政國也、而辭退云々、）以元周防守公基可被任丹波守、周防國一向被付東大寺事、申云、被下濟物免除宣旨之時、以造寺長官行隆并上人等連署解狀被下宣旨了、然者國司專不可罷入歟、但爲後代尙被置假名之國司、又何難有哉、兩ヶ共在御定、若又可被尋如左大臣歟、（中略）親雅歸來云、丹波國司事、只以公賴可任丹波、周防事、忽不可有沙汰、元國司不可改之故也、

〔吾妻鏡 卷第七 文治三年四月廿三日ノ條〕

周防國者、去年（文治二年）四月五日、爲東大寺造營被寄附之間、材木事、於彼國有杣取等、

〔東大寺造立供養記〕

文治二年春、被寄周防國、

○玉祖神社—山口縣防府市大崎

〔東大寺要録 巻第五、別當章第八十五權大僧都雅寳ノ條〕

文治二年春、被寄周防國、爲造寺也、

〔一宮造替神殿寳物等目録 玉祖神社藏〕

爲令遂東大寺造營、以去文治二秊、被奉寄當國（周防）、

〔華宮山阿彌陀寺略縁起 阿彌陀寺藏〕

周防國ヲ以テ造營ノ料所ニ充ラレ、文治二年四月十日上人國司職ニ拜任アリ、

四 文治二年（一一八六）四月十八日、重源、番匠等を率いて周防國に下向し、杣に入る

〔吾妻鏡 巻第十五建久六年三月十二日ノ條〕

（文治）同二年丙午四月十日、始入周防國、抽採斮材、致柱礎搆、企土木功、載柱一本之車、駕牛百二十頭、令牽之也、

〔阿彌陀寺鐵塔銘〕

造東大寺杣始 文治二年丙午四月十八日

〔東大寺造立供養記〕

文治二年春、被寄周防國、四月十日、大勸進以下十餘人、并宋人陳和卿、番匠物部爲里、櫻島國宗等、始入周防杣、而源平合戰之時、周防國拂地損亡、故夫者賣妻、々者賣子、或逃亡、或死亡、不知數者也、纔所殘百姓、若存若亡、爲上人着岸之時、國中飢人雲集也、上人發悲心、以船中米悉令施行矣、如此施行及度々之間、重賜農料種、令生活人民、爰巡撿材木之間、深谷高巖莫不歷覽、命杣人等云、於好木求得之輩者、柱一本別可賜米一石云々、因茲杣人等各發勵心、不論谷峯、忘羸贔負、以求尋好木也、柱一本長、或九丈十丈、或七丈八丈、口徑五尺四五寸也、一本別作法者、建轆轤二張、以附人夫七十人、而押轆轤引大綱也、綱口六寸長五十丈也、五十人而持擧綱一丈也、此綱二筋附柱本末而引之、若无轆轤、則令千餘人以引之、然間或埋數十丈溪、而平嶮難、或摧高大磐石、而開山路、或截衆木、而除荆棘、或搆大橋、以通于谷、嚴寒淩氷、以盡人力、炎天拭汗、以勵此役矣、雖有大材、難得好木、雖切數百本、纔得十廿本、所以者、或大木中空損、或節枝多有難也、從杣中出大河、名曰佐波川矣、木津至于海七里、三十六町爲一里、水淺故柱不流下、仍關河而湛水也、七里之間關水之所、百十八處也、新掘於河、通于江海、從四月上旬至七月下旬、關水之間、手足爛壞、身力悉費盡畢、凡如此等大事、唯非一處二處、既數百處也、唯非一年二年、既數十餘年也、或東西之峯、或南北之洞、四角八方在々所々、杣中造道三百町也、筏組之様非普通之儀、依上人之巧而操筏之搆也、以葛藤爲綱之間、國中葛藤拂底畢、仍往他國採之也、筏到來之時儲種々搆也、木津河水淺則以□船四艘而附柱本末、卽浮柱之秘術也、到泉木津之時、以大力車而載之、懸牛百廿頭也、諸宮諸院有緣人々引柱、而着於寺也、法皇并女御共參詣、法皇自令附其綱、諸卿皆悉附綱引之也、綱之端入女御之御車也、女御執綱令結緣矣、

〔阿彌陀寺文書〕

白川法皇御代勅院宣東大寺
鎭守於五社御寶前三ヶ國威
打一箇者東大寺安置一ヶ攝津
國尼崎安置一ヶ院宣相副
周防州佐波郡三谷引谷之衆
木屋所而奈良定屋敷安置
如此勅宣申下上者彼屋敷

給田可停止萬雜者也旨趣具
以國廳大帳記之
永觀二年庚寅十一月七日勸進沙門重源判
衆奈良定
○此の文書は恐らく僞文書であろう
〔阿彌陀寺文書〕
補任　防州佐波郡山行事職事
橘奈良定
右當衙者先年雖爲武家知行永正第六曆被還
補處也由來者東大寺大講堂三面僧坊回祿之砌
任先例由緒以當國正稅可遂大造營之旨自公武
被加御下知大内左京大夫義興被還補畢仍爲求斮材
之調法對山行事奈良定國威并證文等相尋之處於國威
者雖捧之支證紛失之由申之案文兩通備之文云
勅宣東大寺領周防國佐波郡山行事氏橘諱號奈良定

白川法皇御印判在之已上次重源上人一紙文云白川法皇御代勅院宣
東大寺鎮守於御寶前三箇國威打之一箇者東大寺安置
一箇者攝津國尼崎安置一箇院宣相副周防州佐波郡
三谷引谷之衆木屋所而奈良定屋敷安置如此勅宣
申下上者彼屋敷給田可停止萬雜事者也旨趣具以國廳大
帳記之已上正文既紛失之間爲備後代之龜鏡彼國威相副
此一紙與奈良定畢然者山行事并屋敷給田等如上人先規
子々孫々及未來際可存知者也次彼支證正文等有令
出帶之族若及違亂者以此一紙之面訴于領家地頭等
速可處盗人之沙汰敢以勿令承引仍下知如件

永正第七年庚午十一月十二日

目代――――(花押)

〔阿彌陀寺文書〕

鐵印　一柄

右寄附周防國佐波郡牟禮郷

花宮山阿彌陀寺

往昔當寺開基重源上人再興

南都東大寺大佛殿之時用當國

之材以此鐵印搭之者所謂東大寺

國威是也件印在國屋那良定之家

相傳至末孫下德地八坂村住人持之

永正七年之證文顯然副焉今因爲權

者之遺物受得之以寄于當寺仍狀

寛文五年乙巳九月廿八日

毛利主膳正大江就信（花押）

〔阿彌陀寺文書〕

奉寄進

周防國佐波郡牟禮鄉

華宮山阿彌陀寺　寶前

國威　壹箇

右國威者當寺開基
俊乘上人往昔南都東大寺大佛殿再
興之時所用之國威也國屋號那良
貞其末葉（國郡同上）下德地八坂村住人所
持之矣感權者器物而請得之以寄
進者也仍狀如件
寬文五乙巳年九月廿八日
大江姓毛利氏主膳正就信（花押）

四五 文治二年（一一八六）七月廿七日、東大寺大佛が時々光を放つて、奇異をあらわすことを注進す

〔玉葉 巻第四十六〕

（文治二年七月）廿七日壬申晴、（中略）行隆朝臣注進大佛放光給之間事、實可謂奇異、仍續加之、

文治二年七月十六日、參詣東大寺拜殿之者多、戌刻許、日暮天陰、山月未出、

常聞房叡俊、北面禮膽之處、大佛眉間聊有光明、譬如星芒、若疑燈樓之高懸歟、將又眼精之眩轉歟、旁依不審不言之處、西院紀伊公勝惠、同候拜殿、密語而曰、奉見彼光乎云々、其時成奇、少時之後蔡然不見、餘人少少、或以見之、或又不知、

閏七月八日、寅時許、同有光明、如星芒、至于燈樓下、有其筋而所照也、谷尼公禮之、

同十五日夜、伊賀國住人八郎房覺俊、歸依大佛信者也、通夜祈請之際、卯時許、有光明、傘顏烏瑟、忽以皎然、又同夜、八幡宮籠常住巫女、拜殿行道之間、夜漏過半之程、又有光明、其色更赤、依成不審、參進庭前、猶有其光、漸及數刻、忽然而止、一兩人僧同以禮之、巫女不堪悲感涕泣云々、

同廿一日夕、一乘房觀乘、昇大佛壇之處、兩眼之下眉間之程、聊有光明、是似螢飛、番直童國賴、同奉見之、然而若是燈樓之火眩耀歟之由疑殆之間、下壇之後、以堂童子令掩燈樓、猶見其光、粲爛如本、其體相同敲石之火、少時之後、漸以不見、

已上、廿四日紀伊公勝惠、本覺房蓮覺、常聞房叡俊、一乘房觀乘、常住巫女、堂童子國賴等、於拜殿以令申之詞記之、

四六　文治二年（一一八六）七月、東大寺三綱等、寺家の造營を進めるために、伊賀國における伊勢齋宮の野宮課役を免れ、また平時定などが同國黑田莊、鞆田莊、湯船莊、玉瀧莊等の寺領を濫妨するのを停められんことを請う

〔東大寺文書〕

（題書）「寺解三箇條寺領野宮役事、黑田沒官領事、北伊賀莊々狼藉事、文治二年」

東大寺三綱大法師等謹解　申請院廳裁事

請殊蒙廳裁休愁緒三箇條子細狀

一可被免除伊勢初齋宮野宮課役事

副進

免除宣旨一通　天治（元カ）二年

右謹考□（舊）貫、當寺建立之後、大佛利生以降、謂年紀□□□（者已四）百餘廻計、皇代者又三十七代也、其間於當寺領者不宛國事、不勤勅役、所管只寺家修補一事許也、而及于天治元年、始催初齋宮之雜事、寺家愁申之日、即被下免除宣旨了、今所副進是也、而今度大和山城伊□（賀）等寺領皆悉催此役、官使之責已加切燒、重案事情、寺家無爲無事之昔、猶以免除如此之課役、況當于造營勵力之今、寺領豈可

勤他雜事哉、其上□□敢無驕餝、早任舊例、欲蒙恩裁耳、

一可被停止平時定二品御使、押領百學生供黑田莊田多町事

右件黑田莊者、去承安四年十二月十二日、以出作並新莊、可爲不輸□領之由、被成院廳御下文之日、以其所當官物、永被定宛常住學生百口供料已了、卽募其供料、於鎭守八幡宮寶前、撰一百人之學侶、披三十座之講莚、又嘔六十口僧□、轉讀三部大般若經、彼是爲每年之例事、遙契後佛之出世、捧其講讀之薰修、偏奉祈法皇御願、當時寺中嚴重第一佛事也、而件莊住人成守觸緣隱置右衞門尉有(綱カ)□云々、依件罪科、成守緣座境界、或被誅戮其身、或逃脫莊家了、爰時定稱沒官、所令押領彼輩作田十餘町也、此條大無其謂、故何者、件作田若一圓爲成守等私領者、沒官尤可然、是依爲黑田莊之最中、於雜□者勤于寺家連日之役、無其隙、於所當者、爲學生供、涓塵不宛他用、成守等者只爲作人許也、寺家寺僧無罪科者、何可被沒官其地哉、就中先々如此犯過之輩出來之時、爲寺家沙汰收公其所領、是承前之例也、近則去々年、平家郎從景時字紀七、相伴中務丞家實并家次法師等、於伊賀國發謀叛之日、景時懸一陣死戰場了、件景時者、卽黑田莊住人新莊下司也、然而彼領田爲寺家收公、敢不及追討使之口入、今成守等作田、

專可准其例、時定更不可押領、以此次第、寺家付左馬頭能保朝臣、度々雖歷沙汰、時定敢無承引之心、百學生大愁只在此事、早可停止其妨之由、欲被仰時定耳、

一同可被停止伊賀國撿非違所使連日亂入寺領、無指故捜取百姓牛馬私財、追捕莊家不當事、

右於當寺領者、本自無國使亂入之例、縱雖有犯過之輩、寺家行刑罰、全非國衙沙汰、若又罪於及大事之時者、國司觸寺家、存理有糺定、是承前不易之例也、而當任撿非違所使、去四月以後迄至昨今、或十廿人、或七八人四五人、連日無絶亂入寺領、先一番入鞆田莊、所押取之牛馬已及廿疋了、自餘私財雜物不遑注進、次追捕湯船莊、又捜取雜物之間、相尋子細之處、於鞆田莊者、稱入置馬盜人、於湯船莊者、去年之比、盜人不觸國衙、私加誡之故也云々、重撿舊例、寺領亘諸郡、人民惟多之間、隨分犯過之輩連々雖不絶、自國如此致濫吹之條、何世何時有其例哉、只偏寺家沙汰也、仍寺家雖觸申國司、依無指成敗、今月五日、重又湯船村入武士廿餘人、捜取馬一疋并在家雜物等已了、同六日、渡玉瀧莊、捕下司助國丸、凌礫其身、打開住屋、捜取雜物又了、同十四日、重入鞆田莊、

付百姓四人之住宅、致種々損亡、凡如此連々之濫行、無物于取喩、實雖有犯過之者、自國之沙汰已是違例也、況如當時者一人無犯過之輩、只寄事於左右、致無法之追捕、如此之間、百姓一人無安堵之思、大略如被停廢莊號、是又非大佛造營之妨乎、縱有糺彈之先例、當于此時可有優恕、況五百歳之間、全於無撿非違所亂入□例哉、早仰國司欲被止此濫妨耳、

以前三箇條、粗言上如件、抑佛殿造營之條、爲朝家殊勝大事、不輸被寄進周防國於大佛已了、況於寺領莊々者何宛他役、又可被致濫妨乎、而大井莊以下所々寺領、一所無安穩之所、以何力可支土木之功乎、又可致有故佛供之勤哉、此事若無裁□(下カ)者、寺家彌以滅亡歟、望請廳裁、任道理被裁下者、將知佛威之不墜耳、仍勒狀以解、

文治二年七月　日

四七　文治二年（一一八六）八月十五日、九條兼實、東大寺に參詣す

〔玉葉　巻第四十六〕

（文治二年八月）十五日己丑雨降、（中略）今且詣東大寺云々、宿所禪定別院僧正房也、

○本朝祖師傳記繪詞―嘉禎三年躭空著

去夜對面彼僧正、被來大將方云々、

四八 文治二年（一一八六）八月十六日、西行、重源との約束による奥羽勸進の途次、鎌倉に立寄る

〔吾妻鏡 巻第六〕

（文治二年八月）十六日庚寅、午尅、西行上人退出、頻雖押留敢不拘之、二品以銀作猫被宛贈物、上人乍拜領之、於門外與放遊嬰兒云々、是請重源上人約諾、東大寺料爲勸進沙金赴奥州、以此便路巡禮鶴岡云々、陸奥守秀衡入道者上人一族也、

〔北條九代記〕

（文治二年丙午）八月十五日、西行上人入二品見參、談弓馬和歌事、

四九 文治二年（一一八六）秋頃、重源、源空や顯眞等の大原談義に參會す

〔本朝祖師傳記繪詞 巻第二〕

法眼顯眞大原籠居の時、法印永辨出離解脱のはかりごと、頓證菩提のいりかど談じて、永辨歸山の刻、如此次第、委は法然上人を囑して、御尋あるべきよし

申て、後、龍禪寺に僧都明遍、已講貞慶、重源和尚、印西上人、凡處々遁世の人々、當所には湛斅、蓮契、師弟の上人等十餘輩招て、淨土の敎文沙汰あるべきよしきこえて、山門の久住者、念佛往生の儀をきかんとて、智海法印、靜嚴僧都、覺什僧都、證眞、堯禪等各あつまりけるに、淨然法眼、仙基律師は又もとより坐せられける、面々に諸宗に入たちて、深儀論談決擇侍けるに、上人散心念佛の時にかなひ、をりをえたる事、つぶさに解說し給けるに、房主法眼顯眞雙眼に紅淚をながし、一心丹精をぬきいでゝ、みづから香爐をとりて、持佛堂に旋遶行道、高聲念佛を唱給に、南北の明匠、西土の敎に歸し、上下の諸人、中心の誠をこらして、各一口同音に、三日三夜間斷なし、これを六方恒沙の證誠にたとふ、總て信男信女三百餘人、參禮の聽衆かずをしらず、然間、湛斅上人發起にて、來迎院、勝林院等不斷念佛をはじむ、自爾以降、洛中邊土、處々道場、修してつとめざるところなし、如此して後、顯眞召出されて、天台座主に補し、僧正に任じ給、末代高僧、本山の賢哲也、諸宗の碩德卒して莫非上人云々、一天四海併念佛を以、口遊とす、

大原論談の圖

前權少僧都明遍、法眼大和尚顯眞、法印大僧都智海、法印權大僧都靜嚴、權少僧都覺什、法印權大僧都證眞、法橋上人堯禪、法眼大和尚靜然、權律師仙基、已講貞慶、藏人入道、蓮契上人、念佛房、湛斅上人、印西上人、重源和尚、上人源空、

〔源空上人私日記〕

文治二年之比、天台座主中納言法印顯眞、厭娑婆、忻極樂、籠居大原山、入念佛門、其時弟子相模公申云、法然聖人立淨土宗義、可尋聞食、顯眞公、尤可然云々、但我一人不可聽聞、處々智者請集定了、而彼大原龍禪寺集會、以後法然聖人請之、無左右來臨了、顯眞喜悅無極、集會之人人、

光明山僧都明遍　東大寺三論宗長者也

笠置寺解脫上人　侍從已講貞慶法相宗人也

大原山本成坊　　此人々問者也

東大寺勸進修乘坊重源　改名今ハ南無阿彌陀佛ト號セリ

嵯峨往生院念佛坊　天台宗人也

菩提山長尾蓮光坊　東大寺人

法印大僧都智海　天台山東塔西谷林泉坊
法印權大僧都證眞　天台山東塔東谷實地坊
其時、聖人淨土宗義、念佛功德、彌陀本願之旨、明明說之、其時、云口被定本成坊、默然而信伏了、集會人人、悉流歡喜之淚、偏歸伏、自其時、彼聖人念佛宗興盛也、

〔法然上人傳記 巻第二、下 顯眞座主上人論談事〕

天台座主權僧正顯眞、未だ大僧正ならざりし時、承安三年癸巳生年四十三にして官職を辭して、大原に籠居、(中略)百日の間、大原に籠居して、淨土の章疏を見立給ひてのち、儀を立てて、上人に示て云、我粗淨土の法門を見立たり、來臨し給へ、靜に談じ申さんと、爰に上人、東大寺の大勸進俊乘房重源は、いまだ出離の道を思定ざるがゆへに、此よしを示す、則弟子三十餘人を相具して大原にむかう、勝林院の丈六堂に參會す、上人方には重源已下次第により、座主の方には山門の碩德并大原の上人達坐す、山門碩學には永辨法印、智海法印、靜嚴法印、淨然法印、證眞僧都、覺什僧都、仙基律師等也、大原の上人には本性房湛斅、來迎院の明定房蓮慶、勝林院の清淨房等也、此外山門の衆徒、雲霞

○法然上人傳繪詞―琳阿撰

のごとく集て見聞す、

〔法然上人傳繪詞 巻第三〕

文治二年の比、天台顯眞座主、（中略）大原に隱居て、百日のほと淨土の章疏を見給へり、しかうしてのちに、われすてに淨土の法門をみたて侍り、來臨し給へ、談したてまつるへしとて、座主かねて只我一人聽聞すへきにあらす、處々の智者請しあつめんとさためて、大原龍禪寺に集會して、後、法然上人を屈請するに、左右なく來給へり、喜悅きはまりなし、上人の御方には東大寺の上人ゐなかれ給へり、座主の御かたには光明山の僧都明遍、東大寺三論宗の長者なり、侍從已講貞慶、笠置の解脫房なり、印西上人、大原本生房湛斅、この人々をはいひくちにさためらる、嵯峨の往生院の念佛房、天台宗の人なり、大原の來迎院の明迎坊蓮慶、天台宗の人也、蓮契上人弟子十餘人、山門久住の人々には法印大僧都智海、法印權大僧都證眞、共に天台の碩學也、靜嚴法印、覺什僧都、淨然法印、仙基律師等の外、妙覺寺上人、菩提山の藏人入道佛心、長樂寺定蓮坊、八坂の大和入道見佛、松林院の清淨房、さくらもとの究法房、つふさなる數三百餘人となり、その時、上人淨土宗義理念佛の功德、彌陀本願の旨を明にこそ説給ふに、いひくちとさためたる本生房、默然として信伏しをはりぬ、集會の人々こと〱く歡喜の涙をなかし、ひとへに歸伏す、

〔沙石集 四下、道人可捨執著事〕

小原ノ僧正顯眞座主、四十八日ノ間徃生要集ノ談議シ給事有ケリ、法然房ノ上人、俊乗房ノ上人ナント談議ノ衆ニテ、小原ノ上人達アマタ座ニツラナリ、如法ノ後世ノ學問ノ談議也ケリ、四十八日功ヲヱテ、人々退散シケルニ、法然房俊乗房兩上人ハカリハシチカク居テ、法然房申サレケルハ、此程ノ談議ノ所詮イカヾ御心得候ト、俊乗房ニ申サレケレバ、秦太瓶（ジンダガメ）一ナリトモ、執心トマラン物ハ、スツベシトコソ心得テ候ヘトカタラル、僧正御簾ノウチニテキヽ給テ、上人タチ何事ヲカタリ給ゾト仰ラレケレバ、俊乗房カクコソ申候ヘト、法然房申サレケレハ、御衣ノ袖ニ御涙ヲハラ〱トコボシ、此ホドノ談議ニ、是程ニメツラシキ事承ハラズトテ、随喜シ給ケルヨシ、或人語侍キ、

五〇 文治三年（一一八七）正月廿六日、重源、九條兼實に面會す

〔玉葉 巻第四十八〕

（文治三年正月）廿六日戊辰天晴、（中略）大佛聖人來、余謁之、

五一　文治三年（一一八七）三月四日、源頼朝、東大寺造営の材木運搬に妨害をなさず精勤すべきことを、周防國の地頭等に仰付く

〔吾妻鏡 巻第七〕

（文治三年三月）四日丙午、東大寺造營之間、爲引材木被仰人夫事之處、周防國地頭等及對捍云々、一品殊令驚申給、可致精勤之由、今日被仰遣彼地頭等中云々、

（四月）廿三日甲午、周防國者、去年四月五日、爲東大寺造營被寄附之間、材木事於彼國有杣取等、而御家人少々耀武威、依有成妨事、勸進聖人重源取在廳等狀、訴申公家之間、被下其解狀於關東、所被尋仰子細也、

重源申上候、御材木の事、いそきさた仕り候へきよしそんし候て、まかりくたり候ところに、なを〳〵武士のらうせきとゝまり候はす、

筑前冠者家重　内藤九郎盛經　三奈木三郎守直　久米六郎國眞　江所高信

これらはおの〳〵かまくらより地頭になり候て、所々におさめをきて候米百八十六石、そのゆへなくをしとり候畢、人夫の食料にたのみて、まかりくた

り候あひた、かやうに狼藉いてき候て、よろつ相違つかまつり候訖、わたくしに制止をくはへ候に、さらにもちゐす候、かやうの事しつまり候はすは、この御大事なりかたく候者也、かねては國人をかりあつめて、城郭をかまへて、わたくしのそまつくりをはしめしあひだ、御材木引夫めし候に、さらに承引せす候、あるひは山野の狩つかまつり候に、またく院宣にはゝかり候はす、如此の事により候て、諸事事ゆかす候へは、恐の爲に急申上候、委曲在聽解に申上候よし重源恐々謹言、

文治三年三月一日　　　　　　在判

周防國在廳官人等

言上二箇條

一爲得善末武地頭筑前太郎家重、令横行都乃一郡、打開官庫、押取所納米、狩獵爲宗、駈寄公民、堀城墎、任自由押妨勸農事、

右謹案事情、當國自本狭少之上、庄々巨多之間、敢无隨國衙之地、而天下之騒動以後、彌作田畠荒廢、土民如无、在廳官人已下、夭亡之輩不可勝計、然間被

寄進東大寺造寺料之後、留跡在廳窮民等運無二之忠、勵隨分之奔走、引營未曾有大物之處、云不輸別納、云新立庄々之加納、寄事於左右、敢无隨催促役之地、動以喧嘩訴訟爲基、一切无結緣之思、輙无隨國宣者、就中謂得善末武者、非指庄號之地、又无國免別納御下文、只爲地頭職可致沙汰之由、鎌倉殿賜御下文許云々、而寄事於武勇、彼兩保令押領之上、御柱引食料令割置乃米四十餘石、打開官庫令押取之上、農業之最中、驅集人民、而令堀營城墎、以鹿狩鷹狩爲業、更不恐院宣、押取如此公家宛食物、而張行濫惡、何況居住在廳書生國侍等之令服仕家中、而不令勤仕公役、造寺之營永以忘畢、誠天魔障之至、何事過之哉、仍國中之庄々便補國免地頭沙汰人等聞習之、彌施梟惡、无眞實勇之間、雖採置大物、引出者少、未引出者巨多也、以何所可相勵希代之御造寺哉、斟酌之處、爭无御裁報乎、望請、且爲傍輩向後、被召禁其身、且被下別御使、欲被停止自由濫吹矣、

一爲所衆高信久賀、日前、由良、號地頭、打開官庫、押取所納米、如保司張行

　雜事、不隨國衙事、副進證文等、

右件所々者、非指庄號之地、有限國保、勿論之公領也、而天下騷動以後、云領

主云地頭、依令牢籠、落居之程、所被改補也、而寄事於左右、恣施地頭威之間、
既爲造寺之妨、何況僅國庫納米者、是非指運上料、非私相料、令勸進當國他國
之上、適當國狭少所當米也、而僅割置米、或以國中斗代高徴、或以浮言之愚案、
背法所令押領也、而官庫納米之習、以納所使書生令撿納、又令撿封之事、諸國
一同之流例也、而任自由恣不觸國衙、令押取之條、未曾有事也、只以一察萬尤
可仰推察也、被尋子細於本所、爲傍輩向後、且被停止狼藉、且欲被糺返件納米
等矣、

以前二箇條言上如件、以解、

文治三年二月　日

散位賀陽宿禰弘方
散位土師宿禰安利
散位土師宿禰弘安
散位菅乃朝臣成房
敬位土師宿禰助遠
散位土師宿禰國方
散位賀陽宿禰重俊

散位土師宿禰弘正
散位大原宿禰清廉
散位中原朝臣在京
散位日置宿禰高元
權介大江朝臣
權介多々良宿禰在京

五二　文治三年（一一八七）四月廿四日、重源、高野山新別所における蓮社の交りを絶つて、鎌倉に赴くという

〔高野春秋編年輯錄 巻第七〕

（文治三丁未年夏四月廿四日）同月日、重源法師字俊乗房絶新別所蓮社之交、赴鎌倉、是依頼朝卿之手書到法然上人之許、上人是送重源也、所謂大佛殿再興之器量被推擧故也、勸進天下及終到入宋、

五三　文治三年（一一八七）五月十九日頃、鎭西の宇佐、香椎、筥崎等の諸宮造營さ

れ、重源、その中の筥崎宮に於て如法經を書寫す

〔玉葉 巻第四十九〕

（文治三年五月）十九日庚申天晴、親經來申、宇佐、香椎、筥崎等造宮事、

〔南无阿彌陀佛作善集〕

鎭西於箱崎、奉書寫如法經、

五四 文治三年（一一八七）五月廿九日、造東大寺司除目。權右中辨藤原定長、行隆に代つて長官となる

〔玉葉 巻第四十九〕

（文治三年五月）廿三日甲子（中略）又被仰下云、東大寺事、行事官可被補、又苧綱事殊申請云々、早可致沙汰者、申云、件兩條欲奏之間也、今仰爲恐、先行事官事、定長當其仁、苧綱事、去年行隆奉行之時、下宣旨於諸國、被召之由所承也、親經早尋問官、可注申散狀、隨其趣可被催促也者、意見持歸暫留之、明日可給親經、爲令取目錄也、

廿九日庚午天晴、此日被行造東大寺司除目、長官權右中辨定長朝臣也、行隆代也、

外記爲内覽持來、見了返給、

〔辨官補任 文治三年ノ條〕

左大辨正四位下藤行隆 造東大寺長官、三月十七日逝去(五十八)

權右中辨從四位下藤定長 二月廿八日爲記録所勾當、五月廿八日兼造東大寺長官(卌)

吾 文治三年(一一八七)八月廿七日、東大寺衆徒、源頼朝に祈請卷數を送り、十月九日、頼朝これに對して報狀を出す

〔吾妻鏡 卷第七〕

(文治三年十月)九日丙子、南都衆徒狀并大般若經轉讀卷數等到來、抽祈請之由也、二品信仰給、仍被遣御報、其狀云、

八月廿七日貴札、十月九日到來、示給之旨、具以承候了、平家逆略朝廷之餘、奉燒大佛之廟壇、仍征伐之心彌催、遂誅戮平家之凶賊了、誠是爲朝敵又寺敵之所致也、毎思佛德、信仰尤深、其條令知及給歟、抑大般若卷數、謹以奉請之、群議之至、喜悅被申候、但追月捧賜卷數之事、有使者之煩歟、然者雖不給卷數、有懇誠之至者、自今以後、可令存知給之狀、如件、

文治三年十月九日　　　　　（頼朝花押）

○この頼朝書状は東大寺に現存す

一五六　文治三年（一一八七）九月二日、重源、自然木脇息を東大寺念仏所に施入す

〔自然木脇息刻銘　東大寺蔵〕

奉施入東大寺念佛所　文治三年歳次戊申九月二日己時記耳勸進上人南无阿彌陀佛

一五七　文治三年（一一八七）九月廿九日、造東大寺長官定長、大仏鍍金のための砂金その他について、九条兼実と相談す

〔玉葉　巻第五十〕

（文治三年九月）廿九日丁卯天晴、（中略）申刻、權辨定長爲院御使來、余梳髪暫不謁、取髪之後、召簾前謁之、定長仰云、頼朝卿申旨如此、何様可有沙汰哉、可計奏者、件申状遣御使於奥州、可召東大寺大佛滅金料砂金於秀衡法師之由也、此事去四月頼朝卿申云、前山城守基兼元法皇近臣、北面下臈、凶惡之人也、在秀衡許先年平相國入道、試院近臣等之内、基兼爲其隨一、被

配流奥州了、其後屬秀衡、于今經廻彼國也、而雖有上洛之者、秀衡召禁之間、不遂素意之由、所歎申也、元爲被召仕之者、而依平氏之亂逆遭殃、尤可被召上也、兼又陸奥貢金追年減少、大佛滅金巨多罷入歟、三萬兩計可令進之由可被召仰也、件兩條賜別御教書、欲仰遣秀衡之許者、仍經房卿任申請、書御教書、基兼事、砂金事、并度々追討等之間、無殊功事等也、遣彼卿許、以件御教書、賴朝書副書狀、以使者雜色澤方遣秀衡許、卽進請文賴朝返事也、以件請文相具件使者澤方處、付經房卿也、昨日到來云々、賴朝申狀趣、秀衡不重院宣、殊無恐色、又被仰下兩條共以無承諾、頗在奇怪歟、且又子細可召問使男、於今者遣別御使、可被召貢金等歟云々、秀衡申狀趣、於基兼事者、殊加憐愍、全無召誡、依不申可京上之由、忽不令上洛、更非拘留之儀云々、不申可召進之由也、貢金事、三萬兩之召太爲過分、先例廣定不過千金、就中近年商人多入境內、賣買砂金、仍大略掘盡了、仍旁雖不可叶、隨求得可進上云々、兩條大略如此、次第大略如此、余申云、被遣御使之條、不可有異議、賴朝御返事之趣、所申尤有其謂、尤可被遣御使先例多遣公人、公家爲貢金沙汰、遣小舍人、自院爲御馬使、御厩舍人等是也、可遵彼跡歟、將又可遣如廳官歟、可計申之由可被仰遣歟、不然者又只無左右、定其仁如計申、可被遣御使之由可被仰遣歟、兩條之間、且可有御計、又廣元在京如經房卿、召寄內々可仰合歟者、

五八　文治三年（一一八七）九月頃、東大寺大佛殿の長さ十三丈に及ぶ棟木を、周防杣にて採る

〔吾妻鏡 巻第七〕

（文治三年十一月）十日丁未、佐々木四郎左衞門尉高綱申云、東大寺棟木、去年雖被尋終不得之、去九月之比、於周防國杣採之、其長十三丈也、是偏依重源上人信心、緈成就之兆也云々、

五九　文治三年（一一八七）十月三日、重源、九條兼實に謁して、東大寺造營に關し、人夫のこと、麻苧のこと、材木のこと等を語る

〔玉葉 巻第五十一〕

（文治三年十月）三日庚午天晴、（中略）今日早旦、東大寺大佛聖人重源來、余謁之、東大寺之間申條々事、去夜付定長奏院了、能様可ロ入云々、上人語云、去今兩年之間、柱百卅余本切顚杣山了、而津出之間、夫功之煩不可勝計、且爲奏此事所上洛也、當時大物少々所相具也云々、上人申事等、一人夫事、

算計國中庄々之在家、若ハ五家別ニ一人、若十家別ニ一人、可被宛召、當時之沙汰田卒(周章カ)シ天被宛之間、其數非幾、其役甚少、其故ハ在家之員數、不必依田數之多少、雖在家多田數少、雖田數多在家少、因茲或一身勤數返之役者も有リ、或一年空ク遁此役之者も有リ、此條且ハ永營也、又無公益、仍所計申也云々、

一麻苧事、

柱一本別ニ二筋付之、以一尺五寸爲繩、七十把打總一筋也、然則一本料百四十把也、引大物之間、其綱不堪、第一之要物也、且宛諸國慥加精好、糺不法可召賜也云々、

一可被付成功事、

大佛殿造營之一大事只在杣山、出巖石嶮岨之路山谷相交高下不平也、以人力不可叶、小小之人勢不可動柱一本、普通之沙汰にては柱一本夫千余人、若二三千人歟、而重源以意巧、構ロクロヲ天引之間、一本別ニ不過六七十人云々、然而九十余本之柱、其外如虹梁棟之大物千萬、仍中内之夫功更不可及十分一、因之可被付成功之由、度々受領之功官之功只可隨在也云々、

一當時隨身材木事、

母屋柱三本　長六丈五尺、口徑五尺二寸
庇柱二本　長七丈五尺、口徑四尺八寸
虹梁二支　一支長五丈、口徑五尺　一支長五丈、口徑四尺八寸
棟木一支　長十三丈、口徑方二尺三寸
垂木八支　長五丈二尺、短ハ四丈七八尺也

一備前國荒野開發、偏宛大佛用途、而有致妨人、可被停止事、

此外、雖子細多、不遑具錄、又語云、御身滅金料、惣不可及三千兩云々、為悦不少云々、

---

六〇　文治三年（一一八七）十月七日、院宣を下して、伊賀國司雅經が東大寺領鞆田莊を押妨することを停めしむ

〔東大寺文書〕

國司雅經朝臣、守平家之例、出作所當不便補于寺家封戸、入使譴責之日、依寺家訴申、被停止其妨院宣也、

東大寺所司申、伊賀國鞆田庄出作事、於六十餘町者、任先例停止國妨之由、

被仰下畢、以此旨有可令下知寺家給者、依御氣色執達如件、

（文治三年）十月七日　　　　　　権右中辨（定長）（在判）

謹上　別當法印御房

〔東南院文書〕

先日伊賀國司訴申、鞆田庄加納事、於所載壽永院廳御下文之六十餘町者、國司任被裁斷、已避申歟、押領其外寺家陳狀不分明、早可令献證文給之由、御氣色所候也、仍執啓如件、

（文治三年）後七月六日　　　　左衞門権佐（親雅）（在判）奉

謹上　東大寺別當法印御房

權右中辨定長朝臣奉行書狀　文治三年九月十四日遣別當法印之許禮紙也、

逐申

東大寺八幡遷宮間事承候了、

鞆田庄事、被仰國司之處、自寺家所進如左少辨奉書、六十町可募彼封戸云々、其外出作公田巨多也、仍所入收納使也、六十町條者、任證文隨重仰、可成進

○彌滿寺―敏滿寺、今廢、滋賀縣犬上郡多賀町胡宮神社の傍にその故趾在り

聽宣之由令申候也、何様可候事哉、

六一 文治三年（一一八七）十月十八日、近江敏滿寺の再興成り、重源これに結縁して、藤原伊經筆の額を施入す

〔南无阿彌陀佛作善集〕

近江國彌滿寺　奉施入（中略）額一面

〔敏滿寺縁起 胡宮神社藏〕

近江刕犬上郡青龍山敏滿寺者、人皇三十一代敏達天皇勅願、上宮太子江刕十二箇所伽藍草創之隨一也、天皇以勅願之故忝賜敏一字、號敏滿寺、堂舍四十餘、有寶塔數ヶ所、抑木幡谷本堂十一面觀音者、菅原道眞菅丞相、天暦年中祭祝天滿大自在天神彫刻、長僅壹尺有五寸、左手提華瓶、右手持錫杖念珠、六道遊化尊相、穆穆然卓立盤上、人皇六十二代村上天皇不豫、醫陰兩道、天下之高僧大法秘法更無驗、帝夢天滿天神正笏拱立、奏曰、青龍山敏滿寺本尊十一面觀音大士者、臣彫刻所也、禱此尊者、豈無驗哉、帝夢覺馳使、降命別當倫圓、衆僧丹誠、不日天機明快、帝叡感餘賜大尼子庄矣、平治年中、源義朝朝臣四男頼朝、爲平清盛漂泊江邊、從縁寶殿通夜三七日、大

士動玉冠、震金錫告曰、汝所願無他擁護、開運不可有日、必勿疑確、而意鞭笞進山野、武威振四海、古今英將武門之爲權輿矣、當村住人此尊像持念、莫不有靈感焉、治承二年秋八月、一夕仙宅失火、將熾而熟睡不知、忽夢一僧持錫立於枕邊、現怒訶形、急々呼覺、既覺視火發、駭走打熄、竟免其難、翌歲十一月、復一夕火發、而酣睡不知、復夢如前、驚覺獲防其災、元暦年中十二月、一夕更深眠熟、有賊入屋、復夢如前、驚醒驅逐、因免盜難也、壽永二年癸卯三月、爲兵火懸回祿、尊躰欲奉遷座、重如巨石、竭力不得、衆僧捨去、火謐後往見、本堂歷然、外廊而已灰燼也、文治二年丙午二月朔日、始木作、翌歲十月十八日、改五間四面之舊製、增以七間四面之締構、倫圓爲供養導師、率讃衆十一口、整三密之儀軌、國中貴賤道俗靡然嚮風、乃是此寺中興也、于時造東大寺大佛上人大和尚南無阿彌陀佛被贈額矣、太皇大后宮亮藤原朝臣伊經之手書也、同年十一月三日打之畢、文和二年癸巳九月十七日、帝自濃劦還幸九重之砌、當寺有臨幸、則本堂東爲皇居、其夜帝夢三十三之分身前後周圍而奉守護、既覺叡感不斜、寶祚延長在此尊、翌十八日駐鳳輦於寶前、禮拜恭敬、竟還幸、自然以來、佳君良臣此尊無不敬禮也、具一切功德、慈眼視衆生、福聚海無量、是故應頂禮、

頌曰

器界衆生出妙心　慈悲念々卽觀音

普門示現色身應　夜々月明落渧澤

于時

文和三甲午孟夏上七日　良潤書之（印）

六三　文治三年（一一八七）頃、重源、東大寺淨土堂を建つ

〔東大寺造立供養記〕

抑當寺淨土堂、元是阿波國建立也、願主彼國住人字阿波民部大夫重能也、但佛像等未終其功也、重能者、淸盛入道郎從、當寺燒失之乖將也、爲逆亂之長故、遂被誅戮畢、爲救彼等之罪根、此堂宇所建鐘堂崗也、安九躰之丈六、勸萬人之念佛也、其佛未終其功、上人（重源）今加種々莊嚴、令遂供養畢、

〔東南院文書〕

東大寺念佛堂之勸進帳　勸進沙門某敬白

勸進沙門某敬白

請特蒙貴賤上下助成、遂東大寺念佛堂建立狀

夫以東大寺念佛堂者、扶桑朝之九品下生之地也、堂舍者、阿波民部重能建立也、本尊者、熊野本地八葉九尊也、依奉寄附于俊乘上人、引移于當所、被安置之伽藍也云々、加之天皇御相傳之髻中寶珠末代安堂、日々參詣道俗男女拜之、結緣莫大亦無量也、將又建久八年十二月八日酉時、自炎魔王宮被送寺號、可號成道寺、是則下品下生也云々、其蘇生之族、於當堂唱念佛、可往生之由、焰魔王之勅定也云々、則上人掛札分明有之訖、寄時瑞相非也、從爾以降、晨鐘夕梵之響、通手向嶺、晝夜法灯之光、浮佐保河之水、依之、普天之下、率土之上、有情非情悉蒙順益、（中略）

永祿十一年卯月　日

〔南无阿彌陀佛作善集〕

東大寺別所

淨土堂一宇（奉安置丈六十躰之内、一躰六條殿尼御前、自餘九躰相具御堂、自阿波國奉渡之、）

金銅五輪塔一基（奉納御舍利三粒、一粒者聖武天皇御所持舍利、今二粒東寺西龍寺）

奉安置一切經二部一部唐本　鐘一口

湯屋一宇在常湯一口　印佛一面一千餘躰

〔重源讓狀〕

東大寺鐘樓岡淨土堂一宇方六間瓦葺

安置丈六佛菩薩像十躰

一切經二部唐本 日本々

佛舍利

鐘樓谷別所

在三間湯屋一宇鐵常湯船一口

食堂一宇五間二面瓦葺

安置等身皆金色救世觀音像一躰

同供所屋一宇七間三面板葺

六三　文治三年（一一八七）頃から、周防阿彌陀寺を建つ

〔阿彌陀寺鐵塔銘〕

淨土堂

奉安阿彌陀丈

六像一躰

附持齋戒念佛

衆十二口

多寶十三輪鐵塔

奉納五輪水精塔

釋迦眞舍利七枚

經藏

鐘樓

六葉鐘一口（竪三尺 口一尺八寸）

護法神社

八幡　熊野　春日

金峯　山王　白山

食堂

浴室

釜一口闊六尺

鐵鑄一千斤

右當山者是大和尚位南无阿彌陀佛宋朝此域名地靈所造寺起塔其之一也於是不斷之修念佛遠限未來縣内之割地薗住侶資供然則僧伽也州郡之以檀那爲外護邦人也寺塔之就靈威宜祈願但州裏之盛衰偏寺塔之崇否重請勿舍之矣伏願吾與知識以此良因悉

餞慈船於香海皆導芳
駕於花宮云耳
建久八年丁巳十一月二十二日
本願造東大寺大勸進
大和尚位南无阿彌陀佛
少勸進大徳觀西
大徳照円
奉行
目代法橋上人位證中
大徳仁敎

〔阿彌陀寺文書〕
廳宣　在廳官人等
可早任分配旨、免除東大寺別寺牟禮令別所南无阿彌陀佛不斷念佛并長日溫室
等用途田畠事
建立

淨土堂壹宇(一カ)七間四面
藥師堂壹宇　同
舍利殿壹宇方丈
安置高五尺鐵塔一基
其中奉納佛舍利五粒
鐘壹口　高三尺
湯屋一宇　五間四面
在大釜一口　廿五石納
鐵湯舟一口　同之

施入

水田貳拾三町五段陸畠三町

田壹町者每日佛餉燈油料、田拾貳町者自八日辰時至十五日每月七ヶ日夜不斷高聲念佛衆十二口衣食料、口別一町宛之、

田三町六段者每月藥師講阿彌陀講舍利講三ヶ度講莚僧供料、度別壹段宛之、

田玖段者承仕三人衣食料、人別三段宛之、但潤月佛餉燈油者承仕可令備之、

田陸町畠三町者長日溫室之維那六人衣食䉼、人別田壹町畠五反宛之、
右件堂舍建立田畠分配大略如斯、令差募申請坪之間不能一圓所散在于諸郡也、
悉不輸一色免不可致所當官物以下國役萬雜事之催促者也、抑念佛行業溫室之功
德者、諸佛之不嘆殊勝之善根也、仍南无阿彌陀佛每至便宜之處興立此事、爰忝
奉造東大寺使之勅宣、當國之執務已至十五ヶ年、然間國府東邊枳部山麓卜水木
便宜之地、建立不斷念佛與長日溫室、卽捧功德之上分奉祈後白川禪定法皇御滅
罪生善出離生死成等正覺、由於此別所者爲法皇御祈願所、永以可停止諸寺別當
之課役、以代々留守所在廳官人爲檀越、爲念佛溫室無過失計、且當州與愚身宿
緣殊深、故敦爲令結同一佛土厚緣所企此善願也、若向後有不道之輩邪見類顚倒
用途免地、而退失念佛溫室者、一宮玉祖天滿天神春日八幡等守護善神王并寺內
三寶、令與冥顯之兩罸、現世受白癩黑癩之身、後生墮無間地獄之底、若無違旨
有勤行者令得無量之壽福者也、在廳官人等冝承知、依宣行之故宣、

正治二年歲次庚申十一月八日

願主造東大寺大和尚

南无阿彌陀佛 在判

〔南无阿彌陀佛作善集〕

周防南無阿彌陀佛

一間四面淨土堂一宇 奉安彌陀丈六像一躰

鐘一口　湯屋一宇 在釜

〔阿彌陀寺文書〕

大政官牒周防國阿彌陀寺

應以當寺爲御祈願所且依後白河勅願

且任重源上人記文停止四至内甲乙人

闖入押妨永全顯密勤行事

右大政官今日下治部省府偁得彼寺住侶等

去年十月三日奏狀偁當寺者去文治年中

重源大和尚爲造東大寺大勸進治國莅境之

日撰勝地於諸郡鄉之間開當寺於牟禮令之中

蓋是爲後白河法皇御願鎭護國家利益法界也

因茲本堂安置無量壽佛別寺奉崇醫王

善逝偏資二世之御願兼祈一天之静謐此外鐵塔
鐘樓塔婆舍利殿並甍連檐亦熊野八幡春日山王
社鎭坐年舊靈威日新定十二口僧侶十二時修
不斷淨業置六人維那營長日六時溫室凢厥
佛事神事之勤朝朝暮暮無絶外雖似上人之
建立内已爲上皇之御願是以奉免之田地者爲
一向不輸之地免除萬雜公事之役差定四至之境
旣爲一圓之領停止甲乙之濫妨記置來際之不朽
爰關東右大將家之時當令雖被補地頭職於
當寺事者深守上人之記文剰有地頭之免判
而近年動成寺領之煩費及寺僧之愁苦綷之
凌夷言而有餘下賜聖代之鳳綸者何有當時之
狼藉哉望請天恩因准先例且任後白河院勅願
且守重源大和尚記文停止甲乙人四至内亂入
押妨狩獵之企可爲公家御祈願所之由賜宣旨

者奉祈寶算於鶴椿之年永傳法燈於龍
華之曉者從二位行權中納言藤原朝臣家教
宣奉勅依請者省宜承知依宣行之者
寺宜承知牒到准狀故牒
弘安四年正月十日　修理左宮城判官正五位上行左大史小槻宿禰
修理右宮城使從四位上行右中辨平朝臣判

〔阿彌陀寺文書〕

周防國在廳官人等敬白
可早任本願御素意且膽先祖加署彌奉崇敬
阿彌陀寺間事
右當寺者忝爲後白河禪定法皇御祈願所而本
願聖人當國御執務之初文治二年御建立之後鑒未來
之邪正捻當山之安寧而正治二年十一月八日被定置種々
記試如其狀者以代代留守所在廳官人爲檀越而宜興
行寺務之由或加炳誡之詞或載壽福之字令記置給彼銘文

嚴密之上下國眼代在廳末葉歸伏越先規老若絶偏執之
處今度下向承元目代得天魔之諫歟乍爲末代几早之身
不顧涯分不恐冥顯難申權化本願之條聞人殆洗耳畢
誹謗之至還可謂有若亡其上忽可令滅亡當寺之結構敢
匪直也事依之惡行亘諸事不可堪人愁之際不可從
承元政務之旨寺家并在廳官人等一同所及嚴重之起
請文也至向後者伽藍靜謐在廳繁昌時剋已到來併
爲守護善神御加護哉然者一事以上可奉崇敬當寺也
若背此狀者大佛同守護善神八幡大菩薩春日御宮
十八善神王別者當國鎭守二百余社一宮二宮天滿天神
宮神罰冥罰於連判在廳官人等每毛穴可罷蒙之狀
如件

正和二年三月十日　位所不同　散位土師遠綱 判

散位胡成正 判

（連署下略）

〔重源上人誓願之記 周防阿彌陀寺藏〕

周防國花宮山南無阿彌陀佛別所寺、坊舍敷并坂本山畠之事、重源手自剪撥曠野荆蕀、執鍬三日三夜開發之畢、爰八大觀音、三十番神、諸天隨類等、有加力之功德、於此山畠者、不受王澤、非國味、唯俊乘之權誓通力ヲ以テ開發曠野、爲世々住侶資具、依之令停止萬雜事公事、守護所役者也、即當初安養他主無量壽佛ナリシガ爲濟度蠢々之迷衆、示現而起悲願、爰忝後白河禪定法皇之勅、將軍賴朝依求願、東大寺大佛殿再興致本願、造立寺塔、刻置多大佛像、成就大須彌功德山、東ニハ瑠璃淨利トメ造營東大寺惣國分寺、西ニハ九重曼荼羅八葉蓮中トメ建立花宮、彼心地安置我靈影、今者成大峯八大金剛童子、每處到便宜、每日三時入臨、擁護養育之數輩、是靈所伽藍於用途免地、課公事以下逆役、於有我背誓願輩者、眞影出寺外、閉門戶、止三時勤行、不鳴鐘鼓、不備花香日餉、其時我觀現天地長夜暗念、於此無順念者、現世白癩黑癩等無數授惡病、放數萬魔軍眷屬、彼等之每日三時火燒三昧遷、子孫破旬之令結惡緣、當ニハ無間阿毘獄之墮極暗、牛頭馬頭、阿妨羅刹、刀山鐱樹、斫破磨擣等之與苦患、亦崇敬我誓願、今ニハ無量無盡幸福、子孫累喜之令與善緣、後ニハ引接安養心蓮中、如斯悲願、一モ有虚誓者、背我本地四十八願念、偏三會曉、彌勒出世、同體別體、常住三寶之御罰、毎八萬四千毛穴可罷蒙者也、仍南無阿彌陀佛誓願之狀如斯、

願以此功德　普及於一切

我等與衆生　皆共成佛道

文治貳年丙午俊乘當州ヘ下向、

同三年丁未ヨリ始テ當寺ヲ開發之、

〔華宮山阿彌陀寺略縁起 周防阿彌陀寺藏〕

一當寺ハ後白河院勅願所、南都大佛殿再興ノ大勸進俊乘房重源上人開基也、上人ハ黑谷法然上人ノ弟子、勅號ヲ南無阿彌陀佛ト云、俗性ハ紀氏、武内宿禰末葉參議飯暦十六代ノ後胤瀧口左馬允季重ノ四男、俗名刑部左衞門重定ト稱ス、明菴榮西禪師ノ内(肉カ)弟ナリ、仁安二年求法ノ爲ニ入宋シ、同三年秋榮西禪師ト共ニ歸朝ス、治承四年東大寺兵火ニ罹ル、是ニ由テ後白河帝ノ勅并ニ大將軍賴朝ノ命ヲ以テ、上人造東大寺使ニ任セラレ、諸州ヲ巡行シ、萬民ヲ勸化シ、遂ニ建久六年三月十三日大佛殿落慶ノ供養ヲ行ハル、周防國ヲ以テ造營ノ料所ニ充ラレ、文治二年四月十日上人國司職ニ拜任アリ、當國下向ノ初

メ國府ノ東枳部山ノ麓ニ勝地ヲトシ、文治三年丁未ヨリ當山ヲ開發シ、建久八年丁巳十一月廿二日十三重ノ鐵塔ヲ鑄テ、當寺建立ノ始末、東大寺再興ノ年月等記文ヲ鐫テ、後代ニ貽サル、修スル所ハ長日溫室ノ護摩、鎭護國家ノ秘法、勤ムル所ハ十二時不斷ノ念佛、濟度利生ノ淨業ナリ、代々ノ國司留守所在廳ノ官人ヲ以テ檀越トシ、國人ハ寺塔ノ靈威ニ依テ繁昌スヘシ、當寺ノ崇替ハ州郡ノ盛衰ナレハ、向後念佛溫室ノ勤行退スヘカラサル由、正治二年十一月ノ廳宣、同在廳官人結緣同心ノ誓狀ニ見エタリ

六四 文治四年（一一八八）二月十八日、鎌倉幕府、東大寺造營について、重源に合力すべきことを、帥中納言經房に申渡す

〔吾妻鏡 巻第八〕

（文治四年二月）十八日甲申、鎭西宇佐宮造營事、大宮司公房依有其咎、爲令贖之、被仰彼可造進歟、次東大寺修造、殊可合力上人事、兩條被申帥中納言云々、

六五 文治四年（一一八八）三月十日に鎌倉に到着した重源の書狀によれば、東大寺

の再興造営は何かと諸檀那の合力に俟つところ大なる旨を申す

〔吾妻鏡 巻第八〕

（文治四年三月）十日丙午、東大寺重源上人書狀到着、當寺修造事、不恃諸檀那合力者曾難成、尤所仰御奉加也、早可令勸進諸國給、衆庶縱雖無結緣志、定奉和順御權威重歟、且此事奏聞先畢者、此事未被仰下、所詮於東國分者、仰地頭等、可令致沙汰之由被仰遣、

二六 文治四年（一一八八）三月十七日、重源の請により、源頼朝、東大寺の用材を周防國から運搬するについて、請文を進め、次いでその廿八日に、院宣を下さる

〔吾妻鏡 巻第八〕

（文治四年三月）十七日癸丑、東大寺柱於周防國出杣處、十本引失訖、仍被宛諸國者、還可爲懈緩之、因被宛諸大名者、存結緣可沙汰進歟之由雖有院宣、諸御家人趣善緣之類少者歟、有難澁思者、其大功難成歟之由、今日被進二品請文、次付庄々有被申條事、先々雖令申給、未無左右仰云々、仍重被整事書云々、

（四月）十二日戊寅、院宣等到來、或自是被申勅答、或始被仰下條々事也、院宣云、

今月十七日御消息、同廿六日到來、委奏聞候畢、造東大寺材木引夫事、雖可被支配諸國庄園公田、以他事令推察御之處、面々對捍、中々爲闕如之基歟、仍令宛催諸國大名等給者、定終不日之功歟、且又勸進上人依令計申、被仰遣其旨畢、然而今令申給之趣、非無其謂、且經議定、且被仰含上人、重可被仰遣之由、御氣色所候也、仍執達如件、

三月廿八日　大宰權帥藤經房奉

〔玉葉　卷第五十四〕

（文治四年四月）五日辛未甚雨、（中略）今日權辨定長來門外、傳院宣云、造東大寺事、遮可被支度配諸國哉如何者、申云、役夫工之間、不可然歟、雖有造寺之例、此大事忽不可成、而又可爲役夫工之妨之故也、加之忽上人所忩申者、所引置之大柱、可被引出海濱事也、件條者、仰便宜國々大名、隨堪否定本數可被宛、其外、又爲院御沙汰、不論貴賤、可被勸進歟者、

（六月）二日丙寅雨降、時々日景見、定長朝臣來、（中略）又申東大寺柱引之間事、

六七　文治四年（一一八八）五月下旬、東大寺鎮守八幡宮の神躰造立のことを奏聞す

〔東大寺八幡大菩薩驗記〕

一炎上以後造宮等事、

右安徳天皇御宇治承四年十二月廿八日、依平家惡逆、四聖同心之靈場忽令魔滅、八幡三所之仁祠悉成灰燼、寺中之哀慟、天下之驚歎、翰墨爭記、爰後白河法皇殊發叡願、右幕下將軍閣他事被再興之間、滿月之尊容更耀文治之秋空、成風之花構重聳建久之春天、然間且爲致祈請、且依爲要樞、大勸進重源上人、早速令造營八幡宮社壇畢、但御躰事、寺家無左右、依難治定、文治四年五月下旬、經奏聞之處、任宇佐宮之例、可被專如在之禮由、被宣下、

中御門右大臣宗忠公記云、東大寺守護八幡御躰燒失之後、可被造哉否事、文治四年五月廿四日己丑、權右中辨定長朝臣造東大寺長官來曰、東大寺守護八幡宮、大佛殿燒失之時、同以回祿、而今寺家造畢件神殿、而古老住僧等申云、御躰御坐之由承傳之、或曰、以御脇足准御躰云々、未定可被奉造立御躰歟、將只可用如在（マヽ）礼歟、可計申者、予申云、先可被勘文、其上可有沙汰、但本縦雖御躰御坐、新造之條難計申、石淸水火事之時、敦實親王奉造立法躰阿彌陀三尊云々燒失給、

其後有議定、不被改造之、宇佐宮御躰不御坐、只供神座結薦御枕、准彼等例、被用如在之例、可宜歟之由申畢、卽權辨申攝政（太政大臣兼實號九條殿、）〻〻可然之由被仰云〻、仍大外記淸原賴業、中原師尚、左大史小槻廣房等所勘申也、又祠官重延注進畢、卽祠官注進狀云、

中一宮　阿彌陀立像　（御高三尺許、加光定）

南二宮　菩薩形立像　（御高二尺四五寸許、巡光）

北三宮　女躰立像　（御高同丗像、）上御髪唐女形

御殿五間一面　（其躰并人形師子形等注之、然而不注留之、件三所母屋三間御坐、）

右件子細、祖父末延存生之時、爲代官爲備御供、參入内殿之時、粗雖奉見知之、不及注申寸法等、大略注進如件、

文治四年六月十日　　前大膳左近府生重延 （在判）

賴業勘文趣依宇佐宮託宣、奉迎於宮南梨原宮、造新殿以爲神宮、其後無所見、定還向豐前國宇佐郡歟、同於所〻被授品位例注申、（六月廿六日勘申、）師尚勘文大略如賴業、但還向事不注、其趣同予計申（五月廿五日勘申、）廣房勘文又同之上、御躰改造例不詳、（六月一日勘申、）已上、

(文治四年六月)二日丙寅雨降、時々日景見、定長朝臣來、申東大寺鎭守八幡宮御躰間事、大外記師尚勘文、賴業、廣房未勘申、待具兩人勘文、可被問人々之由仰之、御躰有無并其躰文簿不詳云々、大略可被用如在之儀事歟、

(七月)一日乙未天晴、權右中辨定長朝臣爲院御使來、東大寺鎭守八幡別宮御躰之間事也、持來大外記賴業、大夫史廣房等勘文并寺家注文等、被問人々條々、

一御躰有無事

官外記勘文、御躰無所見、寺家注文有御躰、一宮阿彌陀三尺像、二宮菩薩一尺餘像、三宮唐女形、寸法一同二宮云々、

左大臣、右大臣、右大將、堀川中納言等、被申不可有御躰之由已一同也、

一可被授神位哉否事

賴業勘文、申可被授之由、左大臣已下申不可然之由、但左大臣申云、社司一階并可被獻封戸云々、

一御座事

寺家注申、委細又被尋遣宇佐宮例了云々、人々且任注文、且任宇佐例、可被計行之、

一御座已下何所可調進哉事

此條、左大臣被申出、未不被問人々云々、余申云、御躰事、無不審者可及議之處、菩薩已不載其像、加之、八幡外寶殿敦實親王造立之像燒失保延之後、依人々議奏、不被造立、今又同前歟、被行如在之儀、何事之有哉、但委見勘文等、追可申子細、神位事、已天平勝寶被奉授一品了、其上可被奉何位哉、此條不可及沙汰歟、社司加級并封戸事、任左大臣申狀、尤可有沙汰、御座事、如人々申狀、可有沙汰、同調進所事、寺家已造營、社同可相具鋪設歟者、

六八 文治四年（一一八八）頃、重源の奬めにより、南都の齊所聖と稱するもの、高野山新別所の蓮社に入るという

〔高野春秋編年輯錄 巻第七〕

（建久六年乙卯九月）同月日、齊所聖來勤自南都、是依重源上人之指揮也、

此聖入新別所廿四人之社友、勤行八年、後建久六年寂、而安祥正念、向西圓寂于別所矣、考、是則尾州中嶋郡齊所權介成清之一子、

六九　文治五年（一一八九）三月廿一日、勅封倉の湿損甚しきにより、造東大寺長官藤原定長これを撿知す

〔玉葉　巻第五十五〕

（文治五年三月）廿一日辛亥雨下、物忌也、今日造東大寺長官定長朝臣下向彼寺、爲開勅符（封カ）倉也、大監物有頼辨史等相具云々、彼倉濕損殊甚、可被忩撿知之由、寺家所言上也、

七〇　文治五年（一一八九）閏四月八日、鎌倉幕府の奥州追討が東大寺造營の妨にならざるように、藤原經房をして源頼朝に敎書を遣さしむ

〔玉葉　巻第五十五〕

（文治五年閏四月）八日丁酉（中略）抑伊勢遷宮并造東大寺者、我朝第一之大事也、而赴征伐之間、諸國定不靜歟、然者可成彼兩事之妨、件條殊召仰不可致造宮造寺之害、爲公爲私以之可用追討之祈禱也者、以此趣經房卿可書遣御敎書於頼朝卿許者、余仰早行向彼卿亭、可仰此子細者也、

〔吾妻鏡　巻第九〕

（文治五年六月）廿四日壬子、（中略）及晩右武衛消息到來、奥州追討事、御沙汰之趣内々被申之、其趣連々被經沙汰、此事關東欝陶雖難默止、義顯已被誅訖、今年造太神宮上棟、大佛寺造營、彼是計會、追討之儀可有猶豫者、其旨已欲被献殿下御教書云々、

七一　文治五年（一一八九）六月四日、源頼朝、東大寺の用材を周防國から運ぶについて、これに特に力を盡した佐々木高綱を稱讃す

〔吾妻鏡 巻第九〕

（文治五年六月）四日壬辰、佐々木左衛門尉參入、則召北面廣庇、有御對面、東大寺佛殿柱已下材木周防國杣出、殊致精誠之由所聞食及也、汝匪竭單忠、已赴善因、尤神妙之旨被仰、高綱申云、重源上人頻被相催、仍去月十八日、御柱十五本沙汰付河尻訖、此外十五本早可出杣之由、示付代官云々、

七二　文治五年（一一八九）八月三日、重源、九條兼實に面會して、東大寺造營の困難を語り、勸進職を辭退せんことを申す

〔玉葉 巻第五十五〕

(文治五年八月)三日庚寅晴、東大寺聖人重源來、余謁之、語御柱百五十餘本採了、十餘本已付御寺了、上御沙汰不緩者、三ヶ年之内可造畢云々、而如當時者、周防國中之莊薗人夫不合期、又一向有對捍所等、雖申上無御沙汰、又彼國被付造寺以後、新立莊及五六ヶ所了、如此者始終不可叶、諸國麻苧并人夫一切不叶、然間空領一州無成之由、必蒙謗難歟、仍只奉行御佛事、欲辭造寺事云々、余再三加制止了、

七三 文治五年(一一八九)八月廿二日、九條兼實、南都に下向して、東大寺大佛の面相の出來榮えを見る

〔玉葉 巻第五十五〕

(文治五年八月)廿二日己酉晴、此日下向南都、爲奉禮南圓堂佛不空羂索觀音像、兼又爲撿知造寺也、(中略)其後参詣東大寺、經御寺北大路、入自西門、歩行及三町、脚氣難忍、然而以信力忘身命、壇上搆假床敷疊、余着之、于時始秉松明、大佛上造掩假屋、仍御面相不分明、仍仰上人等令指脂燭、佛面分明如畫、相毫神妙、異兼日之風聞

日來其面相太劣之由、人以稱之、今奉禮之處、更以神妙者也、小時退下、先三度奉禮之後退歸也、卽歸佐保殿、

七四　建久元年（一一九〇）六月二日、重源、公家の下知を俟たずして、東大寺大佛背後の築山を除き去る

〔玉葉 巻第五十七〕

（文治六年三月）十一日乙丑天晴、右大辨定長來、申東大寺大佛之後山可被壞之間事、人々幷上人申狀、來十五日、爲實撿件事下向、相率造寺官等云々、今日申次長房、棟範申役夫工之間事、光綱申條々事、長方申次之、

廿七日辛巳天晴、（中略）右大辨定長參來、去十五日參向東大寺、佛後山令壞之間事、加撿知之處、壞去山土之跡、御佛後破損、若不壞此山者、豈知彼之破損、壞山之事萬人不甘心、齊衡年中被築以來、已經數百年、而忽以人力撤去之條、人々所疑一且可然、仍以造寺長官爲被實撿、所下遣定長也、而不待其御使、上人自由壞件山、所行之由雖似有自專之科、偏代本願聖主之御靈所爲歟、可恐、可貴、件破損之所、神妙可奉鑄繼、又山代ニ鑄銀柱數本、可奉着之、然者一切不可有事厄云々、此間事等猶多、又申他事等、

〔東大寺續要錄 造佛篇〕

佛後山者、大像傾危之昔、實忠和尙含綸旨所築固也、而今以此山爲其便、搆假屋鑄大像、若無此山、其搆殆難成歟、古賢之企尤有由者哉、鑄造已畢營作始成之剋、建久元年六月二日、有御幸、爲被捨佛後山也、即太上法皇與重源上人荷案運土、上人與法皇論其前後、而法皇立後、上人立前、三箇度運棄山土給畢、見聞之客皆以涕涙、卿相侍臣悉以隨事、昔本願皇帝展十善手築壇、光明皇后褁錦繡袂運土壤、舊々禮歸佛之誠、萬人潤眼畢、

〔東大寺造立供養記〕

昔有實忠和尙者、建立以後八十三年築佛後之山、所以者何、大佛腰下墊損、遂可偃臥也、恐此故築山也、山高六丈許、廣十餘丈、佛像隱而似毗舍離國之觀呂、堂内狹而失廣博莊嚴之儀式、因茲上人欲崩此山也、諸人難之、貴賤制之云、昔寄十三ヶ國被築此山、而引捨則爲佛有恐云々、上人不用此義、勸進諸方而引捨山也、爾時太上法皇有臨幸、而手自運土也、上人與法皇自執運土之器矣、如此而運土六度、是則配六道利生也、三公々卿、月卿雲客、道俗貴賤爭運之、從正月至六月、山既引捨畢、因茲佛像悉現、如地涌菩薩昇虛空、大座皆顯、似花藏

世界現堂内也、不入大海既見金山王之躰、不詣淨土又拜周遍法之佛、寔惟廣博殊特心言不及矣、不運普賢无盡之行、自詣蓮花寶殿、不開文殊大智之悟、面見盧舍那佛境界、擧目膽禮、恒沙之罪障一念能滅、低頭恭敬、微塵之煩惱一時能消、若非上人大願力、我等何預此大利益哉、

〔東大寺縁起 再興營作事〕

建久元年六月二日、後白河法皇自□土等□度、見聞之輩成隨喜、同三日、諸院諸官女御等面々引□給、希代之珍事也、

㐧 建久元年(一一九〇) 七月廿七日、はじめて東大寺大佛殿の母屋柱を立つ

〔東大寺造立供養記〕

建久元年七月廿七日、大佛殿母屋柱二本始立之、長九丈一尺、径五尺也、假屋上建轆轤八張、地上轆轤六張、諸方異口同音出聲打鼓、而引立之、更立庇柱已畢、

〔吾妻鏡 卷第十五 建久六年三月十二日ノ條〕

建久元年庚戍七月廿七日、大佛殿母屋柱二本始之、

一六六　建久元年（一一九〇）八月廿七日、東大寺造営用の麻苧のことについて、院宣を下さる

〔吾妻鏡 巻第十〕

（建久元年九月）十七日戊辰、去月廿七日院宣到來、民部卿経房所被執進也、（中略）院宣云、

東大寺粁麻苧事

日來沙汰次第皆所聞食也、尤神妙、今度支度之趣、爭不被仰哉、仍被告仰畢、上棟以前、强不可事闕、近國多進濟之、周防國杣出之間、又可入也、漸可催進歟、

（中略）

八月廿七日　　右大辨定長

謹上　民部卿殿

廿日辛未、東大寺作事繩粁苧、可宛催諸國御家人之由、被下院宣之間、二品悉以施行給畢、次御上洛事、内々雖思企、諸國洪水折節、可爲事煩歟之由、被示遣民部卿経房許之間、依被奏聞、有右大辨宰相奉書、戸部被執進之、今日所到

來也、
東大寺苧綱事、五畿七道不漏一國被催之間、被觸仰畢、但各存結縁之由多進濟、於上棟用途者、已有餘剩之由、上人所申也、上洛之間、雖少事有其煩歟、明春於彼知行國々分者可有沙汰、就中此催以前、度々催遣之由所聞食也、如此入意被申之條神妙之由、可仰遣者御氣色候也、仍上啓如件、

九月十三日　　右大弁

謹上　民部卿殿

七七　建久元年（一一九〇）十月十七日、東大寺東南院を建つ。重源これに播磨大部庄、周防椹野庄等を寄附し、またその藥師堂を修理す

〔東大寺續要錄 諸院篇〕

東南院

治承四年十二月廿八日、爲平家逆臣被燒失大佛以下諸堂等之尅、東南院同成灰燼畢、所殘纔院主房經藏等是也、而建久元年十月十九日、大佛殿上棟兼被宣下、即後白川法皇可有御幸、任先例以東南院可爲御所、仍期日以前可建立之由、被

仰下第十三代院主勝賢僧正畢、仍首尾五十箇日之間令造營一院家畢、八月廿五日擬上棟、十月十七日御幸、速疾之營作、萬人之所感也、寢殿一宇五間四面檜皮葺、公卿座、中門廊殿、上廊、中門隨身所、車宿、對屋等房宇並檐、壯嚴盡美、仍往還之客驚目、見聞之類傾首畢、

〔東大寺文書〕

讓與　東南院々主事

在

堂舍僧房經藏所領等自餘券契在別、

右件院家、去年七月不慮之外傳領之、偏是尊師御冥助也、仍爲報祖師厚恩、院家造營、興法利人、殊抛萬事所相勵也、而自往古三論之本所也、但密宗之身、猶院主號有其憚、故所讓與定範得業也、即常住本寺而令學本宗也、自今以後、非本寺常住人者、不可居此職、深可存其旨狀、處分如件、

文治六年六月七日

權僧正(勝賢)在判

〔東大寺續要錄 諸院篇〕

播州大部庄、防州椹野庄者、大和尚南無阿彌陀佛被寄附東南院畢、而定範法印

有子細令讓與西室院定勝法印畢、但於大部庄西室院賴惠法印知行之時、奉讓聖實僧正于時若君畢、其後又成院家領畢、

〔南无阿彌陀佛作善集〕

奉修複　東南院藥師堂

一六　建久元年（一一九〇）十月十九日、東大寺大佛殿上棟

〔百錬抄　巻第十〕

（建久元年十月）十九日庚子、東大寺上棟也、攝政并左右大臣實房兼雅已下参入、法皇御幸、

〔吾妻鏡　巻第十五　建久六年三月十二日ノ條〕

（建久元年）同十月十九日上棟、有御幸云々、

〔玉葉　巻第五十八〕

（建久元年八月）卅日、右中辨親經來、申東大寺上棟之間條々事、

（九月）三日甲寅雨下、（中略）親經來申東大寺之間條々事、答子細了、

五日丙辰天晴、（中略）親經來申東大寺事、

十五日丙辰天晴、（中略）親經申東大寺條々事、八幡并佐保陵使事、猶自公家可被

立、可載子細於宣命之由仰之、是院宣之趣也、
廿一日壬申雨降、親經來、東大寺條々事令申、
廿三日甲戌天晴、（中略）親經爲院御使來、東大寺上棟之間事、可被申八幡佐保陵等之事、自公家可被申之由也、
（十月）三日甲申天晴、此日佐保山陵使發遣、依東大寺棟上事也、雖爲上皇御沙汰、自院依被申請、自公家發遣此使、此旨被載告文也、上卿内大臣雖爲神宮上卿、依先例、勤此上卿、使新宰相中將公時、次官時盛朝臣、行事辨右中辨親經朝臣、今日有沙汰、不被献幣物、荷前之外、献幣物例、不分明之故也、當今御元服、并被崩東大寺之山之時、依廣房申、被献幣物、大略爲失誤云々、
五日丙戌天晴、（中略）入夜、親經朝臣來、申東大寺條々事、
七日戊子天陰不雨、（中略）又親經東大寺之間左大臣申狀來申御拜事、雖入御南大門、猶可有之由、余示之事也、
十四日乙未　親經持來東大寺上棟次第正本、奏院之所、可見余之由有仰云々、見了返給、
十七日戊戌晴、時雨間灑不及濕衣、此日太上法皇依東大寺上棟事来十九日可有此事、御下向

南都、於宇治平等院有晝御儲事、
十八日己亥天晴、早且浴、解除之後、巳刻出宇治、申刻着佐保殿、以兼親可入見参之由、觸院近臣、院御所東南院也、今日不可申之由有仰、入夜、大僧正相具禪師被來、又親經來仰又寺僧等賞事、申存旨、明日可有議定歟、
十九日庚子天陰不雨、（中略）依仰先参東大寺、相次御幸、午刻實未刻歟、上棟、法皇已下付綱、次有拜、并長吏并工等賞事了、

〔東大寺造立供養記〕
如此而十月十九日棟上矣、法皇有御幸、攝政以下三槐九棘濟々焉也、長綱一筋唐綾、一筋美布、着棟木令、長十二丈二尺、其綱至中門、右方綱則法皇爲先、當寺別當僧綱等付之也、左方綱則攝政爲先、文武百寮付之矣、天下貴賤悉成難遇之思、七道萬民皆抽信仰之心、拜参諸人摺肩踏跟、緇素男女无隙過市、若不往復則此砌不可容受也、或有切髮出來者、或有剃首爲尼者、或有切手指而燒之者、或有書起請文而發心者、勝事是多、不遑毛擧也、

七九　建久元年（一一九〇）十月廿七日、東大寺の工人等を、諸國の權守や介や掾や

目等に任ずることを得せしむ

〔玉葉 巻第五十八〕

（建久元年十月）廿七日戊申、（中略）入夜有下名、東大寺工等被任諸國權守介掾目等也、上卿左衞門督云々、

八〇 建久元年（一一九〇）十二月十二日、院宣により、陳和卿に伊賀國の有丸、廣瀬、阿波の諸荘を賜りしも、和卿これを東大寺浄土堂領に寄進す

〔東大寺要錄 巻第二（東大寺重文本）〕

伊賀國阿波、廣瀬、山田、有丸庄者、爲平家沒官之地、前右大將家知行、而依後白河院勅命、被賜當寺惣大工宋人陳和卿之日、右大將家同以次令去進地頭給了、仍和卿發善願、永以寄付浄土堂領矣其旨具見于大和尙讓文、

院宣案

東大寺衆徒訴申、伊賀國阿波、廣瀬兩庄地頭職事、能狀副證文案如此、任道理可令成敗之由、可令仰遣關東給者、依御氣色、執啓如件、

二月十日　　　　　　　　　　　　宗行奉

右大將殿

権大夫請文

東大寺衆徒申、伊賀國阿波、廣瀬庄事、任院宣并寺解之旨、令停止廣綱地頭職候了、下知狀可被付使者候也、以此旨、可令披露給候、義時恐惶謹言

四月十七日　　　　　　　　　　右京権大夫平在判上

右大將書狀案

東大寺衆徒申、阿波、廣瀬庄地頭間事、義時朝臣請文如此、停止地頭之條神妙候、可令計披露給、謹言

五月廿日　　　　　　　　　　　右大將在判

中納言殿

院宣案

阿波、廣瀬庄地頭事、義時朝臣請文并右大將書狀如此、令停止地頭、存其旨、
可令下知給者、依院宣、執達如件、
六月一日　　在判
〆東大寺別當法印御房

鎌倉殿御下文案右大將頼朝
下　伊賀國山田郡内有丸并廣瀬阿波杣山可早停止地頭職事、
右件所、依爲沒官地、雖補地頭、依院宣所停止彼職也、早可爲宋人進上之狀付
使以下
建久元年十二月十二日
此狀端在判

院廳下　伊賀國在廳官人等
可早令東大寺宋人知行山田郡内有丸廣瀬阿波杣山事
右件村々、爲沒官之地、前右大將源卿知行、而宋人依申請成賜彼家下文畢者、

可令彼宋人知行之狀、所仰如件、在廳官人等宜承知、不可違失、故下

建久元年十二月　日

主典代安倍朝臣在判

別當右大臣藤原朝臣（兼雅）

判官代備後守藤原朝臣（家能）判

權大納言藤原朝臣判

美濃守藤原朝臣判

中納言藤原朝臣

勘解由次官藤原朝臣（清長）判

中納言兼右衞門督藤原朝臣（定能）

攝津守藤原朝臣

參議造東大寺長官左大辨讃岐權守藤原朝臣（定長）判

右少辨兼左衞門權佐藤原朝臣（家實）判

右京大夫兼因幡權守藤原朝臣（季能）判

修理大夫兼内藏頭藤原朝臣（定輔）判

大藏卿兼中宮亮備中權守藤原朝臣（宗頼）

播磨守高階朝臣（經仲）判

左中辨藤原朝臣（親經）判

右中辨平朝臣（棟範）

〔重源讓狀〕

抑伊賀國庄者、爲平家沒官之地、前右大將家知行、而依後白河院勅命、被賜當

寺惣大工宋人陳和卿之日、右大將家（建久元年十二月十二日）同以令去進地頭給畢、仍和卿一色不輸領掌之間、發善願、永以寄付淨土堂領矣、於預所職者、補大江師盛也、

八一　建久二年（一一九一）五月廿二日頃、重源の弟子空諦、室生の舍利について事を起し、そのため六月十日に重源逐電のことなどありしも、その廿日に至って、重源、空諦を伴って院に参上し、舍利三十粒を献じて、事落着す

〔玉葉 巻第六十〕

（建久二年五月）廿二日己巳、未刻以後雨降、入夜殊甚、寅刻着冠直衣、下向南都（中略）次大僧正被來相具禪師、中間、大佛上人重源來、余又謁之、歸去之後、猶謁僧正、及鐘鳴被歸了、上人室生舍利之間事委細有示旨等、末代之珍事、凡非言語之所及、子細在別紙、

廿三日庚午、（中略）早旦、東大寺上人、舍利之間事、持來種々證文等、見了返給、一通依乞返也流記、殊三通爲書寫留了、

廿九日丙子、（中略）興福寺別當僧正來宿所、余謁之、僧正語云、室生舍利事、近日寺僧之沙汰彌以強盛、召室生五師二人并神主等、問此事之由所承也云々、

卅日丁丑、（中略）於宮殿上謁別當僧正、衆徒欝申室生舎利之間事也、

（六月）一日戊寅、（中略）今日、山科寺別當僧正覺憲爲院御使、持來院宣、泰經卿御教書也、室生舎利事、寺僧自由狼藉之沙汰可停止之由也、親雅參會、卽戌刻長者宣可給寺家之由仰了、覺憲今朝參院、有召參御前、寺僧申旨具以言上、然而全無思食留之氣色、大略不足言、是又權者之故歟、然而先日余示泰經卿、又覺憲同不聞之由、泰經自家書御教書、申懸院、有天許、仍賜覺憲、泰經雖須參啓同事也、汝早可參啓殿下之由令申、仍持參之由覺憲所申也、余依神事不謁之、以人傳示之、余成給長者宣之上、以詞可仰含寺僧之趣、且以仰聞覺憲僧正了、僧正有服膺之氣云々、卽今日下向云々、自今日依御躰御卜、神祇官人參籠、而依無其人、當番爲季朝臣、如灸膿汁出、仍被免、大祐大中臣知雅被責取進奉了云々、

六日癸未、天晴、大佛上人春乘房來、依神事招入北宅、問舍利之間事、依密事使大將問之、申云、空諦狂惑也、舍利可返置之由、令申衆徒事者、是實事也、但論其實、件舍利可返置之方略、更不俟、又空諦狂謀之條、更不存事也、然而先爲休慰衆徒欝陶、以方便之言、强稱此旨、先日事之子細、且以達叡聞了、然者舍利返納、并空諦之科斷、更以不可被行、然者公家無裁報者、衆徒爭强申哉、當時

於春乘之身、已欲宛亂罸、加之、造東大寺之間、多以興福寺之力成其功、若與
彼寺違背、大厦不可成、仍一且爲散大衆之欝訴言而已、兼又先日所進之經文、
疏記等申請、欲經奏聞者、即返給了、（切紙四通在之、）上人云、依法皇勅喚、所参洛也、
而御遊無隙之間、未能達天聴、事隙可召問之由、有御定、所相待也云々、（中略）
親雅申云、室生舎利事、別當僧正有申旨云々、即刻副進消息、衆徒止自由之沙
汰、可待上御成敗之由也、兼又於舎利者、必可被返置之由申之、余返給親雅、
相副先日寺家問注室生五師法師記、仰可奏院之由了、

十一日、戊子、（中略）午刻大僧正送書被示云、大佛勸進春乘上人、十日朝逐電了、凡
無申限云々、是依空諦佛舎利之事歟、仍仰衆徒、永可停止此沙汰之由、可下知
旨仰下了、又以宗頼奏事由、全無驚思食之氣云々、法皇已權者云々、實爲其議
歟、可恐々々、

十二日、己丑、（中略）今日謁定長卿、仰聞室生舎利之間事了、可被仰下之趣也、

十四日、辛卯、（中略）興福寺進奏狀、空諦上人取室生舎利之間事也、即付宗頼朝臣
了、明日今日吉日、小五月仍不可叶、明後日可奏之由令申、余仰含子細了、

十六日、癸巳、陰晴不定、時々雨降、覺乘法眼來、語舎利之間事、勝賢僧正來、示合

室生舍利之間事、有申旨等、不盡紙上、又法印被來、宗頼來云、座主辭狀奏聞、仰云、可返給、辭申旨不可收給者、又云、興福寺衆徒奏狀室生舍利事、仰合人々、可令計沙汰者、

十七日甲午天陰、細雨降、申刻參院、依召參御前、室生舍利之間事、有評定、召勝賢僧正并内府等、先是參候、仰旨不足言々々、余已下不能覆奏退下、大旨、此事不可切、是非未斷、而可渉旬日之趣也、其後參内、深更退出、可召春乘上人并空諦等之由、有院宣、内府仰定長卿了、

十九日丙申、（中略）出御以前、室生舍利流布上人空諦房也、來、問子細、卽歸了、

廿日丁酉、（中略）及晩、大佛上人來、今日依召參院、空諦相共參御前、召佛舍利卅粒了、金色一粒、同召了、又女房丹三品二粒、右大臣一粒各取了、法皇深以御信仰、證賢僧正讀經文并未來記、法皇聞之、有信解之御氣色、於今者、常不可參之由、被召仰空諦了云々、相續左大辨定長、爲御使來仰云、召上人等尋子細了、事躰敢非詐僞、仍舍利少々召留了、於今者、有御信仰之由、可仰興福寺衆徒者、申云、此事日來迷是非、今承分明之仰、不及異儀、早可下知此旨、抑先日於御前有議定、一向難信之由、勝賢僧正所申也、其趣尤可然之由、愚臣同所存申也、

然而於此事者、法皇令入未來記給、今偏御歸敬、定知此事有其實歟、仍此上再難申返子細、自本於此事之成敗者、只以聖斷之一決、可知事之眞僞之由、中心思刻了、而有此仰、不能申是非者、卽定長卿以院宣之趣、可仰親雅（當時召具興福寺三綱、可參候也、明且爲令聞彼三綱、仰此旨了、）之由仰定長、々々仰親雅了、親雅又仰三綱了、一言不加私詞耳、抑此事猶事躰太理不盡也、縱雖有御信仰、聊以其證據可被仰下歟、衆徒定不信伏歟、又天下之諸人猶抱難信之思歟、爲之如何、但此事余始自聞子細、以凡失之愚智可是非之由、全不存、只仰冥告、又任勅定之處、忽有此院宣、縱雖狂誕、縱雖眞實、只任我君之勅斷、法皇之御果報、政務行儀法作、一向非普通之式、疑權化之所現歟、於雅正者不知之、於奇特者無此類之故也、

（七月）三日己酉、（中略）法印被來、又靜賢法印來、入夜定長卿來、依相招也、余召簾前、尋室生舍利之間事、御信仰之趣、大略無深御意趣歟、只爲休上人愁心、所被仰歟云々、可謂不足言々々々、此事邪正難辨之處、法皇一向御信伏云々、卽令入未來記給、已是唯佛與佛境界歟之由存之由、今又如無思食旨云々、然而一向信受之仰、尤可有御用心事歟、然而不能申是非、只以御定可下知也、此外多談雜事、

〔吾妻鏡 巻第十一〕

（建久二年七月）廿三日己巳、或僧其名生一、此間参籠鶴岡、今日付別當法眼、奉佛舎利三粒於幕下、而仰云、佛舎利歸依太雖惟深、去此東大寺上人重源弟子空躰宋人云々、於室生堀出數十粒佛舎利盗取、仍興福寺欝陶、虜空躰畢、別當覺憲僧正申子細云々、今若彼類歟之由、非無疑心、忽然相傳爭不憚後聞乎、然者不能納受云々、生一持歸之云々、若宮別當殊被感申云々、

八二　建久二年（一一九一）十月十五日、東大寺尊勝院の鐘を造るため、幢頭を下司倉より借用せんことを請う

〔東大寺文書〕

（端書）「下司藏納幢頭尊勝院請文」

尊勝院

請預　寺家幢頭銅壹口事

斤量　其重錢拾玖貫陸伯ニ懸

右當院家鐘、治承四年燒失之後、纔雖造堂舎、未鑄鐘、非啻不聞晨昏之響、毎

講會之度、諸衆無不含恨、仍欲相儲之間、銅猶不足、而件幢頭徒納下司倉、年序久積、其要如無、今月十三日、院家觸申大湯屋衆云、當院鐘元爲總寺沙汰懸之、今度又非可被思放、然者先借預件幢頭、向後若寺家銅罷入之時、院家欲返納者、爰諸家承諾、早可借與之由、僉議已畢、是則雖爲別院之鐘、已不異總寺之故也云々、仍爲後日沙汰、献請文之状如件、

建久二年十月十五日　院勾當大法師（花押）

大法師（花押）

八三　建久二年（一一九一）閏十二月九日、院廳御下文により、鎌倉幕府、佐々木高綱を奉行として、東大寺の柱材四十八本を明年中に運送することを、畿内や西海の地頭等に仰付く

〔吾妻鏡 巻第十一〕

（建久二年閏十二月） 五日己酉、高三位書狀参着、所送進院廳御下文也、是相催地頭之輩、可令引東大寺柱之由也、

九日癸丑、東大寺柱四十八本、明年中可引進之由、被仰畿内西海地頭等、佐々

木四郎左衛門尉高綱可爲奉行云々、

〔㈣〕 建久二年（一一九一）頃、重源、半作の大佛殿に觀經曼荼羅と淨土五祖像を懸け、源空を請じて講説せしむ

〔法然上人傳記 巻第二、下 淨土曼陀羅事〕

俊乗房、觀經の曼荼羅並に淨土の五祖の影を大唐よりわたし奉りて、建久二年の比、大佛殿にして、上人を唱導にて讃談の時、南都の三論法相の碩學等、數を盡して集ける、二百餘人の人數、各したに腹巻を著して、高座の際になみ居て、自宗等をとひかけて、こたえんに紕繆あらば、恥辱あたふべきよしを僉議して、用意をなす所に、上人三論法相の深義をとゞこほりなくのべ給ひての ち、末代の凡夫出離の要法、口稱念佛にしくはなし、念佛をそしらん輩は、地獄に墮すべきよしを解説し給ひければ、二百餘人の大衆より初めて、隨喜渇仰きはまりなし、

〔法然上人傳繪詞 巻第五〕

春乗房唐より觀經の曼荼羅ならひに淨土の五祖の影をわたして、東大寺の半作

○法然上人傳繪詞―琳阿撰

の軒のしたにて供養あるへしと風聞しければ、南都の三論法相の學侶數をつくしてあつまりけるに、二百餘人の大衆をの〳〵はたに腹巻をき、高座のわきになみゐて、自宗等をとひかけて、こたえんに紕繆あらは耻辱にあつへきよし僉議して相待たてまつるところに、上人すみそめの衣に、高野ひかさうちきて、いとこともなけなる體にて、かさうちぬきて、禮盤にのほりて、やかて説法はしまりぬ、三論法相の深義をとゝこほりなくのへて、凡夫出離の法、口稱念佛にしくはなし、念佛そしらむ輩は、地獄に墮在すへきよし講説し給ひけれは、二百餘人の大衆よりはしめて、覆面をしのけて、随喜渇仰きはまりなし、

会　建久三年（一一九二）正月十九日、重源、東大寺の柱材を周防國から運送するについて、大内弘成の妨害をうけしことを、幕府に訴う

〔吾妻鏡 巻第十二〕

（建久三年正月）十九日壬辰、重源上人使者參訴云、於周防國引東大寺柱之間、大内介弘成聊所成違亂也、可被糺行歟者、有沙汰、被仰使者云、偏非關東所勘之輩、早可被奏聞云々、

八六 建久三年（一一九二）三月十三日、後白河法皇の崩去により、東大寺に於て華嚴會式を修す

〔東大寺續要錄 諸會篇〕

建久三年花嚴會式

三月十三日寅刻、法皇崩御、依爲寺家之歎、雖未被下諒闇宣旨、以最略式被行了、

先巳時、令槌集會鐘、

諸色集會于北中門假屋、

次引列、

神分亂聲、被止之了、

先勅樂仕丁、舞人、樂人等、

次色衆、次中樂仕丁、樂人、

依無樂門亂聲、勅樂人直着左右樂屋畢、中樂同着樂屋畢、

前囀、後囀、參堂儀式 如常、

三禮之時、磬一打、諸僧惣禮、

次華供、
幷左右各一人持香呂、以下幷天人
捧華、蓮華小籠相交供之、在樂（中樂役、）
次磬一打、
次小供、
幷天人捧佛供、
在音聲、左右勅樂、
次磬一打、　次唄師進、
次定者進、　次分經頭相副、
次散華師進、　次磬一打、
次大行者（次第如常、）
諸色複座、
次磬一打、　次發樂（左勅、）
次梵音供養（在下樂、）　次磬一打、
次發樂（左勅、）　次錫杖供養（在下樂、）

次磬一打、　次献手水等、

次分經 作法如例、　次各退出畢、

依無樂門之亂聲、今年不施大鼓也、但南中門大鼓一面帳之畢、

當年式、以安元之例、被行之畢、其後度々有諒闇儀、又以建久式被行畢、例

式内被略事等、

神分亂聲、　集會亂聲 北中門西方、

樂門亂聲、　梵音舞、

錫杖舞、　建舞、

入調等也、

〔東大寺要錄 巻第四、諸會章第五〕

(三月)十四日　花嚴會 在別式文、

色衆百八十人 前轉一人、後轉一人、引頭二人、定者四人、唄二人、散花二人、分經頭二人、衲四十人、甲四十人、梵音四十人、錫杖四十一人、

延喜式云、凡東大寺三月十四日花嚴會、

八七　建久三年(一一九二)八月廿五日、播磨國大部庄に改めて東大寺領としての牓

示を立つ

〔浄土寺文書〕

左辨官　下播磨國

應任久安三年宣旨舊跡改立東大寺領當國管賀東郡内大部庄朽損四至榜示事

四至　東限大墓　西限賀古川

南限河内村　北限南條

右□

建久三年八月廿五日　　大史小槻宿禰 在判

右少辨藤原朝臣 在判

（裏書）「東大寺兩堂 栄實（花押）行賀（花押）」

〔東大寺要録 巻第二（東大寺重文本）〕

播磨國大部庄者、往古寺領也、然而廢到年尚、而南無阿彌陀佛申後白河院、宛賜和卿、即成下宣旨、被差遣官使、改打四至牓示、已後專爲一圓之地、更無相交之方、和卿同以寄附大佛御領、一向爲南無阿彌陀佛進止、遂申下官符、宛募諸供断了、後官符事載供僧篇之初、可見之、

○淨土寺―兵庫縣小野市淨谷

〔重源讓狀〕
播磨大部庄者、往古寺領也、然而廢到年尚、而南無阿彌陀佛申後白河院、充賜和卿、即成下宣旨、被差遣官使、改打四至牓示、

八八 建久三年（一一九二）九月廿七日、重源、播磨淨土寺を建つ

〔淨土寺文書〕
下 東大寺領播磨國大部御庄 造東大寺大勸進
可早寄附鹿野原荒野南無阿彌陀佛別所、即爲寺沙汰致開發、以其地利宛用淨土堂并藥師堂佛聖燈油及不斷念佛衆相節等事、
右當庄内有數宇之舊寺、併以破壞、雖須加皆悉修理、本寺造營未終功之間、餘營無隙、乍見之亦不致修復者、恐罪報難遁者歟、因茲卜當庄東北字鹿野原片端、取集朽殘堂具、構立佛閣一宇、安置數躰佛像、其別所號南無阿彌陀佛寺、其堂藥師、又新加立淨土堂一宇、奉安置皆金色阿彌陀佛丈六三尊立像、即相語三十口淨侶、勤行不斷高聲念佛、所奉祈聖朝安穩御願圓滿自他法界滅罪生善之由也、仍爲宛用其佛聖燈油并念佛衆衣食等、割分鹿野原一所、永寄附堂領、件所

徃年已來爲常々荒野、無寄作之人、徒爲猪鹿栖、失地味、而今寄附彼用途料、始所致開發也、然者所當年貢不及欠減者、寺用相勤、豈有闕如乎、故停止官物已下萬雜公事、雖經永代、不可庄役落當爲一圓堂領矣、但後代若有不當院主住僧等、以此處或寄附權門領、或付他門末寺者、庄民訴申本寺、可停止件牢籠、若又爲庄家被顚倒寺領、令混庄役、院主以下住僧等言上子細於本寺、可停止其濫妨也、凡寺家者、致庄家之祈禱、庄家者、爲寺家依怙、各致和順之思、偏可存氏寺之由、抑當庄者、終以可爲東南院進止、而若自院家被致其妨、佛聖燈油念佛衆相勤等令違亂者、奏達子細於公家、可令落居之也、愚身忝奉朝家無雙之大厦、奉致隨分之忠勤、縱雖不爲在生訴訟、爭不預勅許乎、兼又號本寺下知、稱權門沙汰、横以無惡不造濫行、不善之輩努々不可令執行寺務、只以住僧之中淨行兼濟之類、讓其職、敢莫諍論師資相承戒﨟年﨟矣、抑若向後院主住僧、若庄務奉行輩中、違背此狀類出來者、是則佛道魔緣、寺家怨敵也、兩堂三寶守護善神令與冥顯之罰、現世受白癩黑癩身、後生墮無間地獄底、無出期者、庄官百姓并住僧等、宜承知勿違失、仍所仰如件

建久三年九月廿七日

大和尚南無阿彌陀佛（花押）

〔重源讓狀〕

播磨大部庄内別所

淨土堂一宇方三間、瓦葺、

安置立像皆金色阿彌陀佛三尊丈六像

佛舎利　鐘

藥師堂一宇　同

安置舊佛八百餘躰

播磨大部庄者、往古寺領也、然而廢到年尙、而南無阿彌陀佛申後白河院、充賜和卿、即成下宣旨、被差遣官使、改打四至牓示、（建久三年八月廿五日）已後專爲一圓地、更無相交之方、和卿同以寄付大佛御領、一向爲南無阿彌陀佛進止、仍以年來同行如阿彌陀佛與觀阿彌陀佛兩人所令補預所職也、抑此庄東北角有隨分之勝地、卜其處新建立別所號南無阿彌陀佛別所、構立方三間瓦葺堂一宇、號淨土堂、奉安置皆金色阿彌陀丈六立像、修佛三昧、又立同堂一宇、號藥師堂、奉集居庄内破堂之佛并像八百餘躰、仍庄東端字鹿野原者、爲別所敷地之内、永以奉廻向淨土堂阿彌陀佛、勵住僧之力、致開發之沙汰、以其地利可充佛聖燈油念佛者用途之由、（建久三年九月廿七日）所加下知也、更以不可被懸庄家本寺之役、且爲常々荒野無當時之時々依怙地也、

〔淨土寺開祖傳〕

第二世觀阿彌陀佛、姓大江氏、洛陽人、卽源公之甥也、（中略）養和元年、源師奉造東大寺之勅宣、助師幹事、勸誘諸州、建久三年、由師命居住當所、盡心於修復、以故當寺是專觀師之信力也、凡觀師日課之所修、彌陀稱名三萬遍、三時禮懺變年不怠、道俗所逢之者誘導給焉、

〔南无阿彌陀佛作善集〕

播广別所

淨土堂一宇 奉安皆金色阿彌陀丈六立像一〻并觀音勢至

一間四面藥師堂一宇 奉安堅丈六一〻

湯屋一宇 在常湯一口

鐘一口 始置迎講之後二年 始自正治二年

彌陀來迎立像一躰 鐘一口

播广并伊賀丈六、奉爲本樣畫像阿彌陀三尊一鋪 唐筆、

〔極樂山淨土寺緣起　播磨淨土寺藏〕

夫至人之應世也、不可測焉、駕願運物、其途不一曷翅内心耶、見利建功忘身救世、像刹之設由來遠矣、萬善自是布列、所以檀興居諸度之初也、當寺者造東大寺俊乘房重源和尚之啓迪也、治承四年冬大佛殿罹冠火之變、朝廷令源師令幹事、昔聖武帝始此基址時、行基法師與幹事既有先烈(例)、仍給當大部庄充其用途料、時源師巡見當庄、有廢圯之佛宇數多、不忍見之、然尚未果本寺之營造、故無奈何於是乎、命弟子僧觀阿彌陀佛、合廢替寺爲一寺、謀永世□修補、卽相攸于此地、其爲境也、東則横嶺曉霏開日早登、南則松林森蔚風外眺望無涯、西則沃埜疆場綺分、北則邑屋殷賑林泉渙矣、境既無渉嶮之難、尙有化俗之便、尤堪精舍之佳致、遂就而企營構焉、建久四年孟夏、立高堂一宇九間四面瓦葺、奉安坐像藥師如來(長四尺)、此像本廣渡寺之本尊也、靈應如影響、新造日光月光十二神將、奉移彼廢圯九箇寺古像七百餘軀、同五年又建九間四面一堂、奉安置金色阿彌陀如來立像(長一丈六尺)、觀音勢至(各長八尺)、大佛工丹波法眼湛慶(快カ)作焉、建久八年八月廿三日、請笠置解脫上人爲落慶導師、仍號極樂山淨土寺、掛小野道風筆之額、此額本東大寺淨土堂之額也、於此堂定三十口淨侶、始常行念佛、以擬聖朝安穩自佗滅罪生福之勝計、凡佛法修行有種々助業中、以衣食具足爲急要、無此遻緣、則不安穩於道有妨、是以源師謀此寺事、割分此庄内鹿野原一所、充佛餉燈油社中之供費、此所本榛莽相塞絶人迹焉、爲狐兎之栖、此般開拓之奏天陛、永賜以爲寺領者也、仍除公役庄役、停止濫妨等之狀蒙宣下、源師自記以貽其徒記、于今存焉、又立經藏一宇、安佛舍利六粒（納五輪銅塔）、及納諸大乘經論、鐘樓架長三尺七寸銅鐘、建久四年六月、於東大寺鑄之、送當寺、前有食堂、傍搆浴室、燒一千日不斷湯、釜則受十石、

（中略）

貞享丁卯年夏雉中浣埜峯雲石堂宋本書

八九 建久三年（一一九二）十一月廿四日、九條兼實、東大寺別當勝賢に、住吉神人殺害事件については、重源に相談すべき由を申す

〔玉葉 巻第六十三〕

（建久三年十一月）廿四日（癸巳）晴、法印下洛被來、即今日自山直所來也云々、及晚、勝賢僧正來、依招引也、大佛上人有申事、住吉神人被殺害之間事也、件事可請

上人之由、早以仰聞了、

九〇 建久三年（一一九二）十二月廿九日、源頼朝、重ねて令して、周防國における
東大寺造營用の材木を催進せしむ

〔吾妻鏡 巻第十二〕
（建久三年十二月）廿九日丁卯、東大寺修造間事、重被仰下之趣、前左衞門尉定綱
所言上也、早可催促周防國材木之由、被仰遣云々、

九一 建久四年（一一九三）正月十四日、高雄の文覺、東大寺造營の困難なることを
聞き、彼の預れる故後白河法皇領の備前國を、その造營料に宛てんことを申
請す

〔吾妻鏡 巻第十三〕
（建久四年正月）十四日壬午、高雄文學（覺）上人傳申云、東大寺造營頗難終功之由、舜
乘房愁訴申之、舊院御時、雖被寄料米二萬石、國司只貪利潤、敢不致沙汰、於
今者、關東不令執申給者、難成歟云々、仍被預舊院御分國内備前國於文學房、以

其所濟、可給彼寺之營作之由、可早被申京都、亦保元以後顚倒新庄建立畢、於土御門殿可被奏達之趣、有沙汰云々、

九二　建久四年（一一九三）二月廿六日、九條兼實も、兼てから東大寺柱材の運送を沙汰せし由を、造東大寺長官定長の許に申遣す

〔玉葉 巻第六十四〕

（建久四年二月）廿五日壬戌早旦、東大寺柱事、背不可申所之由、仰定長、余一向可沙汰之由、相存之後也、

廿六日癸亥、東大寺柱、余一向可沙汰之由、仰遣定長許、

九三　建久四年（一一九三）三月二日、鎌倉幕府、東大寺造營料米について、精誠を致すべきことを、周防國の地頭に命ず

〔吾妻鏡 巻第十三〕

（建久四年三月）二日己巳、東大寺造營料米事、殊可致精誠沙汰之旨、被仰周防國地頭云々、

九四　建久四年（一一九三）三月十四日、東大寺造営のために、播磨國を文覺に奉行せしむ

〔吾妻鏡　巻第十三〕

（建久四年三月）十四日辛巳、東大寺修造事、文學上人知行播磨國、可令奉行之由、將軍家計申給云々、是則其功未訖之故也、

〔高野春秋編年輯録　巻第七〕

（建久四年癸丑）三月　日、爲大佛殿造立用途、自武將、以播州被委附文覺重源兩上人、案、依爲住山之縁由、蓋令告知其大業也、

九五　建久四年（一一九三）四月十日、九條兼實、重源及び定長を召して、東大寺造營料として備前國を付すことを申す

〔玉葉　巻第六十四〕

（建久四年四月）七日癸卯、（中略）申刻、宗頼朝臣持來頼朝卿返札、播磨備前兩國猶可被付東大興福兩寺之由也、召寄上人等、可仰含云々、仍東大寺上人早可召之由、仰宗頼了、宗長卿自熊野還向云々、仍同可參、又勝賢僧正同可參之由、下知了、

九日乙巳、（中略）今日東札到來、播磨備前國等可付上人之由、先日令申、而今日狀にハ可改任國司播州泰經、備州能保、但兩寺造了すにハ、各不可灾國務、上人可沙汰云々、大旨雖同、聊相違、是非迷惑了、然而就今度申狀、可致沙汰歟、被任國司、猶國司行吏務ハ、所出可注造寺之用途歟、然間左右只不能自專耳、

十日丙午陰、朝間少雨、此日召東大寺大佛上人春乘房重源、今ハ號南無阿彌陀佛也、并彼寺長官左大辨定長等、備前國可被付東大寺之由仰之、但件國司給能保卿、遂可知行人也、仍可申任國司云々、然而大佛殿造營之間、能保卿一切不可口入、上人一向可沙汰云々、上人申云、トあひさたハ凡不可叶事候、一向被仰付、蓋成不日之功哉云々、重仰云、自元如被仰、只名代國司也、依可被改任國司、遣先使事ハかりハ、定納言致沙汰歟、於自餘國務者、一切不可知、上人一向可被沙汰也者、上人申云、然其試可相勵大厦之功歟、不可煩庄園并濟物、皆可被免之由、於永宣旨公物者、可濟之由也、各一承諾、退出了、其後、余以使者此次第仰遣能保之許之處、答云、上人申云每事萬石ヲ能保可沙汰給、其外事不可知云々、而今仰相違如何、卽上人之欲退出ヲ召留テ、尋問候之處、於殿下テハ可成濟物之由、依有召、辭申國務之由、所申候也云々、次第勿論上人虛言歟、能保卿之妄言歟、只

依頼朝申狀致沙汰許也、其上事不可知之由答了、不足言々々々、
十六日壬子、（中略）此日東大寺上人參入、申備前國事、國司遣前使ハ不可國務歟、又申云、能保卿自可國務之由被稱、仍合沙汰不可叶候也云々、以此等旨、仰合能保卿、以宗頼朝臣仰也、一切不可沙汰之由申之、仍仰此之旨於前使事歟、强不可申之由仰也、仍上人承伏、申可給證文之由、仰合能保卿、仰宗頼、遣御教書於長官定長卿之許了、其旨仰上人了、今日依神事、上人在門外也、

〔愚管抄 巻第六〕

ソノ始ニ播磨國、備前國ハ院分ニテアリシヲ、上人二人ニタビテ、成モヤリ候ハズ、東大寺イソギ造營候ベシ、東寺ハ弘法大師ノ御建立、鎭護國家無左右候、寺モナキガ如クニ成リ候ヲツクラレ候ベシ、其ニ過ギタル御追善ヤハ候ベキトテ、東寺ノ文學房、東大寺ノ俊乘坊トニ、播磨ハ文學、備前ハ俊乘ニ給ハセテケリ、東大寺ニハモトヨリ周防國ハツキテアリケレバト、事モナリヤラズトテ加ヘ給ハル、也、

〔東大寺造立供養記〕

建久四年五月、以備前國被寄於造寺、

九六　建久四年（一一九三）四月、播磨浄土寺の薬師堂を建立すという

〔極樂山淨土寺緣起　播磨淨土寺藏〕

建久四年孟夏、立高堂一宇、九間四面瓦葺、奉安坐像藥師如來長四尺、此像本廣渡寺之本尊也、靈應如影響、新造日光月光十二神將、奉移彼廢圯九箇寺古像七百餘軀、

九七　建久四年（一一九三）五月八日、源頼朝に、なお一層、東大寺の造營に協力すべき旨の宣旨を給う

〔拾遺宣下鈔　廣橋家記錄〕

一東大寺知識事

建久四年五月八日　宣旨

東大寺者、是聖武皇帝建立也、天平年中草創甫就、久送四百餘廻之寒燠、治承年中灰滅以降、亦經十有四年之春秋、佛像再雖瑩滿月之尊、堂舍未得終成風之役　因茲爲勸進春乘上人沙汰、於周防國所採之材木、未運送之大小物是多、然間、夫功之役米遍於海内、工匠之材木徒於山中、仍仰征夷大將軍源朝

臣、不限山陰山陽兩道、遙及南海西海之諸國、云公領云庄領、無國損無國民損、宜相勵知識之志、令催勤平均之役者、

九八 建久四年（一一九三）五月十日、重源、九條兼實の沙汰によって、東大寺の柱材三十餘本が近日到着することを喜ぶ

〔玉葉 巻第六十四〕

（建久四年五月）十日乙亥、定長卿参入（中略）又云、大柱卅餘本不日引着了、余沙汰也、上人殊悦申云々、余於直廬謁之、多談雜事、

九九 建久四年（一一九三）五月十七日、重源、九條兼實に謁して、東大寺柱材運送の人夫のことを語る

〔玉葉 巻第六十四〕

（建久四年五月）十七日壬午、（中略）定長卿召具東大寺上人來臨、先日諸國柱引人夫事有申旨、仍可書進消息之由仰之、件状所持來也、其状不甘心、仍仰子細了、

一〇〇　建久四年（一一九三）六月、伊賀國山田郡有丸の公田八十餘町が、在廳官人に押領せらるることを訴う

〔龍松院文書　筒井英俊氏藏〕

一押領山田郡公田八十餘町云由事

右相觸勸進上人召尋宋人和卿之處、陳申云、當郡内阿波廣瀬有丸三箇所、忝依天恩、和卿賜領之日、爲停廢地頭之沙汰、依院宣令進鎌倉殿御去文給、其上依可爲不輸恩給被成下院廳御下文、已後國司不加催徴之言、地頭无入進止之使一色不輸官物雜事、併知行來已經四箇年畢、而法皇崩御之後、在廳官人等忽致濫妨、擬奪領之條、其理可然哉、就中所給三箇所共以國領也、而阿波廣瀬可无其沙汰者、何限有丸此訴出來哉、又維義國務之時、弁濟官物於國庫之由訴申、頗不及例歟、彼者以鎌倉殿下知被知行地頭事許、爭不隨國衙之所堪、和卿者已依院宣領三箇所不輸、朝恩豈以可備例哉、抑和卿辭大宋之舊境、爲日本之浪人、敢无望其朝恩、強不歎彼顧私、偏隨勸進上人之教誘、忝營一朝无雙之大厦、然間不慮有朝恩、故禪定法皇御時、以件一郡三箇所宛給和卿相節粁、已來僮僕无□朝夕世途不及闕乏罷過之處、在廳官人等寄事於左右、擬致今案之妨、所詮只

仰聖斷許也、仍以披陳如件、以前條條就在廳官人等申狀粗披陳如件、凡當寺者、
三代相承而致造營、四聖同心而終大功、鎭護國家第一之伽藍、紹隆佛法无雙之
精舍、是以一天四海之興廢、偏依我寺盛衰者也、依之代代聖皇爲當寺檀主、或
施田薗而爲不輸之所領、或下勅宣止往古之國役、就中天下无雙大事无過今此補
佛造寺之營、依之一天知識十方檀那、同心合力之上、親被寄兩國、令支佛殿之
營在廳□□何至此□節恣遮妨往古寺領將失營造之資緣、尤可令垂御□迹也、
以解、

建久四年六月　日

都維那法師□

權寺主大法師慶寛

寺主大法師□

權上座大法師寛慶

上座法橋上人位玄嚴

一〇一　建久四年（一一九三）六月、播磨淨土寺の銅鐘を東大寺に於て鑄造すという

〔極樂山淨土寺緣起　播磨淨土寺藏〕

鐘樓架長三尺七寸銅鐘、建久四年六月、於東大寺鑄之、送當寺、

一〇三 建久四年（一一九三）六月、重源、備前国金山寺の修造に結縁す

〔金山寺文書 岡山金山寺藏〕

（袖書）「件寺別當職依請令付寺家了

以其斲田所當且備燈油佛性斲

且可令修造破壞狀如件（重源花押）」

備前国金山寺住僧等解申進申文事

請被殊任數任国判道理如元免除爲當山本堂并

笠寺修造　修理斲田参町子細愁之狀

副進　代代国判等案文

右謹撿案内、夫當山者、国中第一清淨深山也、云道場者、報恩大師建立也、言

本尊者、大悲千手也、是清水寺觀音同木異躰之尊也、則大師方便巧手自作之像

也、師資結構星霜共年舊、彼此同利生日新也者、草創建立由緒本願寄免子細

等、先々證文等其旨明白也、因茲御分之時、兩目代無違亂被免除畢、然於當御

任若被勘返者、嗚呼本堂于今半作也、造功難遂、愁嘆尤切也、就中當御任者、偏爲佛法興隆之政、誠利生之冥董應時將顯哉、望請任先例、且爲令法久住、件新田如元被免除者、速果遂造功宿願、將奉祈聖主天長地久御願於国史留守御願累御願矣、兼遠延大悲千手利生、遙致慈尊三會出世矣、仍錄在狀言上、以解、

建久四年六月　日　　金山寺住僧等上

僧實永（花押）

僧弁快（花押）

〔南无阿彌陀佛作善集〕

（備前國）国中諸寺奉修造几廿二所也、

一〇三　建久四年（一一九三）六月廿五日、文覺が管理せる東大寺造營料国を、私するとの風聞あるによつて、梶原朝景等に調査せしめしところ、その七月廿八日に文覺はその讒訴なる旨を陳上す

〔吾妻鏡　巻第十三〕

（建久四年六月）廿五日庚申、文学(覺)上人以東大寺造營料国領、或稱弟子、或號檀那、

分與俗人之之由、依有其聞、事實者已非興隆佛法之志、定招貧婪人用之訕歟、且上人預將車家御吹擧、令知行彼在所之處、及此義者、世上之嘲、關東可歸哉、殊被痛思食之旨、爲加諫諍、今日被遣梶原刑部丞朝景并安達新三郎清恒於京都云々、
(七月)廿八日壬辰、梶原刑部丞朝景自京都歸參、文学上人狀到着、以東大寺料所分與俗人由事、殊陳申云、當寺再興事、其心太甚深、而國民近日巧奸濫之間、依不拘惜於小僧成敗、以有親族寄之、爲兵士入部國領等、若此事爲讒訴之基歟、猶入此讒之族者、永斷今生願望、後生墮無間地獄、無浮期之趣載之、凡以惡口爲事、頗不叶將軍御意云々、

一〇四 建久四年(一一九三) 十月廿六日、九條兼實、東大寺の立柱に取綱結縁し、そのついでに、これまで重源が建立した堂舎や、過日五月五日に定長がその破損を撿知した羂索堂等を巡見す

〔玉葉 巻第六十四〕

(建久四年十月)廿六日、辰刻参東大寺、立柱二本、余已下取綱、爲結縁也、次見廻上人建立堂舎及羂索堂等、子刻出寺門、申刻到宇治、此夜甚雨、

（五月）十日乙亥、定長卿参入、去五日下向南都、撿知東大寺勅封倉并羂索院等、破雨露更不留云々、

一〇五 建久五年（一一九四）二月七日、造東大寺長官定長、九條兼實の許に東大寺供養雜事注文を持参す

〔玉葉 巻第六十五〕

（建久五年二月）七日己亥晴、（中略）左大辨定長持來東大寺供養雜事注文、余謁之、粗示子細了、又來十日召具勝賢僧正及上人等、可参之由仰之、

一〇六 建久五年（一一九四）二月十三日、重源、九條兼實に謁して、四天王寺の住吉社造宮課役を免ぜられんことを申すも、兼實の説明によつて納得す。またこの夜、造東大寺長官定長、東大寺供養の日次を、兼實に相談す

〔玉葉 巻第六十五〕

（建久五年二月）十三日乙巳晴、座主被來、東大寺上人來、中天王寺領住吉社造宮役可被免之由、卽相具彼寺執行僧辨俊所來也、余條々仰子細、上人伏理、辨俊又

向關東、祈朝議非常法呪、以此次余加勘責、無披陳方、須處其科也、然而上人相具來臨、平依申請免給也、及晩左大辨定長、右中辨棟範并陰陽師三人宣憲、季弘、在宣、參入、爲沙汰東大寺供養日次事也、注申十月廿五日壬午狼藉日、此外無日次、十一日乙酉雖爲草創、供養支干當大禍、又下吉也、前日行幸又惡日也、仍注申廿五日之由云々、其後人々退出、

一〇七 建久五年（一一九四）三月十二日、重源の沙汰により、佛師院尊、弟子六人及び小佛師六十人を率いて、東大寺大佛の光背を造り始む

〔東大寺續要錄 造佛篇〕

一御光一基 三月十二日始之、

今度、寺家并上人可爲順光之由、令注進之、

材木 上人沙汰、

漆 奉加之上、可被召諸國土産云々、然而不被召之歟、

砂金 前右大將奉加之、百卅兩建久五年四月廿七日進上、今者、不可有不定之由、上人所申也、

單功食料 備前國

光中化佛十六躰　半丈六
一躰別十六人已勸付之
昔御光飛天化佛五百餘尊云々、今大佛師院尊相計、付十六躰畢、
御光佛師六十七人
大佛師法印院尊
弟子六人
法眼院實　法橋覺朝
法橋院圓　法橋院範
法橋院俊　法橋院康
小佛師六十人

一〇八　建久五年（一一九四）三月廿日、東大寺勅封倉の修造成り、この機會に重源に佛事用として錫杖十支を賜る

〔玉葉　巻第六十四〕
（建久四年五月）十日乙亥、定長卿參入、去五日下向南都、撿知東大寺勅封倉并羂索院

等、破雨露更不留云々、

〔東大寺續要錄 寳藏篇〕

開撿勅封倉事

建久四年八月廿五日己未天霽風靜、今日被開東大寺勅封藏、令移納寳物於綱封藏事、勅封藏爲被加修理也、前日勅使等參向、各宿寺中、辰尅以前可令皆參之由、令官掌被催促、即申事相具、是爲寺家之沙汰、當北藏立三間幄一宇卯酉立之、長官別當座高麗端、辨座紫端、大監物吏座黃端、史生官掌座在幄之西北、綱所座在同西南、次各著座、

長官　左大辨宰相藤原朝臣

　著衣冠、前駈二人

勅使辨　左少辨藤原朝臣

　著束帶、辨侍相從

大監物　安部泰忠束帶

史　右少史惟宗重光束帶

已上西上南向著之、

次別當前權僧正勝賢
著香染衣、長官與對座、從僧四人、
史生 左史生紀良重　束帶
官掌 左官掌紀賴兼 同
已上東上南面、
次三綱二人
著座
已上東上北面、史生等與對座
造寺判官以下、不及著座、徘徊幄北邊、
次官掌起座、召鎰、依時令開封藏、（賴兼取本封、進覽辨）、祝師捧幣帛、向辰巳方申祝了、（衣冠）、
藏戸開畢、勅使辨以下率入藏中、（亘假階）、大略巡撿之後、各退下、復本座、官掌
召上寺家職掌人等、（五六人許冠褐寺家小綱等相加之）、令運出納物於幄前、次第令撿知之、移納綱藏、
重光起座、到納物傍、執目錄、依辨命也、
史生官掌等行事、此間造東大寺大勧進上人重源（春乘）出來見物、衆徒群集、韓櫃
數十合納物堆多之間、或有不知名字之物、或有一色繁多之物等、皆悉令運下者、

持夫脛贏時尅推移之間、依難遂一日之覆勘、差遣史生良重於堂上、令取別目錄、直移綱藏了、但至于寶物者、猶撰進所令覽也、次中藏開撿事同前、（大監物鎰等到堂上、開之、）以兩藏之納物令宿置一所了、次官掌給辨封、令付綱藏、次勅封藏鎰并鑠等、依時請取之、可参洛之由被仰、此後退出、酉尅事畢、寶物目錄在（別）判矣、

勅封藏開撿目錄（略）

建久四年八月廿五日

勅封藏寶物事

建久五年三月廿日、被返納了、藏修理以後也、勅使右少辨藤原朝臣資實、大少史惟宗重光、大史生紀良重、同賴兼、大監物小槻宿禰有賴、鎰藤井依時、造寺長官左大辨宰相定長、判官中原朝臣基房、別當前權僧正勝賢、寺家所司二人、綱所威從二人、（勅封藏納物爲處也、）

今度、錫杖十支、重源上人依申請被取出之、寺家佛事之時、爲被用者、左少辨□彼子細注置藏了、

一〇九　建久五年（一一九四）三月廿二日、源頼朝、東大寺大佛光背に用うる砂金の中、二百兩を先ず送り、次いで五月十日に、殘りの百三十兩を送り届く

〔吾妻鏡　巻第十四〕

（建久五年三月）廿二日癸未、被奉砂金於京都、是東大寺大佛御光料也、被下佛師院尊支度、可被進二百兩旨、有御教書云々、

（五月）十日庚午、被進砂金百三十兩於京都、且可傳献由、仰遣一條前中納言能保卿之許云々、是東大寺大佛御光料、去春之比被進之殘也、三百兩可入之由云々、

一一〇　建久五年（一一九四）五月廿九日、鎌倉幕府、諸國の守護に令して、東大寺供養の用途を勸進せしむ

〔吾妻鏡　巻第十四〕

（建久五年五月）廿九日己丑、東大寺供養之間雜事摠目錄、爲民部卿經房奉被送進之、御布施并僧供料米等事、且勸進家人等、可令沙汰進給之由、所被仰下也、寂初建立以來、以奉加成大功訖、今尤可奉助成之由云々、依之爲因幡前司廣元、大夫屬入道善信于奉行、被下御書於諸國守護人、可致勸進國中之由云々、

一二　建久五年（一一九四）六月廿八日、源頼朝、その御家人をして東大寺造營を助成せしめ、殊に大佛の脇侍菩薩像、四天王像、戒壇院等の工事の遅延せるを催促す

〔吾妻鏡　巻第十四〕

（建久五年六月）廿八日丁巳、造東大寺間事、將軍家旁令助成給、材木事仰左衞門尉高綱、於周防國殊有採用、又二菩薩四天王像等宛御家人、可致造立云々、所謂、觀音宇都宮左衞門尉朝綱法師、虛空藏穀倉院別當親能、增長畠山次郎重忠、持國武田太郎信義、多聞小笠原次郎長淸、廣目梶原平三景時、又戒壇院營作、同被仰付小山左衞門尉朝政、千葉介常胤以下訖、而其功頗遲引之間、今日所被催促也、但各偏存結緣之儀、可成功之由、御下知先訖、只以隨公事之思、綷若及懈緩者、可辭申之旨、嚴密被觸仰云々、

一三　建久五年（一一九四）九月二日、鎌倉幕府、諸國に勸進した東大寺供養の用途の中、御布施を京都まで送り届く

〔吾妻鏡　巻第十四〕

（建久五年九月）二日己丑、東大寺供養御布施用途、被進京都、仲業、行政等爲奉行、下送文於御使雜色時澤清常云々、

一一三　建久五年（一一九四）十月十二日、播磨淨土堂の鉦鼓を造る

〔播磨淨土寺鉦鼓銘〕

東大寺末寺播磨淨土堂

建久五年十月十二日

一一四　建久五年（一一九四）十月十五日、重源、播磨淨土堂に佛舍利三粒を安置す

〔淨土寺文書〕

阿唅經云

不得舍利若圖若沙供

養之人功德正等〆

佛舍利三粒奉安置東大寺

末寺播磨國大部庄淨土

堂矣

建久五年十月十五日

造東大寺勧進南無阿彌陀佛（在判）

一一五 建久五年（一一九四）十二月廿六日、佛師快慶及び定覺、小佛師廿七人、繪佛師卅一人、塗師卅二人を率いて、東大寺中門の多聞持國二天像を造り始む

〔東大寺續要錄 造佛篇〕

建久五年十二月廿六日、南中門二天造始之、

東方　多聞天

西方　持國天

二躰共木像、往古二丈也、今度增三尺、仍二丈三尺也、

東方天

大佛師　快慶

小佛師十四人

良公　慶實　慶仁　仁慶

〻〻　良清　命猷　良快
行智　猷玄　慶淸　快尊
定秀　慶覺
西方天
大佛師　定覺
小佛師十三人
雲慶　行賢　尊珍　聖慶
慶範　良尊　盛長　尋慶
行俊
東方天　繪佛師廿九人
大佛師有尊
小佛師十五人
有尊　西觀　淨尊　西賢
良尊　淨〻　覺尊　覺禪
圓雲　〻廣　有慶　良禪

有心　來西　有賢

西方天

大佛師定順

小佛師十三人

實祐　忠尊　定圓　良眞

良慶　良賢　明經　祐慶

緣覺　勝圓　淨圓　佛念

定勝

寺家繪佛師十二人

大佛師勢順

小佛師十一人

慶仁　善長　慶深　信智

善與　幸玄　敎順　幸俊

經玄　定慶　慶圓

塗師卅二人内

東方天
大工宗包　　小工十一人
西方天
大工〻〻　　小工九人
〔南无阿彌陀佛作善集　東大寺ノ條〕
（奉造立）中門二天

二六　建久五年（一一九四）、東大寺華嚴會料として、舞装束、樂器等を施入す
〔東大寺要錄　巻第五、別當章第七 第八十七代前權僧正勝賢〕
（建久）同五年、舞装束五十具、但蠻繪、樂器等新調之、施入荘（華）嚴會了、

二七　建久六年（一一九五）正月五日、東大寺中門を建て始め、その十七日に上棟す
〔東大寺造立供養記〕
建久六年正月五日、建中門也、同年造二天像、東多聞天大佛師快慶、西持國天大佛師定覺、

〔玉葉 巻第六十六〕
（建久六年正月）十日丙申、（中略）定長卿申云、東大寺中門棟上日、可急注給之由上人申、問日次之處、十七日宣云々、其定可下知云々、又云、修正於大佛殿所行也云々、

二八 建久六年（一一九五）二月十四日、源頼朝、東大寺供養に参列するために鎌倉を出立し、三月四日京都に着き、十日南都に到る。そしてその翌十一日に、馬千疋を東大寺に施入す

〔吾妻鏡 巻第十四、第十五〕
（建久五年七月）三日壬戌、民部卿經房卿有被申之旨、東大寺供養日事、可爲明春正月之由、已雖有其定、遠國之輩、爲結緣令上洛者、時節若可有煩歟者、依此事、將軍家可有御上洛、供奉人尤可歎申之比也、然者聊被延引之條、可叶結緣民庶望歟之旨、可被申之由云々、
（建久六年正月）十五日辛丑、法橋昌寛爲使節上洛、是將車家爲南都東大寺供養御結緣、依可有御京上、六波羅御亭可加修理之故也、

（二月）十四日庚午、巳尅、將軍家自鎌倉御上洛、御臺所并男女御息等同以進發給、是南都東大寺供養之間、依可有御結縁也、畠山二郎重忠候前陣云々、

（三月）四日己丑、天晴、將軍家出江州鏡驛、前羈路鞍馬給、爰台嶺衆徒等、降于勢多橋邊、奉見之、頗可謂橋前途歟、將軍家安御駕橋東、可有禮否思食煩頃之、召小鹿嶋橋次公業、遣衆徒中、被仰子細矣、公業跪衆徒前、申云、鎌倉將軍爲東大寺供養結縁上洛之處、各群集依何事哉、尤恐思給侍、但武將之法、於如此所、無下馬之禮、仍乍乘可罷通、敢莫被咎之者、不聞食返答之以前、令打過給、至衆徒前、取直弓、聊氣色、于時各平伏云々、公業自幼少經廻京洛、於事依存故實、今應此使節之處、誠言語巧而鸚鵡之觜驚耳、進退正而龍虎之勢遮眼、衆徒感嘆、萬人稱美云々、秉燭之程、入御六波羅亭、見物車殆不得旋云々、

十日乙未、將軍家爲令逢東大寺供養給、著御于南都東南院、自石淸水直令下向給云々、供奉人行列、（下略）

十一日丙申、將軍家令施入馬千疋於東大寺給、義盛、景時、成尋、昌寬等奉行之、凡御奉加、八木一萬石、黃金一千兩、上絹一千疋云々、

一一九　建久六年（一一九五）三月十二日、東大寺供養。後鳥羽天皇、七條院殖子、将軍源頼朝等これに臨む。この日、宣旨により、重源に大和尚の號を授く

〔百錬抄　巻第十〕

（建久六年二月）廿九日乙酉、行幸大内、巳時行幸神祇官、被立伊勢公卿勅使、權大納言左近大將良經卿、被祈申東大寺供養事也、

（三月）十日乙未、東大寺供養習禮也、丑時行幸東大寺、右大將頼實卿已下供奉、十二日丁酉、東大寺供養也、導師權僧正覺憲、呪願前權僧正勝賢、關白并左大臣已下列惣禮、未時大雨降、雖爲法會之最中、天地和合之徵也、行事官以下有賞、

〔玉葉　巻第六十六〕

（建久六年正月）十日丙申、（中略）此日、親經朝臣申東大寺供養御祈事、條々雖別紙下給畢、

廿一日丁未、（中略）親經又申東大寺之間事、齊衡例發遣宇佐使之由、良業勘申云々、余仰可仰合左大臣之由、須任彼例、尤被發遣也、而彼度未垂跡於男山、仍被立彼使、尤必然事也、今可被立石清水使、強不可及本宮哉、驛家雜事、連年之營、庄公定嗷々歟、殊仰宰府於本宮被修殊佛事、如何、但任彼例發遣猶正儀也、然

者路次雜事、可有別計略歟、此等旨可被仰合之由含畢、
廿五日辛亥天陰、午後雨降、宗頼朝臣來申條々事、親經、定經等（與行事辨也、）來、中東大寺供養之間事、長房申、同宮行啓之間事、

（二月）十二日戊辰、今日有殿上議定、是東大寺供養事、可被申伊勢太神宮哉否事也、儀定之趣縱横云々、

（三月）十日乙未丑刻、行幸南都美豆頓宮、如春日行幸、未刻、着御東大寺内頓宮、申刻、余已下行事公卿少々参大佛殿、令撿知莊嚴事、入夜歸來、雜人禁止之間事、仰頼朝卿畢、

十二日丁酉甘露相再、午上天晴、未刻以後雨下、此日東大寺供養也、卯一點、着束帶（紅下重、浮衣表袴、）参御所、人々参入、即駕鳳輦、幸大佛殿、以七條院別當權中納言親宗卿申事由、復命之後、寄御輿於西昇廊西面、（近將候劒璽、）下御之後、先御大床子御座、即渡御七條院御方、（經佛前、先御禮三度、無別御座、只於莚道下拜給也、）劒璽供奉、余候御裾、即還御、此間上卿左大臣奏願文清書、加御諱畢返給、此間召仰式部、彈正、辨、少納言等、着中門座、次余着御前座、以頭中將召公卿、次太相國已下着座、次亂聲、振桙（忠節）、次殿上人舁佛布施名香等、机立佛前、次和歌、次東舞、次迎衆僧、次迎導師呪

願、次總禮、余上首、帶劍於座解之、他人自本解之、又自前進也、禮了又帶之、次供花、次菩薩、蝶鳥、次第舞之、次唄、次堂童子着座、次分花筥、此間雨下、然而依雨早散花可進之由、再三加催促、然而一切不進、及數刻、然間雨脚尤密、仍有議、衆僧行道堂上、樂人在中門奏樂、又樂屋左在西、右在東、是東大寺例云々、事訖秉燭、還御頓宮、仰賞、上卿兼光卿、

〔吾妻鏡 巻第十五〕

（建久六年三月）九日甲午、七條院御下向南都、是依可有東大寺供養也、右馬頭信清朝臣年預、候後騎云々、今日、將軍家御参石清水并左女牛若宮等、（中略）

十日乙未、將軍家爲令逢東大寺供養給、著御于南都東南院、自石清水直令下向給云々、

十二日丁酉、朝雨霽、午以後雨頻降、又地震、今日東大寺供養也、雨師風伯之降臨、天衆地類之影向、其瑞掲焉、寅一點、和田左衞門尉義盛、梶原平三景時、催具數萬騎壯士、警護寺四面近塲、日出以後、將軍家御参堂、御乘車也、小山五郎宗政持御劍、佐々木中務丞經高著御甲、愛甲三郎季隆懸御調度、隆保、頼房等朝臣扈從連軒、伊賀守仲教、藏人大夫頼兼、宮内大輔重頼、相模守惟義、上總介義兼、伊豆守義範、豐後守季光等供奉、於隨兵者數萬騎雖有之、皆兼令

警固辻々并寺内門外等、其中、海野小太郎幸氏、藤澤二郎清親以下、撰殊射手、令座惣門左右脇云々、至御共隨兵者只廿八騎、相分候于前後陣、但義盛、景時等者、依爲侍所司、令下知警固事之後、自路次更騎馬、各爲宸前宸末之隨兵云々、

（中略）

見聞衆徒等群入門内之刻、對警固隨兵、有數々事、景時爲鎭之行向、聊現無禮、衆徒甚相叱之、亦發狼藉之詞、彌爲蜂起之基也、于時將軍家召朝光、々々起座、參進御前之時者、懸手於大床端、乍立奉可相鎭之將命、向衆徒之時者、跪其前敬崛、稱前右大將家使者、衆徒感其禮、先自止嗷々之儀、朝光傳嚴旨云、當寺爲平相國回祿、空殘礎石、悉爲灰燼、衆徒尤可悲歎事歟、源氏適爲大檀越、自造營之始、至供養之今、勵微功、成合力、剰斷魔障、爲遂佛事、凌數百里行程、詣大伽藍縁邊、衆徒豈不喜歡哉、無慙武士猶思結縁、嘉洪基之一遇、有智僧侶何好違亂、妨吾寺之再興哉、造意頗不當也、可承存歟者、衆徒忽耻先非、各及後悔、數千許輩一同靜謐、就中、使者勇士、容皃美好、口弁分明、匪啻達軍陣之武略、已得存靈場之禮節、何家唯人哉之由、同音感之、爲後欲聞姓名、可名謁之旨、頻盡詞、朝光不稱小山、號結城七郎訖、歸參云々、

次行幸、執柄以下卿相雲客多以供奉、未尅有供養之儀、導師興福寺別當僧正覺憲、呪願師當寺別當權僧正勝賢、凡仁和寺法親王以下、諸寺龍象衆會及一千口云々、誠是朝家武門之大營、見佛聞法之繁昌也、當伽藍者、安德天皇御宇治承四年庚子十二月廿八日、依平相國禪門惡行、佛像化灰、堂舍殘燼畢、爰法皇勅重源上人曰、訪本願往躅、唱高卑知識、課梓匠而令勤成風業、代檀主而可終不日之功之由者、上人奉命旨、去壽永二年己卯四月十九日、令大宋國陳和卿始奉鑄本佛御頭、至同五月廿五日、首尾卅余日、治鑄十四度、鎔範功成訖、文治元年乙卯八月廿八日、太上法皇手自御開眼、于時法皇攀登數重足代、膽仰十六丈形像給、供奉卿相以下、目眩足振而皆留半階云々、供養唱導當寺別當法務僧正定遍、呪願師興福寺別當權僧正信圓、講師同寺權別當大僧都覺憲、惣所嘱衲衣一千口也、其後尋往昔之例、詣太神宮、致造寺祈念之處、依風社神睠親得二顆寶珠、爲當寺重寶、在勅封藏、同二年丙午四月十日、始入周防國、抽採斵材、致柱礎搆、企土木功、載柱一本之車、駕牛百二十頭令牽之也、建久元年庚戌七月廿七日、大佛殿母屋柱二本始立之、同十月十九日上棟、有御幸云々、謂草創濫觴者、聖武天皇御宇天平十四年壬午十一月三日、依當寺建立之叡願、爲大厦經營之祈請、始發遣勅使於太神宮、左大臣諸兄公是也、同十七年乙酉八月廿三日、先搆敷地壇、同築佛後山、同十九年丁亥九月廿九日、奉鑄大佛、孝謙天皇御宇天平勝寶元年己丑十月廿四日、終其功、三ヶ年之間、八ヶ度奉鑄之、同十二月七日丁亥、被遂供養、天皇并太上皇聖武幸寺院、導師南天竺波羅門僧正、呪願師行基大僧正、天平勝寶四年壬辰三月十四日、始奉泥金於大佛、金、天平廿年始自奥州所献也、是爲吾朝砂金之始云々、

〔東大寺續要錄 供養篇、建久記〕

建久五年十二月十二日戊辰、左中辨親經朝臣參關白里亭、定申東大寺僧名間事、惣在廳公文、威儀師等參入云々、

廿一日丁丑、今日左大臣令奏東大寺供養式草給云々、

廿六日壬午、左大臣以下參着仗座、被定申伊勢太神宮宮司相論間事、以被定東大寺供養日時、僧名、撿校行事、參議藤原光雅卿、左大辨同定長等、書僧名定文等、召大外記良業仰曰、左近中將忠季朝臣、家經朝臣、遍宗朝臣、公房朝臣、宜爲東大寺供養左右樂行事者、

撿校行事

左大臣

大納言藤原實宗卿
權大納言藤原定能卿
權中納言藤原經房卿　同　兼光卿
参議藤原定長卿　同　公繼卿
左中辨藤原親經朝臣
右中辨藤原定經朝臣
左大夫(史)小槻(降職)際議
大外記淸原良業

同六年二月五日辛酉、權中納言参通卿者、着廳聽政、被請印東大寺供養殺生禁斷官符、

九日乙丑、關白、左大臣、右大臣以下参着殿上、被議定東大寺供養間條々事、可被立公卿勅使於伊勢否事、李宇事和束舞内舍人近衞裝束事、

十四日庚午、權大納言定能卿着仗座、令定申可行幸　東大寺日時并點地巡撿日時、

廿日丙子、權大納言定能卿参入、被發遣宇佐使被申東大寺供養事也、

廿三日己卯、左大臣参入、被定申東大寺供養御祈廿二社奉幣日時使等、（廿九日乙酉、）参議維長卿書定文、

廿六日壬午、有東大寺供養樂所始事、以閑流記録所爲其所、

廿九日乙酉、今日被發遣公卿勅使、未始行幸、神祇官左大臣給宣命於勅使、權大納言良經卿被發遣之、被申東大寺供養事、

三月六日辛卯、大納言實宗卿参陣、被改定東大寺供養御祈廿二社奉幣日時、以上卿以下相率参神祇官被發遣之、

七日壬辰、權中納言經房卿参入、被立東大寺供養御祈山陵使、先被定日時使等、参議雅長卿書定文、卽被立使畢、（山階、佐保、栖原、圓覺寺、後山階、法注寺、淸閑寺、）参議忠經卿着結政所、行東大寺供養度縁請印事、

八日癸巳、權大納言定能卿参入、被定東大寺供養御祈八幡一社奉幣日時使、参議光雅卿書定文、卽被立使畢、次被定東大寺供養闕請僧名并行幸御祈諸社諸寺御讀經日時僧名等、今日左大臣召大外記良業於里亭、仰曰東大寺供養可准御齋會者、

東大寺行幸巡撿也、

九日甲午、權中納言通資卿参入、被立丹生貴布禰奉幣使、依東大寺供養并行幸晴御祈也、

十日乙未、今日東大寺供養習禮也、未尅、左大臣大納言實宗卿、權中納言匡房卿、兼光卿、参議公繼卿等参入、假被着御在所、被沙汰御装束事等、申尅、公卿着南榮座、左中辨左大史隆職、大外記良業等居西欄下、内左樂人鳥童八人、右樂人引蝶童代隨身八人、於中門迎衆僧、（興福寺、藥師寺僧等卅人許參入、其外從僧等多相交、）直引登舞臺行道、自東西登廊北邊立歸、（依日暮之召返、）經本路入樂屋、衆僧等徘徊中門邊、先是導師咒願從僧各一人立東西蓋高座下、鳥童八人隨身八人昇舞臺、就壇下退出、次四部樂舞各可奏一曲、（萬歲樂、太平、陵切、長保樂、）舞二許畢間、左大臣已下退出、後聞丑時行幸于東大寺、

今日、七條院御幸云々、

十一日丙申、時晴、未尅鸞輿入御自東大寺西門、着御頓宮御所、入御南幔門、御輿舁居南面階隱間、御輿寄上、右大將頼實卿以下供奉、

十二日丁酉、晴、蜜日曜甘露、三寶吉、未剋大地震動、午尅以後西風殊烈、黒雲覆天、自乾方雨降、黄昏晴、今日東大寺供養也、寅剋發神分亂聲、卯剋權中納言藤原兼光卿著上卿座、被行當寺鎮守八幡別宮奉幣事、刑部卿源宗雅朝臣爲使、

遅明、七條院自尊勝院御宿所御幸、御寺東登廊御所云々、
辰剋、天皇行幸當寺、當西登廊末壇上、暫留御輿、雅樂發立樂者、是公卿列立北方、東上南面、以權中納言平親宗卿、被申事由於七條院御方、歸参之後、於西廊壇上下御輿、入御御休所、殿下同令参御乎、此間四部樂屋發亂聲、太政大臣、左大臣、右大臣、大納言實宗卿、隆忠卿、權大納言頼實卿、良經卿、定能卿、中納言通親卿、親信卿、權中納言匡房卿、親宗卿、隆房卿、兼光卿、参議雅長卿、右近衞督實敦卿、参議忠經卿、光雅卿、公時卿、定長卿、公繼卿、治部卿、顯信卿、右中將兼良卿、正三位季能卿、從三位雅隆卿、經家卿、大藏卿親雅卿着西廊登廊御北也、座、南上口座、以召使召大外記良業、令進御願文咒願文、兩通時日大臣下給、以藏人頭右大辨藤原宗頼朝臣奏聞畢返進、召外記良業下給御願文咒願文、其次被問諸司具否、良業召圖書頭丹波經基朝臣、授御願文呪願文、次召左中辨藤原親經朝臣、問僧参否、仰可令打鐘之由、次出居入自南中門着座、式部大丞藤原良重、少祿中原倫光著東座、彈正少忠紀久衡、少疏代史生中原守季着西座、以右少辨藤原長房、少納言源頼房、權少外記惟宗、爲賢、右少史三善仲弘加署式部座上、此間主上渡御七條院御所、有御謁觀事、大佛殿内前地所司敷莚道頭之、還御近衞可引陣

之由被仰下、右方中將藤原成定朝臣、同良輔、少將藤原成家朝臣、同保家朝臣、同高通朝臣、源通具、左方中將藤原公國朝臣、同公經朝臣、少將藤原定家朝臣、同公定、同知光、源雅親入自東西廻廊中門着胡床、次藏人頭右大辨藤原宗頼朝臣、奉仰召公卿、先關白殿下令着南榮座給、次太政大臣、左大臣、右大臣以下着同座、次左中辨親經朝臣、右中辨定經朝臣、左大史小槻隆職、大外記清原良業以着階下東座、次和舞内舍人十人、東舞近衞將監十人、入自南中門着舞臺南頭床子、近衞東西上北面、内舍人東西上北面、兩舞陪從近衞六人着近衞方床子、次殿上五位八人木工頭源兼定少納言同頼房、勘解由次官藤原清長、中宮權大進同長兼、大膳大夫同家綱、侍從同有通、越中守同資家、左衞門佐同隆清、昇舞臺北面、舁佛布施机立堂中退出、東西各四人、以内舍人十人昇舞臺、左右五人立舞、奏和舞、退下着本床子、以近衞十人又昇舞臺、左右五人立舞、奏東舞求子、退下着本座、次内舍人近衞等相率退去、左右近衞槻兩舞床子、以四部樂屋發亂聲、先新樂、次高麗、次古樂、次林邑、各一人振桙、次四部相共合振桙、次師子出、臥舞臺巽坤、此間證誠二品守覺法親王入自佛後、着南廂座、從儀師相蒙、實雅、率從僧、令敷草座於東西廊座、次古樂林邑二部樂人出、立樂屋前、吹調子壹越調、此間召左中辨親經朝臣、右中辨定經朝臣、被仰自衆僧幄可調行列之由、兩辨出南中門外行之、次雅樂頭賀茂濟宣朝臣、少允藤原清忠率古樂、雅樂權助卜部兼氏、小允中原章久率林邑等、樂人出南中門到衆僧下、發音樂、古樂、安樂鹽、林邑、鳥破、次樂人經本路、歸立樂屋前、樂前五位六位留立同標下、次衆僧入自南中門、西市正藤原朝臣貞光、散位惟宗朝臣業昌、大学允藤原厚康、修理少進同親實、爲先六位率左方衆僧、隼人正橘朝臣淸俊、散位伊岐宿禰宗光、治部丞藤原親長、圖書允同師實等、爲先六位率右方衆僧、東西相合入自南中門、五位六位等留立標下衆僧着座、樂止、衆僧前列還、一部樂人同入樂屋、次引頭二人左方權少僧都良尋、右方權少僧都承同、着座、右方引頭遲参給、次掃部頭安倍孝重朝臣雅樂、少允三参成宗率新樂、雅樂權助藤原範政、少允安倍資直率高麗等、樂人出南中門、到前所、發音聲、新樂阿曲子、高麗延喜等、次樂人等歸入、自本路立樂屋前、樂前五位六位等留立標下如初、導師權僧正覺憲來輿、右衞門少志平則光執蓋、左衞門尉大江貞遠、平信弘執綱、玄蕃頭安倍廣基朝臣、圖書頭丹波經基朝臣、玄蕃少允藤原重基、大江宗保等左右相分、爲先六位率導師、呪願師前權僧正勝憲乘輿、右兵衞少志源成康執蓋、右衞門尉藤原重俊、平爲言執綱、治部權大輔平朝臣親長、少輔藤原朝臣爲季、少志中原基綱、藤原光成等、爲先六位率呪願、兩師左右相並入自南中門、到舞臺巽坤下輿、治部玄蕃留立標下、次導師呪願住舞臺、十弟子經西地、着禮盤禮佛、諸僧少々惣禮、畢、登高座、省寮執蓋等者引還、次樂人歸入樂屋、此間圖書少屬藤井久吉着金鼓臺下、次師子舞、右衞門志戸部淸景吹笛、前府生尾張兼助打太鼓、左方師子西師子、昇舞臺、舞訖歸臥本所、次威儀師俊治昇自舞臺南、取御願文呪願、(衍カ)授導師、威儀師覺元取呪願、授願師、各置右、先是掃部寮敷惣禮座於舞臺東西、西三行東二行敷之各東西行之、其後關白以下起座、自西登廊降之、進出庭中、關白、太政大臣、左大臣、右大臣、大納言藤原實宗卿、同隆忠卿、權大納言同賴實卿、同良經卿、同定能卿、中納言源通親卿、藤原親信卿、權中納言同經房卿、同泰通卿、平親宗卿、藤原隆房卿、同兼光卿、参議同雅長卿、左兵衞督同實敎卿、同忠經卿、同光雅卿、同公時卿、同定長卿、同公繼卿、治部卿源顯信卿、右近中將藤原兼良卿、正三位同季能卿、從三位同雅隆卿、同經家卿、修理大夫同定輔卿、大藏卿同親雅卿着座、東上北面、左中辨藤原親經朝臣、右中辨同定經朝臣、右少辨同朝臣長房、少納言源朝臣賴房、入自西樂門、着公卿後座、左大史小槻宿禰隆職、大外記淸原眞人良業、少外記三善爲重、權少外記中原元貞、惟宗爲賢、左大史紀有康、右大史三善仲康、左少史高橋盛貞、惟宗重光、右少史中原俊兼、三善仲弘等、入自同樂門、着辨少納言後座、殿上人藏人頭右大辨宗賴朝臣、左近中將兼宗朝臣以下廿餘人、入自東樂門着座、西上北面、諸大夫少々、入自同樂門着殿上人後座、次惣禮三度〈衆僧同三禮、〉畢、先上宮退出、次公卿起座各復本座、次堂童子爲先、圖書官人入自東西樂門、着違中座、〈舞臺東面、〉次圖書官人打金鼓、此間左大臣起座、於西登廊代東一間檻下、次召使盛安、召大外記良業、被仰内記撿非違使可召之由、即大内記藤原宗業、入自西廊乾戸参進同簀子下、大臣仰下候進赦詔事由、内記退出、次左衞門權佐藤朝臣朝經参進同所、被仰不待詔書施行可免同人由、次召左中辨親經朝臣、仰下賦□之由、大臣復座、次右樂發音〈十天樂、〉次菩薩、迦陵頻、胡蝶各捧供華、二行相並、經舞臺上到佛殿階下、傳授導師呪願十弟子〈十弟子立壇上傳供、〉證誠十弟子在堂中同傳供之、次迦陵頻胡蝶次第退、着舞臺上草墪、〈胡蝶東、迦陵頻西、〉次菩薩留立舞臺上、供舞畢退入、次迦陵頻供舞退入、此間胡蝶分着西草墪、次胡蝶供舞退入、次天人衆〈天童〉於堂第二層上、雙舞發音聲、廻行之後留立舞、次打金鼓、次林邑樂發音〈陪臚、〉次唄師十人〈左方權大僧都延杲、雅縁、印性、信宗、權少僧都勝詮、右方權大僧都慶智、覺辨、辨曉、公胤、權少僧都行智、〉經舞臺参上着佛前座、次堂童子賦花莒、〈圖書官人分與之、〉次定者十人〈左方貞實、定實、貞詮、□□、玄眞、右方縁基、春朝、高明、覺春、慶實、〉昇舞臺禮佛畢、取火舍、

此間西風殊烈、大雨忽降、諸人起座、此後儀式每事省略也、

衆僧行道、〈千僧之内二三百僧許歟、〉住東西登廊南簀子入堂中〈四部樂人、於樂屋發音聲不及行道、依雨降也、〉畢、各復座、

次新樂發音鳥向樂、次梵音衆廿人左方信家頭、信辨、慶算、敎玄、頭覺、定秋、同慶、樹詮、理詮、禪惠參上、殘廿人依雨不參、右方定玄頭、緣成、玄信、信經、重同、同雅、禪覺、明辨、嚴詮、智賢、殘四十人不參上、依雨也、

自東西登廊參上於堂前壇上、唱梵音、次新樂發音自柱、次梵音衆復座、次於南中門舞萬歲樂、次高麗樂發音地久破、次錫杖衆廿人左方同玄頭、俊印、辨成、重玄、辨修、同叡、順敎、重行、岳慶、印賢參上、殘同梵音、右方定重頭、覺通、覺範、禪珍、隆緣、禪長、昌俊、玄通、顯緣、同慶參上、殘同前、於堂前壇上供錫杖、次高麗樂發音登天樂、次錫杖衆復座、次舞綾切、次導師表白畢、讀御願文、次衆僧揚經題名、金泥華嚴經一部賦之、於唐本一切經者、置堂中佛前、以率都婆書題名各賦僧云々、次有御誦經事、威儀師俊治取諷誦文、內藏寮麻布五百段、頭經中朝臣爲使、七條院三百段、中宮三百段、此外無御誦經歟、授導師、次藏人頭左近權中將藤原兼宗朝臣奉仰、就導師高座南、頭仰給度者之由、次引證誠布施、大納言實宗卿承之、藏人頭兼宗朝臣益送之、左方衆僧引布施、右方僧布施不引之、明日可送本房之由、左中辨仰綱所了、次新樂高麗發音、新樂千秋樂、高麗林歌、次導師呪願降高座退出、執蓋、執綱、治部玄蕃、有察進立如迎儀、次左右遶奏舞、左安摩二舞、皇帝胡飲酒、陵王、右新鳥蘇、新摩鞨、納蘇利、酉剋事畢、上下退出、寺僧祿并舞人祿等、後日送遣之云々、黃昏堂中并四面廻廊代舞臺等擧萬燈、于時主上御座堂中、良久還御頓宮、亥剋許權中納言兼光卿着公卿座、藏人頭右大辨宗賴朝臣來仰勸賞事、次召大外記良業下給折紙、

鎌倉將軍、南大門内西腋岡上、搆桟敷見物之云々、但女房許見物、將軍在宿所東南院不渡云々、今日武士四面廻廊去壇下三許、又着甲冑連居、不令出入雜人、仍結會庭儀式嚴重也、

十三日戊戌、今曉行幸還御也、

廿四日己酉、依東大寺供養、被行流人召返、参議實明朝臣向結政請印官符、東大寺供養役人、

出居

少納言源賴房、右少辨藤原長房、權少外記惟宗爲賢、右少史三善仲弘、式部大丞藤原良重、

小錄中原倫光、

彈正少忠紀久衡、

小疏代史生中原守季、

和舞　内舍人

藤原範直　中原實經　中原成雅　藤原重貞　藤原忠光　平貞綱　中原仲房

藤原國光　藤原知重

東舞　左近將監
平實繁　源盛長　藤原清成　源俊實　三善良國
右近將監
平宗高　藤原光佐　源俊觀　平親繁　藤原保孝
同陪從　近衞左近將曹豐原公秀
府生清原助直　大石久景
右近將曹三宅守正　安倍秀遠
府生安倍季國
樂前　衆僧前
雅樂頭賀茂濟憲朝臣　少允藤原清忠
雅樂頭權助卜部兼氏　少允中原章久
導師呪願迎
掃部頭安倍孝重朝臣　雅樂少允三善成宗
雅樂權助藤原範政　少允安倍資直
衆僧前　左

西市正藤原自光　散位惟宗業昌
大学少允藤原厚康　修理少進藤原親實
右
隼人正橘清俊　散位伊岐宗光
治部少丞藤原親長　圖書少允藤原重實
導師前
玄蕃頭安倍廣基朝臣　圖書頭丹波經基朝臣
玄蕃少允藤原重基　少允大江宗保
執蓋　右衞門少志則光
執綱　左衞門少尉大江貞遠　平信弘
呪願前
治部權大輔平親長
小輔藤原爲季　少丞藤原光成
中原基綱
執蓋　右近衞少志源成康

執綱　右衞門少尉藤原重俊　平爲言
打金鼓　圖書少屬藤井久吉
文司　左圖書少允中原成房　右圖書少允小野家久
堂童子　左
有家朝臣　兼親朝臣　信清朝臣　高階仲基　源國行　高階仲資　源長俊　藤
原季高　藤原爲成　源高清　源兼資　源保行　藤原基清　高階業國　高階泰
家　源清實　高階信仲　高階泰時　源長邦　源忠國
右
以政朝臣　時盛朝臣　保實朝臣　藤原敎房　藤原惟頼　源成實　源國基　源
仲盛　橘親長　藤原清忠　高階仲國　平範清　橘清季　源有資　藤原親輔
藤原隆兼　源邦廣　源親房　藤原有通　藤原政光
布施取諸大夫
橘成廣　橘定家　藤原重永　大江頼重　大江知家　藤原仲重　藤原親平
平親綱

東大寺供養會僧

左方

呪願前權僧正　引頭良尋權少僧都　唄延杲法印權大僧都　雅縁法印權大僧都　印性權大僧都　信宗權大僧都　勝詮權少僧都

散花

宗元權少僧都　貞覺權少僧都　實繼法眼　公圓法眼　淸延權律師

衲衆

定勝法眼　經圓權律師　俊遍權律師　信憲權律師　顯忠權律師　玄季權律師　成實權律師　範賢權律師　尋敎法橋　晴長法橋　藏有法橋　定圓法橋

忠慶法橋　理眞　章縁　寛幸　敎觀　順高　範圓　仁快以上三會已講　善勝

珍助　禪海　能覺　嚴信　淨鑒　久意　隆樹　智眞　玄任　相慶　圓賀

寛雅　久嚴　嚴覺　寛季　玄鼓　寛源　慶俊　良林　覺深　靜幸　良久

尋勝　慶尊　惠深　延智　行惠　乘延　相經　隆祐　勝惠　俊曉　寛惠

朗隆　顯海　顯俊　善祐　藏信　實淵　寛宗　辨實　意勝　慶應　定珍

玄久　賢證　林慶　仁信　珍祐　尊玄　賢淸　明範　顯範　慶曉　心均

賢增　勝印　顯應　乘覺　延清　行惠　叡詮　重祐　寬禪　善珍　寬源
秀惠　定延　慶運　林寬　覺雄　榮賢　辨惠　行尹　珍舜　辨經　珍覺
顯珍　昌海　玄珍　顯敏　顯遍　重喜　寬詮　惠經　聖詮　延玄　實寶
海淵　寬顯　靜遍　定寶　惠敏　賴惠　貞玄
以上專寺
宗實　快嚴　寬忠　珍尊　久胤　實賢　永詮　蓮行　有信
以上元興寺
相榮　慶仁　清與　永繼　文實
以上大安寺
寬慶　淨慶　行譽　永勝　聖賢　隆禪　道緣　行尹　勢珍　俊諶　慶禪
平覺　宗融　心長　靜寬　隆信　堯晴　靜演　覺春　嚴胤　定信　範覺
覺同
以上藥師寺
淨暹　淨仁　定慶　賢德
以上西大寺

慶曉　尊曉　仁増　士順　圓信

以上法隆寺

祐覺　堯禪　章俊　相眞　辨慶　性舜　成豪

以上延暦寺

明智　良曉　聖慶　以上園城寺

圓運　覺縁　以上東寺

嚴禪　以上圓宗寺

伊運　法勝寺

豪源　道清　良澄　兼圓　以上尊勝寺

快智　隆圓　以上最勝寺

辨英法成寺　圓基延勝寺　舜賢圓勝寺

行家　良勝　觀宗　以上法成寺

甲衆

蓮宴　林賢　宗慶　覺繼　文曉　實覺　聖圓　禪隆　禪覺　蓮任　永蓮

慶詮　範勝　延春　信曉　春慶　嚴慶　辨慶　玄理　成慶　有範　深慶

晴兼　賢意　兼覺　顯昭　珍乘　覺秀　堯詮　證慶　忠賢　忍信　義有
寛深　辨性　信懐　定心　實永　義增　淨祐　正範　範教　興範　戒禪
有禪　景恵　印豪　辨雄　實慶　辨心　圓心　源曉　禪慶　永海　行遍
俊實　長貞　寛尹　慶舜　永禪　嚴喜　禪理　賢慶　覺善　興雅　賢信
觀慶　顯運　勝運　勝慶　源恵　憲寶　顯秀　辨詮　堯慶　行忠　延貞
行清　善範　章賢　勝還　宗遍　慶榮　嚴曉　仁圓　兼海　慶湛　延實
寛全　實勝　聖實　仁辨　良慶　慶源　信全　叡海　淨成　觀宗　定運
教俊　良信　貞辰　縁永　融遍　慶貞　相眞　慶弘　辨慶　定信　尊叡
恵良　仁勝　久慶　濟玄　景榮　能心　良尊　寛海　信慶　勝鑒　長順
尊慶　寛永　善面　定詮　敬深　教劔　幸春　實尊　永胤　順賀　久慶
定清　什運　榮增　以上専寺
春朗　貞詮　藏淵　慶幸　春詮　泉幸　慶心　聖縁　隆縁　以上元興寺
行暹　超深　行秀　以上大安寺
勝經　勢鑒　慶賢　淨賢　賢珍　金勝　勢賢　善幸　永暹　春慶　長慶
源紹　以上藥師寺　有源　賴同　林慶　以上西大寺

經實　能宣　隆詮　聖融　以上法隆寺
禪隆　覺顯　玄眞　榮雲　圓範　玄長　晴全　以上延暦寺
心融　嚴圓　隆詮　兼尊　定禪　以上園城寺
定證　長遍　光遍　以上東寺
顯懷　覺遍　審顯　以上法勝寺
了諶　幸諶　英賢　以上尊勝寺
尊能　顯幸　以上最勝寺
信恩　定慶　以上成勝寺
榮信　頼圓　有俊　以上延勝寺
覺暹　嚴慶　蓮秀　以上圓勝寺
朗圓　經寛　以上法成寺

梵音衆

信家頭　信辨　慶算　敢玄　顯覺　定祐　圓慶　樹詮　理詮　禪惠　辨海
辨眞　宴信　性遍　堯尹　辨猷　辨眞　宴信　尊詮　增玄　貞禪　覺隆
成慶　林尊　良尹　有詮　良喜　淨隆　蓮慶　眞慶　寛實　有慶以上專寺

龍心　永珍　昌圓　以上元興寺
長玄　教元　頼永　以上大安寺
藏圓　眞慶　靜曉　藏良　定弘　弘曉　乘詮　嚴幸　信曉　以上藥師寺
俊珍　勝實　以上西大寺
慶盛　慶融　以上法隆寺

錫杖衆

同玄頭　俊良　辨盛　乘玄　辨修　圓叡　順教　重行　集慶　印賢　禪雲
圓忠　同宗　乘信　定春　興尊　觀遠　惠賢　兼乘　定寛　樹慶　永詮
重禪　貞尊　慶辨　經辨　實清　顯同　頼圓　定慶　行嚴　慶賢　隆慶
延俊　以上專寺
教賢　清祐　以上大安寺
覺弘　叡同　聖圓　靜圓　圓操　善慶　靜恩　信尊　圓隆　定恩
以上藥師寺
遲譽　珍遲　以上西大寺
覺辨　信聖　以上法隆寺

右方

導師　權僧正　引頭　承圓權少僧都

唄　慶智法印權大僧都　覺辨權大僧都

辨曉權大僧都　公胤權大僧都

行知權少僧都

散華

行舜權少僧都　宗遍法眼　慶澄法眼　覺敎法眼　澄英權律師

衲衆

增覺權律師　公雅權律師　宗嚴權律師　能遍權律師　同長權律師　貞敏權律師　成賢權律師　珍賀法橋大威師　雅同法橋　季嚴法橋　乘信法橋　範晴法橋　尋惠法橋　善宗大法師　辨忠大法師　晴辨大法師　增寬大法師

寬任大法師　有覺　觀俊　顯同　定範　信弘　聖覺以上已講已灌頂　信兼　訓慶

覺尋　尋曉　珍譽　慶仁　辨寬　勤榮　聖順　範有　永幸　堯延　濟春

靜賢　藏信　增辨　淸慶　尊榮　隆慶　盛恩　隆曉　永尊　堯永　賢基

睿基　義深　勤曉　賢覺　智玄　興深　興尊　隆恩　尊玄　良恩　範基

堯海　晴慶　覺圓　濟兼　辨詮　顯秀　成叡　濟於　有諶　榮盛　安融
勝春　善有　玄眼　穩慶　增慶　尋延　長信　尋諶　憲尊　良信　千玄
長榮　善圓　教詮　審懸　晴範　慶榮　聖緣　聖救　教尊　信長　寛尹
尋千　範忠　榮賢　晴尋　高廣　願眞　叡慶　實圓　顯榮　堯俊　俊曉
教俊　範救　仁圓　安曉　同詮　者覺　尋玄　重勝　彦耀　忠恩　忠延
覺集　教超　範乞　章淵　盛曉　義覺　光詮　順信　心覺　貞宗　公曉
俊成　聖恩　覺接　舜榮　緣忠　寮恩　忠永　覺宴　寛暹　禪延　寛勝
實有　靜禪　玄智　勢仁　晴照　相譽　義陽　延宗　辨基　義實　融西
永教　堯賢　聖心　勝暹　睿信　隆圓　隆曉　快算　玄眞　隆任　圓金
俊好　睿教　林祐　春隆　戒信　行暹　淨恩　衍慶　勝俊　運賀　俊義
教心　信嚴　勢珍　俊暹　長秀　有嚴　仁壽　隆心　幸玄　隆胤　有延
慶深　文信　圓盛　尋嚴　理曉　寛詮　藏諶　蓮榮　勝榮　已上興福寺

甲衆

弘慶　覺言　善信　春恩　良印　忍榮　顯尋　章宣　覺藝　義範　長延
鎭詮　經玄　了寛　慶諶　良弘　寛救　信彦　暹賢　覺舜　理慶　睿惠

圓覺　智弘　勝信　有信　良慶　安詮　慶詮　命範　良詮　榮辨　教辨
俊陽　春智　善俊　晴嚴　珍尊　睿詮　良諶　順懷　隆範　有榮　範豪
覺章　千榮　慈珍　良忠　緣朝　琳曉　藏憲　圓忠　教言　尋長　嚴俊
蓮覺　俊寬　信遍　忠慶　英辨　喜慶　賴詮　晴有　公尹　俊辨　長尹
興實　眼操　春覺　覺明　英弘　興玄　覺訓　實緣　緣藝　順圓　慶圓
勝嚴　勝榮　賢信　宗順　圓海　榮基　慶勝　範耀　慶實　相儼　喜敏
範詮　晴兼　尊玄　晴允　長教　印範　尋長　智海　長舜　範英　範湛
教藝　興有　尋緣　信允　了恩　祇詮　春信　顯詮　集範　覺緣　榮舜
寬榮　勝心　堯範　諶慶　堯禪　信尊　顯覺　尋乘　堯實　堯慶　堯緣
章慶　惠章　慶賑　尊詮　乘詮　章叡　尊辨　弘詮　覺弘　盛舜　良玄
院覺　識淵　賴深　範仁　顯豪　宗詮　春興　顯諶　辨敏　成詮　顯言
成玄　惠雋　隆諶　善敏　榮曉　長盛　尊夾　源章　圓永　增夾　宗圓
永圓　順園　慶睿　相賢　慶證　辨秀　淨增　勝緣　永安　善任　春榮
淨圓　嚴勝　勝賀　永勢　千運　行憲　幸深　順超　淨嚴　長祐　賴金
辨慶　聖圓　有順　信曉　賢珍　賢義　盛圓　林榮　隆永　隆實　幸順

理盛　永允　幸有　勝全　實盛　興慶　信盛　願與　仁壽　觀深　淨尊
慶義　信思
以上興福寺

梵音衆
定玄頭　緣成　玄信　信經　重圓　圓雅　禪覺　明辨　嚴證　智憲　靜遍
理恩　堯辨　善諶　有增　隆延　訓永　成圓　增遍　堯眞　明緣　晴長
忠寬　聖言　勝盛　英寬　聖憲　長辨　覺緣　榮眞　興信　弘辨　成覺
幸圓　忠圓　堯高　長印　順遍　章圓　定恩　堯寬　辨豪　賴恩　辨恩
興弘　緣辨　訓曉　学詮　章俊
以上興福寺
延祐　東大寺

錫杖衆
定乘頭　覺遍　覺範　禪珍　隆緣　禪長　昌俊　玄遍　顯緣　圓慶　圓寬
壽範　圓經　堯圓　覺遍　圓寬　璋圓　覺眞　圓俊　壽圓　永雅　範信

行乘　圓永　緣圓　信海　珍範　貞實　寛圓　禪辨　永圓　圓遍　圓叡
宣經　仁圓　基圓　賴緣　圓辨　隆憲　良禪　良基　信良　良尊　信詮
圓高　憲雅　賴憲　圓尹　憲遍
以上興福寺
良寛　東大寺
建久六年三月十二日

東大寺供養定者交名
左方
貞實　定實　貞詮　增惠　玄眞 以上呪願師相具也
右方
緣基　春朝　高明　学春　慶實 以上導師相具也

東大寺供養布施目錄
合　國絹百疋 三寶布施　綿六十屯 佛布施

證誠䉼
國絹二十疋　綿十七屯　白布三十段　供米十石
導師䉼
國絹十疋　綿十屯　白布十段　供米三石五斗
咒願䉼　同上
僧綱四十八口同十口唄　十口散華　二口引頭
以上口別國絹一疋四丈　綿二屯　白布二段　供米一石
衲僧廿六口口別國絹一疋四丈　白布二段　供米一石
梵音百口口別國絹一疋　白布一段　供米一石
錫杖百口口別國絹一疋　白布一段　供米一石
甲衆四百口口別國絹一疋　供米一石
衲衆三百五十三口口別國絹一疋　供米六斗　定者十口口別國絹一疋　供米六
斗　威儀師六口口別國絹一疋　供米一石　從儀師四口口別國絹一疋
右注進、

建久六年三月十二日

勸賞

二品道法法親王 撿校法親王賞讓

從二位藤原兼光 行事賞　正四位下藤原定經 同　從四位上藤原信雅 七條院院司賞

從五位上三善信重 行事史仲康賞讓　同清信 次官賞

追敍之

中原基康 判官　大江國通 造佛判官賞

從□□藤原家經 七條院院司賞　同資經 上卿經房卿賞讓

從三位藤原經子 七條院御方賞

權律師理眞 寺家賞　定範 別當賞讓

法眼運慶 法眼康慶賞讓　法橋良延 經師良嚴華嚴經賞讓

院永 法印院尊賞讓

大和尚南無阿彌陀佛　右衞門少志紀兼康 行事賞

李宇 筑前國內可充給捧田伍町

撿挍左大臣

上卿大納言藤原實宗　權大納言同定能　參議同定長　同公繼　辨同親經　外記良業　史小槻隆職　撿非違使源季國　造佛次官小槻有賴　陳和卿　道々工

以上追可申請

建久六年三月廿(十カ)二日

前一日堂莊嚴、大佛殿母屋廂、毎間懸彩幡華鬘代等、上下二層四角各懸寶幢、南廂西三箇間中央柱南假構天井敷板、爲御在處、四面懸廻廊御簾、其内敷滿弘莚、西第三間施承塵敷繧繝端帖二枚、其上施東京錦茵爲御座、北面三箇間御簾内懸代卷之、其前并御座西邊立亘太宋御屏風、西軒廊代舍十箇間南北西三面懸廻御簾、母屋南面東五箇間爲御休息所、東第二間敷錦縁代(有鎭子)立大床子其上供菅圓座、同第二四五間南邊敷兩端帖、東西北三方立廻太宋御屏風、北廂東五箇間四面懸廻御簾、爲七條院御所、西第一間設御座、(院司裝之)同第二間以東五箇間爲同女房候所、佛前供香花擧燈明如恒、其南邊並立大花盤十四基、大花瓶七口(挿造花、有臺)、同南廂中央柱北立供花机八脚、(在地敷東西妻)、同柱南佛面東腋間東邊立黑漆床一脚、(南北妻)其上敷兩面端帖一枚、爲證誠座、最中間立同床四脚、敷緣端帖四枚、(東西妻)爲唄師座、南榮西第三間以西敷滿弘莚、自第二間敷兩面端緣端半帖黃端長帖、爲公卿座、南階西壇下西退敷黃端帖、爲上官座、同東壇下東退敷同帖、爲殿上侍臣座、東軒代舍南壇下敷同帖、爲七條院殿上侍臣座、南中門内東西腋相對敷同帖、爲辨少納言并式部彈正省臺出居座、省東臺西、南階南去三丈許相當佛面東西間立蓋高座各一脚、其中央立禮盤二脚、高座南去五丈許立舞臺、其北庭燈爐如本、其上北端立佛布施安金銅壺、其東西立行香机各一脚、件机倚御願文呪願文等、其南相分各立草墪代十脚、佛殿壇下并東西廻廊代前舞臺左右立亘龍頭形棹懸糸幡、舞臺東西各立散華机四脚、在覆地敷等南北行、其東西各去丈許敷小莚一枚、爲圖書官人座、其南黃端長帖爲堂童子座、舞臺南去丈許立金鼓臺一臺、其南頭敷小莚、爲圖書官人座、其南差退左右相分各立白木床子四脚、爲和舞内舍人東舞左右近衞等座、陪從近衞座在後、其南去五丈許南中門東西腋立纐纈五丈幄各二宇、東西妻雙立、各四面引廻同幔、爲四部樂屋、東第一幄爲高麗樂座、同第二幄爲林邑樂座、西第一幄爲新樂座、同第二幄爲古樂座、幄前去一丈二尺各立大鼓二面、鉦鼓二面、其前各立桙九柄、高麗樂屋擔立並狛桙竿、東西第一幄前各立黑漆机四脚、其上居供華四十杯東西各二十杯、佛殿第二層上南面設天人衆舞臺、南東西三面廻廊代二行立長床、其上敷帖爲衆僧座、僧綱綠端凡僧黃端、南中門外東西廊前去砌一丈許各立三丈紺幄一宇、爲積御誦經物所、南

大門内東西腋立式部彈正幄、（式部東、彈正西、）同門外左右相去西腋立各立纐纈十五丈幄二
宇、（南北妻、）其内立並床子、爲衆僧集會所、西廊代中央戸北西面五箇間設公卿饗座、
（西庭立班幔、）其北五箇間爲侍從及上官座、次四箇間爲殿上人饗座、次三箇間爲藏人
所、其北戸以北四箇間爲御厨子、次三箇間爲御輿宿、北廊乾戸以西四箇間爲中
宮々司座、次五箇間爲同女官候所并御厨子所、次十箇間爲内藏大膳典藥内膳主
水等座、次七箇間爲官行事所、東廊代中央戸以北東面四箇間爲七條院殿上人饗
座、其北戸以北四箇間爲内御厨子所、東西軒廊代北壇下去三丈許各立衞門、
（幄幔東中門外腋立、左近衞幄其東立左、）左兵衞幄、（衞門在南以上、南北妻、）西廊西壇下去十五丈大藏省三幔、（相當軒廊代設幔門、）幔
門内南腋立右近衞幄、同門外南北腋立右衞門右兵衞幄、（衞門在西以上、南北妻、）同日行幸、着
御寺圓頓宮、（裝束使奉仕御裝束、其儀如常、）當日寅剋發小音聲（神分、）卯剋分迸法眼、同剋打衆僧集
會鐘、僧侶着南門外幄、威儀師召計之、辰剋大駕臨幸、鸞輿暫留西幔門外、以
納言爲院司之者、被申事由可許之後入御、（此間亂聲、）到西廊西壇上戸間下御、
（所司豫供莚道、）經軒廊代北廂入御于御休息所、（近衞將候劔璽、）公卿着西廊座、式部彈正着座行事、
（少納言辨以下加着、）左右近衞陣壇下巽坤（立胡床、）震儀着佛殿御座、次公卿着堂前座、（藏人頭召之、）次和舞
内舍人、東舞近衞各廿人（陪從近衞等率之、）入自南中門、東西相分着舞臺南頭床子、（内舍人在西、近衞

在東、陪從在其後、各北面、次殿上五位左右各六人舁舞臺、舁佛布施机立佛前退下、次内舍人舁
舞臺、左右分立奏和舞退下着本座、次近衞相替舁舞臺奏東舞退下、于時内舍人
起座相引近衞等、自南中門舞出故、次發亂聲、先新樂、高麗、古樂、林邑各三節、次四部樂共三節、振桙、師子臥舞
臺巽坤、次吹調子壹越調、次雅樂寮率林邑古樂二部樂人、左右相分、林邑東、古樂西、出自
南中門到集會幄下、發音聲古樂、安樂、林邑、鳥破、從僧等入自同中門、敷草座於東西廊、威儀師預
立標各座前、樂人經本道到樂屋前立、此面樂所師子舞、治部玄蕃省寮各五位二人、六位二人、率衆僧經同道、東
西相分参入、省留立標下僧侶到座前而立樂止、衆僧着座、引頭□衆僧着訖後着之、省寮引還、
雅樂寮率新樂高麗二部樂人、東西相雙高麗東、新樂西、至前所發音聲、新樂阿曲子、高麗延喜樂、歸入從
本道立樂屋前、師子立舞如初、省寮前行導師咒願駕輿到舞臺巽坤、省寮留立、導師呪願下
輿、經舞臺着禮盤、禮佛諸衆惣禮、訖、登高座、樂止、省寮執蓋者引還、樂人歸入樂屋、威
儀師二人進自東西昇舞臺北階、取願文呪願授導師咒願、次堂童子左右各廿人、圖書爲先、入
自東西中門進、著庭中座、圖書寮打金鼓、次古樂發音十天樂、菩薩廿人、迦陵頻十
人、胡蝶十人各捧供花、二行相分經舞臺上到佛殿階下、傳授僧訖樂止、迦陵頻胡
蝶次第退着舞臺上草墪、菩薩留立舞臺、樂人發樂、菩薩供舞訖退入、次迦陵頻、
次胡蝶各隨音樂舞、次天人衆發音聲、天人樂廻行佛殿第二層上、留立南面舞臺

雙舞、次打金鼓、林邑發音陪臚、唄師十人起座、經舞臺參上着佛前座、樂止、次定者沙彌十人進自東西舞臺禮佛訖、各就案下取火舍立、次打金鼓、唄師發音、定者隨音徐行、次堂童子取花筥分行訖復座、次散花十人昇舞臺北面而立、引頭率衆僧隨之、此間四部樂人相引東西分立、散花發音、樂人發樂、新樂、詔應樂、澁河鳥、高麗、長保樂、林邑拔頭、左右相對舞人爲先、取物爲後、新樂高麗二部樂人昇舞臺、進自衆僧之中加立定者前、師子在前、定者散花、引頭衲衆梵音錫杖等僧次第行列、左右相分、古樂林邑二部權人各從其後、降舞臺北階出東西廊代艮乾戸、此行至僧房、東北左右一行步列經東西中門大行道一匝訖、更歸入復座如初儀、定者各立案下、衆僧着座訖、置火舍加錫杖衆末、樂人先列立樂屋前、衆僧衆着訖、樂止、歸入樂屋、次打金鼓、新樂發音鳥向樂、梵音衆昇舞臺唱梵音音頭持香鑪、自餘持花筥、誦訖、又發音自柱梵音衆復座、次舞萬歲樂、次打金鼓、高麗樂發音地久破、錫杖衆昇舞臺供錫杖各持錫杖、退時倒持之、訖、又發音聲登天樂、退歸如初、次舞綾切、次堂童子收花筥退去、次打金鼓、導師表白、次有御誦經事、若賜度者此間可仰之、呪願訖、賜衆僧布施、先是昇祿辛櫃、立僧座前、侍從給之、導師呪願降高座、新樂高麗發樂、新樂千秋樂、高麗林歌、兩師着禮盤、禮佛退出、二部樂人并省寮相引退如入儀、次打金鼓、左右通奏舞、此間賜寺僧祿、次樂人賜祿訖、乘輿還御、樂人奏樂蘇合急、

夫以一身三身之相、卽皆出本覺眞如之中、大乘小乘之區分、何求圓融法界之外、迺知隨機緣而利物、設方便而濟生、東大寺者、感神聖武帝天平勝寶四年初顯烏瑟、以傳世、後白河法皇聖曆文治元年自開蓮眼以續之、莊嚴具足、百億悉見一華葉之周匝、威光照臨人天皆仰千日月之霽來、毫相甲于碧虛之下、利益于環海之外、是以殊俗之堪巧手也、涉蒼波而致新瑩、高僧之住慈心也、抽丹石摸舊製、運誠於一處竭力於吾寺、彼　法皇叡情之慇懃、佛像開眼之鄭重、累聖尊崇之至、萬邦歸敬之趣、已評於前不須復記、朕猶思堂搆之未復、重割州縣而修繕、新造立大佛殿一宇基跡、亦或、奉治鑄盧舍那如來妙相、早成金姿仍舊、以坐蓮華臺、紺殿揆日以終杞材搆、又光中奉造顯半丈六化佛像十六躰、云佛云寺、雖出禪皇之願、經之營之只任庶民之子來、奉書寫金字紺紙大方廣佛華嚴經一部八十卷、思其草創之講說、在此華文之頓敎、率由舊式以致恭敬、同如法奉書寫妙法蓮華經一部八卷、無量義經、觀普賢經各一卷、不慮有夢相之告、如說寫開蓮之偈、蓋謁玄風於衡岳、更瑩金雨於櫟湯、今日之軌儀、諸天之隨喜、繹之燭然、以之可以奉摸寫素紙墨字大小乘經律論集六千六十七卷、斯經者大宋國秘本也、緬自彼土傳于本朝、誠是無羽而未格世雄不可量之謂之、其外中門一宇、彩色多聞持國二天像、奇肱增華、毗首究藝、方今乙卯之歳暮春吉曜、千口之緇徒圍繞、四部清樂旁陳、以梵唄而讃歎、以歌詠而稱揚、甘路之法鼓和鳴、某奈釋梵宮之新聽、臥雲之禪衣旋轉、不異王舍城之昔儀、非只一寺之究勝、概有萬僧之集諸處、況亦廻翠華於春寺、則風薫善根之林、禮丹菓於露地、亦月映頻梨之閣、茨山之移仙蹕也、庭粉澤竹園之居僧也、人仰銀潢、百司千官之從事、錦幡繡蓋之盡善、整有司擬齋會式、差近將賜度縁、慧業之趣犄矣盛哉、加以十方雲集焉、每物爲舍那宿世之知識、四海風靡矣、擧國致無遮同日之精勤、在々專願緒、面々瑩戒珠、斷葷腥於三七之光景、抽勇猛於無貳之襟懷、昔釋尊之放瑞光、以照万八千土焉、各於世界以說正法、今吵身之頒詔命以整一百餘寺矣、悉排道場以嘱衆僧、凡聖雖異希夷惟同者歟、凡自造營之初、臨供養之今、勤非採一丘之木、功已費萬民之草、因茲宥威而施仁恩、賜賑恤而優窮困、遍禁漁獵於山水之阿、剩遂性命於飛流之類、是依法雨之普潤、旁有皇澤廣被者也、仰願三寶、護持九禁蘿圖運、是久契松花十廻之色、風人之頌旁聞獻天子萬年之影、殊擎功德奉資神祇、参禊曉露超、以之法味羞氣枌楡晩嵐、以之眞理添薫亦分勝因、同賁山陵　聖武天皇父祖兩帝三陵、各座菩提樹之陰、一時雨□□□道之果、開扇已來登遐先靈、依此餘薫併證九品、重請　國母仙院妃如讓術、正后中圍媃姒比祥、院宮公主春秋之富無彊、慱陸太閤柄執之用永槐位、棘卿類霜竹之持節、遐方近土如陽蒼之傾心、民復民皆化堯舜無爲之民、年有年永誇羲皇向上之年、結縁與善之尊卑一日三拜之、道俗其願隨心皆令滿足、仰本願聖主語曰、以代々國王爲我寺檀越、若我寺興復者天下興復、朕德雖庸虛志仰佛法、且訪本願之遺誡、且答　法皇之曩志、再排一十二丈之露軒、忽移四百餘載之風儀、然則佛法彌弘王法中興、政反淳朴人多歡華、天枝帝葉同父王之孫主壽國編起祖之神仙、願令鳳甍之勢遠附龍華之初、願令香花之勤必及星宿之劫、乃至九法界皆證一實相、稽首和南敬白、

建久六年三月十二日　　皇帝　　敬白

西法東流　化度雖廣　日本朝庭　利益殊勝
佛陀之中　盧舍那佛　皇王之際　感神天皇
凝其叡情　造彼靈像　金姿誕照　寶相高懸
便架仁祠　更爲佛殿　稱東大寺　甲南浮州
治承季年　安寧暮律　欒巴忘術　回祿威秡

爰有上人　偸詣宋客　爲複舊製　專致新功
即降綸綸　廣勸法界　亦勅州郡　令貢土宜
自西自東　自南自北　以施以與　無盡無量
作治無休　修繕匪懈　鑄鎔早畢　土木甫成
本尊月客　莫不具足　梵宮雲搆　土自奇肱
華嚴眞乘　蓮偈妙典　紙染紺色　字瑩金泥
一代教文　六千餘卷　宋朝監本　慇懃傳持
起立中門　蓋載坊宇　多聞持國　新造奉安
建久六年　發生三月　良辰吉曜　供養讃歎
車駕親臨　鐘鼓惟聒　躡天平跡　添露地華
百辟群僚　部伍旁列　母儀仙院　帷帳是移
樂舞合調　幡蓋添餝　准御齋會　致崇重儀
吉一々々　斯寺延嘔　殘九千口　諸國召請
遠近風來　緇素雲集　左旋右顧　疊跡駕肩
禁斷々々　令致齋肅　受十善形　運三拜心

二所神宮　八幡宗廟　以此景祐　增其威光
本願御陵　祖考兩代　同賴福惠　彌添莊嚴
殊奉勝因　奉祝國王　德四三象　齡六五龍
禁樹陰繁　帝葉帝成　御溝浪靜　皇流永傳
國母床前　麻姑獻壽　春秋永富　日月不傾
正后宮中　松子連袖　茅茨成詠　螽蟴比譽
瓊蓂金枝　宴遊日久　博陸太閤　輔佐運遙
文職武官　持卽北面　蠻陬幾落　解辮子來
舜曆風和　堯旬雨若　民皆骨悅　國悉考槃
柱礎無搖　佛法彌盛　代々護國　永々無窮
乃至天衆　及以地類　併增法樂　皆蒙惠薰
凡厥群生　獲得善利

建久六年　三月十二日

〔東大寺造立供養記〕

（建久）同六年三月十二日、大佛殿供養也、卽兼被仰下行事官、大納言實家、同定能、權中納言經房、同兼光、參議定長、同公繼、左中辨親經、右中辨定經、左大史隆職、大外記良業、導師興福寺別當權僧正覺憲、呪願師別當僧正勝憲(賢)、于時有行幸、仁和寺御室法親王以下龍象、國家之碩德、千僧正座、百官整禮、關白以下文武百寮、盡員供奉、一天四海之□莫不參詣、九州八荒之群莫不渴仰、於是鎌倉前右大將源朝臣者、當寺大檀越也、從相模國引率數萬軍兵、令企上洛、爲遇此供養也、始則以八木一萬石令助成、今又以奴馬七百十三疋被率進、又黃金一千兩、美絹一千疋、是度々助成也、大佛成就之根元、始終無㝵之次第、是偏右將軍之威力也、供養之日、命武士以守護四方、奮威勢以令无障㝵也、廻廊之外四面張陣、宛如守護之善神、中門之内東西設樂、旁似影向之天衆矣、普天率土之群類、群參成市、四海八埏之諸人、踏跟无隙、先是諸人相語云、供養之日敢不得近、不如兼日參詣云々、多存此旨、兩三日間、參詣之群類老少无絕、往還之凡性道路摺肩、供養之後、猶以如此、今願此結緣類、得脫无疑、供養之夜、上人感夢想、天有聲告曰、天平供養之昔、臨會場諸人等、皆離惡趣已生善所、今日令來詣道俗者、天平之昔、或飛于佛殿之上鳥類、或跂于堂閣之庭虫蟻等也、依昔結緣今受人身、再令來臨、今度以値此供養、皆悉可得脫、今日又飛空鳥、跂地虫、雖无實心、依此結縁、遂皆可解脱、大佛結縁之輩、古今皆離悪趣、人畜同可致寶所云々、其後萬人彌催信、一天增運歩、

〔僧官補任 和尚號〕

大法師重源

建久六年三月十二日宣旨云、以傳燈大法師位重源、爲大和尚者、

一三〇 建久六年（一一九五）三月十三日、源頼朝、重源を通じて、陳和卿に會わんとするも、和卿これを固辭し、賜品を東大寺に寄進す

〔吾妻鏡 卷第十五〕

（建久六年三月）十三日戊戌、晴、將軍家御參大佛殿、爰陳和卿爲宋朝來客、應和州巧匠、凢厥拜盧遮那佛之修餝、殆可謂毗首羯摩之再誕、誠匪直也人歟、仍將軍以重源上人爲中使、爲値遇結縁、令招和卿給之處、國敵對治之時、多斷人命、罪業深重也、不及謁之由、固辭再三、將軍抑感涙、奥州征伐之時以所著給之甲冑并鞍、馬三疋、金銀等被贈、和卿賜甲冑爲造營釘料、施入于伽藍、止鞍一口、爲手搔會十列之移鞍、同寄進之、其外龍蹄以下不能領納、悉以返献之云々、

三　建久六年（一一九五）春、榮西、宋の天台山より持ち歸りし菩提樹を東大寺の鯖木の跡に植え、重源これに結緣す

〔元亨釋書　巻第二　建仁寺栄西傳〕

（建久六年）此春、分天台山菩提樹、裁東大寺、初西在台嶺、取道邃法師所裁菩提樹枝、付商船種筑紫香椎神祠、建久元年也、西以謂吾邦未有此樹、先移一枝于本土以驗、我傳法中興之効、若樹枯槁吾道不作、蓋菩提者、如來成道之靈木也、世尊滅後一百年、師子國王受佛記、共佛舍利得南枝、盛金甕移植、南宋之始、求那跋陀羅始裁廣府、其後邃師分台峯、是以西爲法信寄來逮東大寺、復勅以此木移焉、元久之始、西又取枝、裁建仁東北隅、兩處茂盛、重蔭數畝、至今繁焉、天下分裁、

〔東大寺造立供養記〕

抑傳西天之道樹、移東土之庭前、殖鯖木之古跡、期龍花之三會、古人傳云、宋求那跋陀羅三藏至廣府、立戒壇、種菩提樹、其後琅琊道邃和尚傳之、以種天台山也、日本榮西上人徃天台山、住萬年寺、經五ヶ年、以種歸當寺也、皈朝之時、得彼樹蘖而種於香椎宮、建久元年也、傳彼樹以種當寺也、榮西上人書云、今大和尚者、

予幼少之時、兄弟二人投以爲師、今暫別也、此菩提樹來我朝之最初也、
〔南无阿彌陀佛作善集〕
（東大寺）鯖木跡奉殖并樹、

一二 建久六年（一一九五）五月十三日、重源、高野山に逐電し、源頼朝の召請によって、ようやくその廿九日に東大寺に帰る

〔吾妻鏡 巻第十五〕
（建久六年五月）廿四日戊申、前掃部頭親能爲將軍家御使、向高野山、是東大寺重源上人去十三日逐電、在彼山之由、近日風聞之間、可歸洛之旨、依被誘仰也、
廿九日癸丑、重源上人出來、重將軍芳命之故也、將軍關東御下向事、日來依被尋彼行方延引、至來月者、定可預除祇園忌歟、

一三 建久六年（一一九五）八月五日、重源、周防國に下向し、その七日から九月廿八日の間に、同國一宮の玉祖神社を造替す。またその頃、同國の遠石八幡宮、小松原八幡宮、末武八幡宮、松崎天神宮等をも造營す

○周防一宮―玉祖神社、山口縣防府市大崎

〔一宮造替神殿寶物等目錄 玉祖神社藏〕

一宮造替神殿寶物等目錄

御寶殿一宇 三間

御簀一間 有緣 裳甲 鈎

几帳帷一帖 淺黃浮線綾

引物一帖 白唐綾

寄障子九枚 白平絹

御疊二帖 木綿端

中殿一宇 二間二面

御簀三間 有緣 裳甲 鈎

申殿一宇 三間二面

拜殿一宇 六間二面

樓門一宇 二階

廊二宇 各五間

御帳臺一基

錦幡四流 赤地身 紺地手 白地足

錦帳一帖 紺地 有赤地裳甲

引物一帖 毛與黄木綿

寄障子二枚 白唐綾

錦茵一帖 赤地

半疊一帖 錦端

御輿一脚

錦幡四流 赤地身 紺地手足

錦帳四帖 赤地 有紺地裳甲

鏡付板四枚 紅梅絹褁之

引物一帖 紅梅唐綾

錦茵一帖 赤地

半疊一帖 錦端

水引二帖 上毛與黄木綿 下紫平絹

御束帯一具

袍　襲　單衣　赤帷

表袴　大口　瑪瑙帶　冠

笏　扇　襪　沓

御鉾一枚 有比禮 鈴

右爲令遂東大寺造營、以去文治二季被奉寄當國之後、治國十箇年之間、已終造佛造寺之功、以今年三月十二日、有行幸、寺家被奉遂供養之大會畢、偏是玉祖大明神之加被力也、仍爲報宿願、南無阿彌陀佛去八月五日下向、自同七日始造替社壇、調進神寶、即以九月廿八日己酉、所奉遂御遷宮也、非啻增益大明神之威光、聖朝安穩之祈禱也、乃至國土豐稔萬民歡樂矣、仍爲後記大概注之而已、

建久六年九月廿八日

造東大寺大和尚南無阿彌陀佛(花押)

募日別御供新所、令奉免

新田拾町也、始自御遷宮日、

及未來際無退轉、爲國

○遠石八幡宮―徳山市遠石
○小松原八幡宮―現松原八幡宮、山口縣熊毛郡熊毛町三丘（舊三丘村大字小松原）
○末武八幡宮―現花岡八幡宮、下松市花岡町
○天神宮―現防府天滿宮、防府市宮市松崎

---

裔與社家之營、可奉備
狀如件、
建久六年九月廿八日
大和尚（重源花押）

〔南无阿彌陀佛作善集 周防南無阿彌陀佛ノ條〕

奉造宮一宮御寳殿并拜殿、三面廻廊、樓門、
遠石宮八幡宮、小松原宮八幡三所、末武宮御寳殿八幡三所、
天神宮御寳殿并拜殿、三面廻廊、樓門、

一三四 建久六年（一一九五）九月、周防國宮野庄を特に東大寺領となす

〔東大寺領周防國宮野庄田畠等立券文 防府上司家藏〕

大和尚（重源）（花押）

立券

言上東大寺御領周防國宮野庄田畠荒野
杣山在家等目録事

在管大内村内

四至　限東仁保庄中山　限南木津宮前

限西長門國堺山　限北同堺檜山

一牓示肆本在所

一本　丑寅角仁保庄山路峯

一本　辰巳角字越道山峯

一本　同辰巳角南脇木津南宮埼尾頸

一本　未申角字戸義山埼

一見作田畠佰拾捌町伍段

田伍拾陸町参段貳拾歩

畠陸拾貳町壹段上品中生二十(歩)

除清水寺院内三丁五段

田二丁六段

畠九段

殘佰拾伍町内仁戸宮社内六丁下品上生二十(歩)

田五十三丁七段二十(歩)仁戸宮社内三丁九段中品中生二十(歩)

畠六十一丁二段上品上生二十(歩)内仁戸宮社内同二丁上品下生

宮内辛栗里七丁三段中品下生

田二丁九段中品中生二十(歩)

畠四丁三段上品下生二十(歩)

十四坪田一段中品下生

十五坪田三段中品下生

十六坪田二段下品下生

十七坪四段中品中生十(歩)田一段 畠三段中品中生

十九坪畠三段

廿坪六段下品上生田一段下品上生 畠五段

廿一坪三段下品上生田一段下品上生 畠二段

廿二坪田二段

廿三坪田一段中品中生

廿五坪畠三段

廿六坪一段上品中生田上品中生 畠一段

廿七段田三段中品上生

廿八坪五段上品下生田一段上品下生 畠四段

廿九坪四段下品中生田二段下品中生 畠二段

卅坪三段田一段中品上生 畠一段下品上生

卅一坪五段中品中生田中品中生 畠五段

卅二坪七段畠也

卅三坪二段上品中生田中品中生 畠二段下品上生

卅四坪三段田一段中品上生 畠一段下品上生

卅五坪三段上品中生田一段上品中生 畠二段

卅六坪一段上品中生二十(歩)田中品中生下 畠一段下品上生

石前里二丁一段下品上生二十(歩)

田一丁二反二十(歩)

畠九反下品上生

一坪田二反下品下生

二坪四反田二反中品上生 畠二反下品上生
十一坪畠一反下品上生
十二坪田中品中生十(歩)
十三坪六反中品上生田二反中品上生 畠四反
廿四坪六反上品下生田四反下品下生 畠二反中品上生
宮内社前里五丁二反下品下生
田二丁一反下品中生
畠三丁上品中生
五坪五反中品中生二十(歩)田一反中品上生二十(歩) 畠三反上品中生
七坪田三反下品上生
八坪畠五反下品上生
十二坪畠五反下品上生
十三坪畠五反下品上生
十四坪七反中品下生田二反下品中生 畠五反下品中生
十九坪四反中品中生十(歩)田三反中品中生十(歩) 畠一反

廿坪田四反中品上生

廿二坪畠二反

廿四坪八反中品中生田五反上品下生 畠二反上品下生

圖外里八丁三反下品中生

田三丁八反上品中生

畠四丁四反下品上生

二坪五反中品下生田三反中品下生 畠二反

三坪五反下品下生田一反上品下生 畠三反下品上生

十四坪七反下品中生田一反下品中生 畠六反

十九坪五反下品中生田一反上品中生 畠三反下品上生

廿坪八反中品上生田六反 畠二反中品上生

廿一坪七反上品下生田二反上品下生 畠五反

廿八坪八反上品中生田六反上品中生 畠二反

廿九坪六反上品中生田三反中品中生 畠三反下品上生

卅坪六反中品上生田四反 畠二反中品上生

卅一坪八反中品中生 田五反中品中生 畠三反

卅三坪六反下品上生 田一反下品上生 畠五反

卅四坪六反中品下生 田中品下生 畠六反

萱原里六丁七反下品上生二十(歩)

田三丁九反下品中生二十(歩)

畠二丁八反下品下生

一坪三反上品中生 田二反上品中生 畠一反

二坪田三反上品中生

三坪五反上品中生 田二反下品中生 畠三反中品上生

四坪二反下品下生 田中品下生 畠一反中品上生

五坪畠四反

七坪六反下品中生 田中品中生 畠五反中品上生

八坪四反下品上生 田一反下品上生 畠三反

九坪六反下品上生 田二反上品下生 畠三反中品中生

十坪三反中品上生 田二反下品上生 畠一反下品上生

十一坪四反下品中生田二反中品上生 畠一反中品中生

十二坪二反上品下生田二反下品下生 畠中品上生

十四坪田四反

十五坪田四反下品上生

十六坪田二反上品下生

十七坪田二反中品上生

十八坪四反下品下生二十(歩)田二反下品下生二十(歩) 畠二反

十九坪田上品下生

廿三坪田一反下品上生

岡本里八丁七反下品上生

　田一丁一反

　畠七丁六反下品上生

一坪畠二反中品上生

六坪畠六反

七坪畠六反中品上生

八坪畠中品上生

十一坪畠二反

十二坪五反中品上生田中品上生 畠五反

十三坪七反田二反中品上生 畠四反下品上生

十四坪畠五反

廿一坪畠二反

廿二坪畠一反下品上生

廿三坪畠五反

廿四坪五反下品下生田一反中品下生 畠三反中品上生

廿五坪六反下品下生田上品下生 畠五反下品上生

廿六坪畠六反下品上生

廿七坪畠四反

廿八坪畠二反

卅三坪畠五反

卅四坪六反中品下生田一反下品下生 畠五反下品上生

卅五坪四反上品中生田二反下品中生 畠二反中品上生

卅六坪三反中品下生田二反下品下生 畠一反下品上生

十三條社前里七丁五反二十(歩)

田一丁九反下品中生

畠五丁五反上品下生二十(歩)

二坪三反下品下生田一反下品中生 畠一反中品上生

三坪田二反中品上生

四坪田二反下品下生

五坪田一反中品中生十(歩)

六坪田下品上生

九坪田一反下品中生

十坪田四反中品中生十(歩)

十一坪田上品下生

十四坪田二反

十五坪畠六反下品下生二十(歩)

十六坪田一反中品下生

廿一坪畠六反中品上生

廿二坪五反上品下生田一反下品中生 畠四反中品中生

廿四坪畠五反

廿五坪畠六反中品上生

廿七坪畠六反

廿八坪畠六反中品上生

卅三坪畠六反中品下生

卅四坪畠二反中品上生

卅六坪畠三反下品上生

十二乃口里七丁二反上品中生二十(歩)

田四丁一反下品下生

畠三丁一反上品下生二十(歩)

三坪四反上品中生田二反上品中生 畠二反

四坪四反上品下生田二反上品下生 畠二反

五坪田一反下品下生

八坪田一反下品中生

九坪五反中品上生 田一反下品下生廿(歩) 畠四反中品中生十(歩)

十坪五反中品上生 田一反 畠四反中品上生

十一坪一反中品上生 田一反 畠中品上生

十四坪三反中品上生 田一反中品上生 畠二反

十五坪五反上品下生 田一反下品下生 畠四反中品上生

十六坪六反下品上生 田一反 畠五反下品上生

十七坪田一反

廿坪田一反中品下生

廿一坪三反 田一反上品下生 畠一反下品中生

廿二坪四反下品上生 田二反下品中生 畠二反下品下生

廿三坪田中品中生十(歩)

廿六坪二反上品下生二十(歩) 田一反上品下生二十(歩) 畠一反

廿七坪田三反下品中生

廿八坪田三反下品上生

廿九坪田二反下品中生

卅二坪田一反

卅三坪田二反中品下生

卅四坪田三反中品中生十(歩)

卅五坪三反下品上生田一反中品上生 畠一反中品上生

桐乃里五丁七反中品下生

田二丁二反中品上生

畠三丁四反上品下生

三坪五反下品中生田一反中品中生 畠三反中品上生

四坪六反上品下生二十(歩)田二反下品上生二十(歩) 畠四反中品下生

五坪田一反

八坪二反下品下生田一反下品下生 畠一反

九坪二反中品上生田一反下品下生 畠一反中品中生

十坪三反下品上生田一反中品上生 畠一反中品上生

十一坪田一反下品中生
十四坪田一反下品上生
十五坪三反下品下生田一反下品下生　畠二反
十六坪五反下品下生田一反上品下生　畠三反下品上生
廿二坪四反上品中生田上品中生　畠四反
廿三坪田下品上生
廿七坪四反下品上生田下品上生　畠四反
廿八坪四反中品中生廿(歩)田二反中品上生廿(歩)　畠一反上品中生
卅二坪四反上品下生田二反下品中生　畠二反中品中生
卅三坪四反下品下生田一反中品下生　畠二反中品上生
卅四坪二反中品下生田中品下生　畠二反
闕屋里五丁三反上品下生二十(歩)
田四丁中品上生二十(歩)
畠一丁三反下品下生
一坪田二反下品下生

二坪田二反中品中生二十(歩)
三坪五反上品下生田一反中品下生 畠四反下品上生
七坪田二反中品下生
十坪田二反下品下生
十一坪田四反上品下生
十二坪田三反
十三坪田二反下品中生
十六坪田三反下品上生
十七坪四反田二反 畠二反
十八坪五反下品上生田四反下品下生 畠一反下品中生
廿一坪田二反下品下生
廿九坪四反上品下生田二反中品下生 畠二反下品上生
廿二坪田二反中品中生
卅三坪六反中品上生田三反中品下生 畠三反下品中生
十一條宮乃里三丁二反中品中生

田二丁二反上品中生
畠四反中品上生
一坪田一反下品中生
五坪二反下品下生廿(歩)田一反中品中生十(歩)畠中品上生
九坪田二反
十坪田二反
十一坪田一反
十四坪田四反
十五坪田三反中品中生
十六坪六反上品中生田四反上品中生畠二反
廿九坪五反下品中生田三反下品中生畠二反
卅二坪田四反中品中生十(歩)
上道里三丁四反下品下生二十(歩)
田二丁二反中品中生十(歩)
畠一丁一反中品上生

三坪田二反
四坪六反上品中生（田五反上品中生 畠一反）
五坪田一反下品上生
八坪三反上品中生（田三反下品中生 畠中品上生）
廿七坪一反下品上生（田中品上生 畠中品上生）
廿九坪一反中品下生（田上品下生 畠中品上生）
卅一坪畠二反
卅二坪六反下品下生二十(歩)（田三反中品中生十(歩) 畠二反中品上生）
卅三坪七反中品下生（田三反中品下生 畠四反）
卅四坪田一反中品上生
池内里四丁六反下品上生
　田二丁八反中品下生
　畠一丁七反上品中生
一坪五反中品下生（田一反中品下生 畠四反）
二坪四反中品下生（田一反下品下生 畠三反下品上生）

三坪六反中品中生田一反中品上生 畠四反上品中生
五坪田一反中品上生
六坪田一反中品下生
七坪田一反下品上生
十八坪田一反下品中生
廿坪田一反上品下生
廿一坪田二反上品下生
廿二坪三反中品中生田一反下品中生 畠二反下品上生
廿三坪四反上品下生田二反上品下生 畠二反
廿四坪田一反
廿五坪田一反
廿六坪田二反下品中生
廿七坪二反中品上生田一反下品上生 畠一反下品上生
廿八坪田二反下品中生
卅一坪田一反中品中生

卅二坪田中品上生

池内里外一丁下品下生

田九反下品下生

畠一反

一坪田三反下品上生

二坪田四反下品中生

三坪二反中品中生田一反中品中生畠一反

堤田里十一丁中品中生

田四丁三反

畠六丁七反中品中生

三坪二反下品中生田一反中品中生畠中品上生

四坪四反上品中生田一反中品中生畠三反下品上生

五坪六反上品下生田一反下品下生畠五反中品上生

八坪四反中品下生田二反上品下生畠一反中品上生

九坪三反田一反畠二反

十坪五反下品上生　田一反中品上生　畠三反中品上生

十一坪上品中生　田下品中生　畠中品上生

十三坪田二反下品上生

十四坪二反中品上生　田一反中品上生　畠一反

十五坪三反中品上生　田一反　畠二反中品上生

十六坪六反　田一反　畠五反

十七坪五反下品中生二十(歩)　田一反中品中生二十(歩)　畠三反中品上生

廿坪四反下品下生　田一反上品下生　畠二反下品上生

廿一坪六反　田一反　畠五反

廿二坪五反中品中生　田二反　畠三反中品中生

廿三坪五反　田二反下品上生　畠二反中品上生

廿四坪三反　田一反下品上生　畠一反中品上生

廿五坪田二反中品下生

廿六坪田一反上品下生二十(歩)

廿七坪四反下品上生　田三反　畠一反下品上生

廿八坪五反下品下生田一反中品中生 畠三反中品中生

廿九坪四反上品中生田二反下品下生 畠二反上品下生

卅坪畠中品上生

卅一坪畠一反

卅二坪五反下品上生田一反 畠四反下品上生

卅三坪五反下品中生田一反 畠四反下品中生

卅四坪五反田一反 畠四反

卅五坪二反下品下生田一反中品上生 畠中品下生

卅六坪田一反上品下生

九條池尻里十三丁一反中品中生十(歩)

田四丁九反下品下生

畠八丁二反下品上生二十(歩)

一坪畠一反

二坪田二反上品下生

三坪四反下品下生田二反中品上生 畠一反中品下生

四坪五反田一反上品中生 畠三反下品下生

五坪六反中品中生十(歩)田一反下品中生二十(歩) 畠五反下品中生

六坪畠二反

七坪畠三反下品上生

八坪七反田一反 畠六反

九坪三反上品中生田二反下品上生 畠一反中品中生

十坪田二反中品上生

十一坪田二反

十二坪田一反

十四坪畠一反下品上生

十五坪三反

十六坪三反中品下生田二反下品下生 畠一反下品上生

十七坪五反上品下生二十(歩)田中品中生十(歩) 畠五反下品上生

十八坪四反下品上生田一反中品上生 畠二反中品上生

十九坪畠五反下品上生

廿坪七反下品下生 田一反中品下生 畠五反中品上生

廿一坪四反下品中生 田一反中品上生 畠二反中品中生

廿二坪三反下品下生二十(歩) 田二反中品中生十(歩) 畠中品上生

廿三坪二反下品上生 田一反下品下生 畠一反下品中生

廿六坪田二反下品下生二十(歩)

廿七坪田四反中品中生十(歩)

廿八坪五反上品上生二十(歩) 田一反下品中生二十(歩) 畠四反中品中生

廿九坪六反下品上生 田一反 畠五反下品上生

卅坪七反下品下生 田一反中品下生 畠五反中品上生

卅一坪畠六反中品上生

卅二坪五反 田一反下品上生 畠三反中品上生

卅三坪三反中品上生 田二反上品下生 畠上品中生

卅四坪五反中品上生 田一反中品中生十(歩) 畠四反下品下生二十(歩)

卅五坪三反下品下生二十(歩) 田一反中品中生十(歩) 畠一反中品上生

八條山尻里六丁七反下品中生二十(歩)

田二丁八反中品上生

畠三丁八反中品中生二十(歩)

一坪二反中品中生二十(歩)田二反下品下生畠中品中生十(歩)

二坪田一反

三坪田一反上品中生

四坪田一反中品上生二十(歩)

五坪三反中品上生田一反中品上生畠二反

六坪六反上品下生田中品下生畠六反下品上生

七坪五反下品中生二十(歩)田一反上品中生廿(歩)畠三反下品上生

八坪四反下品下生田□反上品下生畠一反下品上生

九坪三反上品下生田中品下生畠三反下品上生

十六坪六反下品中生田一反上品中生畠四反下品上生

十八坪六反下品上生田一反畠五反下品上生

十九坪四反田二反畠二反

廿坪四反中品上生田二反畠二反中品上生

廿一坪三反中品下生田一反畠二反中品下生
廿九坪五反中品上生田二反中品上生畠三反
卅坪二反上品中生田一反上品下生畠一反
卅一坪田一反下品中生
卅二坪二反田一反畠一反
越道里六坪田二反上品下生
長谷里田一丁下品下生二十（歩）
三坪一反
四坪五反中品下生
五坪一反
六坪二反中品上生二十（歩）
仁戸宮社領六丁下品上生二十（歩）
田三丁九反中品中生二十（歩）
畠二丁上品下生
宮内辛栗里二丁一反中品上生

田一丁九反中品上生
畠二反
四坪田六反
五坪田三反
九坪田五反下品上生
十坪田四反下品上生
十一坪田一反
十二坪畠二反
宮内社前里三丁七反上品下生廿(歩)
田一丁九反中品上生二十(歩)
畠一丁八反下品下生
廿一坪二反中品下生田中品下生 畠二反
廿二坪四反上品下生廿(歩)田中品下生十(歩) 畠四反下品上生
廿三坪畠二反中品下生
廿六坪畠五反下品上生

廿八坪田四反上品中生
廿九坪田一反中品上生二十(歩)
卅坪田一反
卅一坪田二反下品上生
卅二坪田六反中品上生
卅四坪三段下品下生二十(歩)田二反下品下生二十歩 畠四反
卅五坪畠三段
萱原里五坪上品中生田下品中生 畠中品上生
清水寺院内参町伍段田二丁六段 畠九段
四至
東限寺山峯　西限里際自宮佐古縄手 宗永西垣根
南限樽原葉山　北限堂後谷
八條山尻田五段
卅一坪一段田也
卅二坪四段畠也
越道里二丁

六坪一段中品中生十(歩)田也
七坪七段中品中生十(歩)田二段中品中生十(歩)畠五段
十七坪一段田也
十八坪丁(脱カ)田也
萱原里十三坪丁(脱カ)田也
一無主荒野伍拾参町伍段
一杣山貳箇所津會坂山 田代山
一河 宮野河
一在家参拾壹宇
右宋人陳和卿解状偁、謹検案内、件宮乃領者、和卿依僧鑁(マヽ)円施入、相具調度文書所傳得也、其上亦依大佛殿造營之賞、任申請堺四至打牓示、宛衣粮之二事所給預也、且爲省向後之牢籠、亦爲成心中之願念、令寄進東大寺御領、以其年貢之上分、可令備進大佛御佛聖斷也、望請天裁、亦任文書道理、且依和卿寄進之狀、以件宮野庄可爲當

寺領之由、被成下宣旨、欲令備將來之龜鏡者、左大臣奉勅
依請者、國宜承知、依宣刻之意者、任宣旨狀、堺四至立券
言上如件、

建久六年九月　日　　　　　　公文
　　　　　　　　　　　　　　下司

立券使
國使書生散位中原朝臣（花押）
（裏書）「助正」
御使造東大寺判官中原朝臣（花押）
（裏書）「基康」

○紙背の各繼目毎に重源の花押あり

一三五　建久六年（一一九五）十一月七日、重源、宋版一切經を醍醐寺に施入し、翌八日、一應これを下醍醐栢森堂に於て讃嘆し、やや後年の同九年（一一九八）三月九日に至って、上醍醐に經藏を建て、改めてこれを供養す

〔醍醐寺座主次第 第廿三代法眼實繼ノ條〕
（建久六年）同年十一月七日、春乘房聖人被施入唐本一切經於當寺、栢森大藏卿入道師行堂奉院爲讃歎、寺僧十人還屋津参向、八日己丑婁宿月曜、奉請其式在別、請僧百口之内、僧綱十口僧正御房、法眼宗遍、實繼、權律師宗嚴、能遍、成賢、範賢、定範、法橋委嚴、藏有、十種供養具、天童十六人傳供之、導師乘延得業、次入調、同九年三月九日丙午星宿曜、唐本一切經供養、卽櫻會試樂之次、供養之、請百口、依願主聖人之芳命、卽勤仕導師、呪願宗嚴律師、唄成賢範賢兩律師、散花定範律師秀嚴法橋、法會式如櫻會、於我朝令供養唐本一切經事三箇度、初興福寺、次東寺、

〔南无阿彌陀佛作善集〕
上醍醐經藏一宇奉納唐本一切經一部

〔上醍醐寺類集〕
七條院廳
可早任權少僧都藏有寄文、以醍醐山唐本一切經藏、爲御祈願所事、
右去年十月日解狀偁、謹檢案内、建立精舍而寄進御願者、承前之例也、爰造東大寺上人大和尚重源聊依宿願、從大唐凌蒼海萬里之波浪、渡七千餘軸之經論、

卽建久之比、於清瀧社、以專寺座主爲唱導、啒百口碩德、擧題名、兼卜當山之勝地、起立一宇之經藏、併彼經論悉以安置、崇重異他、恭敬超餘、而藏有自去建永元年永爲每年之勤、啒三十口之龍象、講數千軸經論、無樂共奏、伶人連袖、上以祈國家之太平、下以資衆生之萬願、望請廳裁、以件經藏爲御願所、以件大會被募御願者、彌抽一心之精誠、奉祈萬歳之寶算矣者、任藏有寄文、以彼經藏、可爲御祈願所、兼又於一切經會者、每年無懈怠令勤修、可奉祈御願之狀如件、

建保六年三月　日　　　　　主典代□判

別當太宰權帥藤原朝臣判　　　判官代中宮權大進藤原判

權大納言藤原朝臣　　　中務大輔藤原朝臣

中納言藤原朝臣判

中納言源朝臣判

權中納言兼左衞門督藤原朝臣判

勘解由長官藤原朝臣判

前上總介平朝臣

新經藏段

一春乘房聖人施入事

座主次第云、建久六年十一月七日、春乘房聖人被施入唐本一切經於當寺、寅云、實名重源、南都大佛殿本願、

一於柏森(マヽ)堂讃嘆事

同次第云、聖人被施入唐本一切經於當寺、柏森(マヽ)大藏卿入道師行堂奉渡、爲讃嘆、寺僧十人岡屋津参向、八日己丑委宿月曜、奉請、其式在別、請僧百之内僧綱十口、僧正御房、範賢法眼、宗遍、實繼、權律師宗嚴、成賢、定範、法橋秀嚴、藏有、十種供養具、天童十六人、傳供之、導師乘延得業、次入調、

一五千藏事

建保六年廳宣云、從大唐、凌蒼海萬里之波浪、渡七千餘軸之經論、寅云、但彼經端書云、五百餘篋ト在之、然者五千藏歟、追而可尋之、一篋仁經十帖納之、

一供養事

座主次第云、(前掲に同じ―三二〇頁)

建保六年七條院廳宣云、（前掲に同じ—三二〇頁）

一寄七條院御祈願所事

（前掲）

一一切經會事

右廳宣云、（前掲に同じ）

一一切經會者爲清瀧宮法樂事

觀應二年寄附狀云、右彼法會者、去建永元年願主權少僧都藏有、爲奉齎清瀧之威光、恭敬經王之安置、凝慇懃之懇念、刷鄭重之儀式了、然而承久大亂已後、數箇之料所顚倒之故、舞樂來迎等儀式忽令退轉、如形勵經典講讃之法、即備權現法樂之禮奠許也、寅云、山上清瀧宮法樂也、

一經藏在所事

山上藥師堂南之岸ノ下ニ在之、凡清瀧宮拜殿ノ辰巳角ニ當ル歟、

一當指圖事

（本文欠）

一經事

經者折本也、紙者厚紙、色者黄也、行者七行也、横竪廣シ、表紙者紺紙也、外題者金泥也、

一函事

經箱者、赤漆、角ヲトル、蓋者ワリフタ也、板アツシ、凡針(釘)ヲ不打歟、中ハ白木也、一合仁經十帖宛納之、仍大般若六百卷、箱六十合ニ納之、然者五千藏ノ經歟、箱數五百餘函ト在之故也、但惣テ不勘見之間、推量一且記之、

一春乗房者爲當山衆事

寺解云、泥無當山出生之重源者、爭有彼寺建久之造營乎、寅云、山上圓明房ヨリ出云々、彼寺者東大寺之事也、大佛再興之儀也、大釜是以此聖人施入云々、于今山上風呂ニ在之、水船ノ釜是也、

一三六 建久六年(一一九五)十一月十一日、造東大寺長官藤原定長卒去し、藤原宗頼その後を嗣いで、翌七年(一一九六)二月一日に長官となる

〔三長記〕

(建久六年十一月)十一日、今日參議造東大寺長官正三位行左大辨兼勘解由長官藤

原朝臣定長卒去、生年卅七、

〔辨官補任〕

（建久六年）左大辨從三位藤定長参木、造東大寺長官、二月二日兼勘解由長官、同日兼播磨權守、十月十一日薨、歳四十七、

（建久七年）左大辨從三位藤宗頼参木、勘解由長官、越前權守、二月一日兼造東大寺長官、

三七 建久七年（一一九六）四月八日における東大寺大佛殿の伎樂會のために、佛師康慶、伎樂面を補作す

〔東大寺伎樂面銘〕

建久七ゝ四ゝ七ゝ

康慶

○神童寺所藏の伎樂面にも、これと同じ銘あり

〔東大寺要錄 巻第四、諸會章第五〕

（四月）八日、伎樂會 於大佛殿行之、

三八 建久七年（一一九六）六月三日、重源の請により、官符を攝津國に下して、魚

住、大輪田の兩泊を修築せしむ

〔攝津古文書内閣文庫藏〕

太政官符　攝津國司

應任東大寺大和尚重源申請知識、不論神社佛寺、權門勢家、庄薗公地、令伐用造築魚住大輪田泊等石掠、并一州小島斫材柯木竹等、點進津津破損船瓦、兼雇役河尻邊在家人夫事、

右得重源去四月廿八日奏狀偁、重源敬稽舊記、魚住泊者、天平之昔行基菩薩所建立也、弘仁之間破壞年久、天長九年依故右大臣淸原眞人奏狀、殊降叡旨、早令作治、自承和末癈而不修、貞觀九年東大寺僧賢和伏請天裁、更致修固、不終其功、空以入滅、延喜年中淸行朝臣雖上封事、未及營築、濱岸彌頽、兆域遂亡、每至雲陰月暗風急星稀、莫不落帆弃檝、東呼西叫、因茲近世山陽南海西海三道公私之船、十之八九居然漂沒、於是彼泊住人近邊僧侶等歎曰、此泊之爲躰也、非啻舟船失利之憂、遂有人徒損命之悲、自非上人誰救此難、請任舊跡早企新功、且是行基菩薩勸衆庶人、成東大寺、碩德之餘、復修此泊、倩見當時之次第、盍躡天平之蹤跡者、重源且發大願、且依宣旨、東大寺大佛殿南中門等纔雖建立、

其餘堂舍未造已多、廻何祕計支此大營、再三雖辭遁、緇素尚固請、若奪其志奈菩提何、仍愁以然諾試相勵、其上大和田泊者、古今之間、或雖修復、二十年來石椋頽壞、風波相突、舳艫易迷、河尻一洲者、洪濤漫漫、萬里無岸、廣瀉浩浩、四面受風、既來而欲入河尻、不待而空沒海底、二所之煩蓋又如此、既謂普濟何弃此所、況乎慇懃之趣更出綵綸哉、然猶貧道之身、更無獨營之力、勸進之行、恐少同心之人、是以殊被宣下、欲唱知識、其用度一者、不論三道諸國、并神社佛寺權門勢家庄領、運上米内斛別一升可分得之、一者、修築之固欲用舟瓦、彼三道國衙者、一郡別一艘、庄園者、一所別一艘、可被宛召之、即自其本所各欲被送著、一者、和泉、攝津、播磨、備前、備中、紀伊、伊勢、淡路、讃岐、阿波等十箇國、津津浦浦并河尻淀津等、破損之船多以有之、各可令點之、一者、山城、河内、攝津、播磨、淡路等五箇國、不論庄公、材柯斮木并竹等可令伐用之、兼又攝津、播磨、淡路三箇國、并河尻在家等者、修復處所已得便宜、各雇人夫欲令使仕、惣而言之、雖似一旦之煩費、豈非萬代之勝業、上奏之旨必垂哀矜、望請天慈、上件條々、被下宣旨令遂修造者、忝誇聖主授予之仁、將休庶民咽哽之愁者、右大臣宣、奉勅、依請者國司宜承知、依宣行之、符到奉行、

左中辨藤原朝臣　　　　　　　　　　右大史三善朝臣

建久七年六月三日

〔南无阿彌陀佛作善集〕

魚住泊　彼島者、昔行基井爲助人築此泊、而星霜漸積、侵損波浪、然間上下船

遭風波、漂死輩不知幾千、仍逐井聖跡、欲複舊儀、

○笠置寺―京都府相樂郡笠置町笠置山

三九　建久七年（一一九六）八月十五日、重源、解脱上人貞慶の笠置山般若臺の銅鐘

を鑄造し、また宋版大般若經一部と白檀釋迦如來像一軀を施入す

〔笠置寺銅鐘銘〕

（梵字ヲン　ア　ボ　キヤ　ベイ　ロ　シヤ　ノウ　マ　カ　ボ　ダラ　マ　ニ）

（梵字ハン　ドマ　ジンバ　ラ　ハラ　バ　リタ　ヤ　ウン）

諸行無常　是生滅法　生滅々已　寂滅爲樂

笠置山般若臺

新鑄華鯨　遠振梵響　願念衆生　發菩提心

建久七年丙辰八月十五日大和尚南无阿彌陀佛

〔南无阿彌陀佛作善集〕

笠置般若臺寺

奉施入唐本大般若一部、鐘一口、

白檀釋迦像一躰 聖武天皇御本尊也、

〔笠置寺緣起〕

一第八十代高倉院安元年中、後白河大上法皇、忝依叡信當寺臨幸、禮石像聖容、令結龍華之妙緣給、仍一乘不斷之讀誦、爲御勅願被始行之、

一二季之法華八講再興之御願、春季者後白河法皇御勅願、秋季者鎌倉右大將家御願也、

一長日仁王講者、御堂關白家當寺御参詣之時、爲御願被始行者也、

一不斷法華粁所寄進〔　　〕散位源弘〔　　〕田畠拾町壹段佰捌拾歩、地利笠置寺不斷法華供粁、末代無相違、不可有退轉之由、壽永元年壬寅十月十八日、被成下廳御下文者也、

一第八十一代安德天皇壽永元年壬寅、侍從公貞慶御歳二十八歳、南都菩提院方笠置寺御隱居云々、小納言入道信西御孫、御親父貞憲卿櫻町中納言重憲御舎弟也、般若臺院建立御

本願也、
後鳥羽院勅宣、解脱上人貞慶當寺上人號、依爲勅任、則笠置上人申也、
般若臺院六角堂御建立、御歳四十歳、建久五年甲寅八月三日辛卯上棟也、彼堂供養之前日、伊勢太神宮御參詣之處、親於内宮神前、忝御神御姿御感得云々、則六角堂内陣御厨子御奉納也、
中尊者釋迦牟尼如來春日大明神御本地、彼御厨子六面、大般若經各百卷宛紺紙金泥、十二本、扉四聖八天圖繪之、

南向正面扉西梵天王、東天帝釋、　坤扉増長天、阿難尊者、
乾扉法涌菩薩、廣目天、　北後門扉西沙佉羅龍王、東閻魔王、
艮扉多門天、玄弉三藏、　巽扉常帝菩薩、持國天、

依爲神道之祕密、彼御厨子者、被付勅符、然間輙開帳無之、内陣之出入、絹綿絁紙覆面、紙韈、無言也、上人彼堂供養之御時、雖惡魔競望、依神明御託、早合覺之給間、魔障卽時退散畢、則御供養成就云々、其後建久年中之比、上人角堂御行法之時、一人之倶生神出現、貞慶汝是何者哉、倶生神答云、自閻魔宮經衆招請之御使也、其時既六角堂正面右邊之庭上、地破而入閻魔宮給、御

結願之後、御母儀之幽魂御對面、色々御物語共、靈相雖數多、別記注之間、不能具記之、建久七年丙辰發當寺興行之大願、載子細於勸進帳、請助成於諸檀那、于時八條院御隨喜之餘、伊勢國蘇原之御厨地頭職、被附于當寺者也、

一第八十二代後鳥羽院、勅宣、寺領四至之内、山水之間、漁獵之事永可停止之由、被成下院廳御下文畢、

四至　東限野野目河、西限小倉河中佛石、
　　南限阿多惠谷、北限牓示河原、

一第八十三代土御門院、勅宣、當庄一圓寺進退(止)、守護不入之旨、被成下院廳御下文畢、

一解脱上人、元久元年甲子十一月十七日、當寺於本堂龍華會御始行、

三〇　建久七年（一一九六）六月十八日より十二月十日までの約半ヶ年に、佛師康慶、運慶、定覺、快慶等、東大寺大佛殿の脇侍菩薩像と四天王像とを造る

〔明月記〕

（建久七年六月）十三日、天晴、辰時參大炊殿、巳時許渡御九條御堂、東大寺上人

参、渡東大寺四天像於御堂内、令奉禮給、此佛本樣也、彼寺四天四丈佛也、是四尺云々、先造本樣摸之、八尺爲丈可奉造云々、

〔東大寺造立供養記〕

（建久七年カ）同六月十八日、始奉造左右脇士也、觀音像左衞門尉藤原朝綱入道造之、虛空藏掃部頭藤原親能造之也、大佛師四人、小佛師八十人、番匠八十人、杣人八十人也、觀音大佛師法橋定覺、□（丹）波講師快慶也、各作半身、後合其躰也、虛空藏大佛師法眼康慶、同運慶、卽父子也、漆各十斛、黃金六百枚、座下八天像、自餘勝事單功食料難具載者也、同年八月、始奉造四天像也、東方天大佛師法眼運慶、南方天法眼康慶、北方天法橋定覺、西方天快慶也、從六月十八日至十二月十日、六丈脇士二躰、四丈四天四躰、經半年而造六躰矣、所塗漆各八石也、採（マヽ）色丹具、遣直物於大唐、所買來也、惣二萬餘兩、自餘雜用不注之、金薄及五萬枚、弘薄定、採（マヽ）色佛師合八十人、一躰別廿人也、

〔鈔本東大寺要錄〕

（建久七年）六月十八日、勅使并御衣木加持僧綱下向、始奉造立觀音虛空藏、同座下八天像、至八月廿七日木造皆造畢、觀音者法橋定覺并快慶兩人爲大佛師、

虚空藏幸（マヽ）慶法眼父運慶法眼子父子両人爲大佛師、（中略）廿七日奉造始四大天王、勅使并御衣木加持僧綱下向、毗沙門者定覺法橋、持國天者幸慶法橋、増長天者運慶法橋、廣目天者快慶法師也、

〔東大寺續要錄 造佛篇〕

一建久七年六月十八日、勅使并爲御衣木加持僧綱等下向、卽理性院律師宗嚴加持御衣木、

同八（七カ）年六月十八日、始奉造左右脇士觀音虚空藏像、

觀音像座（坐）像二臂如意輪坐下在八天像、

願主左衞門尉藤原朝綱入道宇津宮、

大佛師法橋定覺

丹波講師快慶

各作半身、後合一躰、

虚空藏像同坐像

願主掃部頭藤原親能造之

大佛師法橋康慶

同　運慶
是父子也、各作半身、合爲一躰、
已上大佛師四人
小佛師八十人
番匠八十人　杣人八十人

建久六(七カ)年八月　日、始奉造四天王像
東方天 持國
大佛師法眼運慶
小佛師
南方天 増長
大佛師法眼康慶
小佛師
北方天 多聞
大佛師法橋定覺

小佛師

西方天　廣目

大佛師丹波講師快慶

小佛師

自建久六（七カ）年六月八日、至十二月下旬、六丈脇士二躰四天王像四躰、纔經半年、悉造六躰、速疾造立可謂奇特矣、所塗漆各八石也、採（マヽ）色丹具、遣直物於大唐、所買來也、惣二萬餘兩、自餘雜丹不能注之、金薄及五萬枚、弘薄定、採（マヽ）色佛師合八十人、一躰別廿人也、

已上、於年紀有相違、追可勘見之、

〔南无阿彌陀佛作善集　東大寺ノ條〕

（奉造立）脇侍六丈觀音、虚空藏、　四天四丈三尺

奉納脇士四天御身佛舍利各六粒三粒東寺、三粒招提、

〔左大辨實頼奉書（現所藏者不明）〕

（端書）「左大弁實頼奉（書）□」

來廿四日（七日延引）可奉始東大寺
大佛四天御衣木加持
可令勤仕給者依
御氣色執啓如件
（建久七年）八月九日　左大弁實頼
謹上　理性院律師御房

〔重源相博狀河瀬虎三郎氏藏〕

六條以北室町以東六條面
地者中院僧都御房被奉
施入東大寺用途了而有要
用奉相博土御門源大納言家
御領等了之狀如件
寄文并訴（斯カ）劵者遂而取進
候之狀如件
建久七年九月廿八日

大和尚（重源花押）

〔重源相博狀吉田末治郎氏藏〕

相博　領地貳戸主事

在六條北室町東六條面貳戸主者

右件地者故中院僧都御房并尼御前爲後世菩提被寄進造東大寺用途斷敢無牢籠而依便宜奉會土御門源大納言家所令相博四天像塗斷漆與五條坊門西洞院家地也不可有後日妨且相副本寄文奉相博之狀如件

建久七年十月四日

造東大寺大和尚（重源花押）

一三　建久七年（一一九六）十一月三日、重源の請により、備前國野田保を東大寺大佛燈油料として不輸地となす

〔東大寺續要錄寺領章〕

左辨官下　備前國

應返上東大寺領當國散在燈油田貳佰陸拾町、一圓野田保一處爲不輸地、停止國使入勘并勅事院事大小國役、大佛殿御油田事、

右得彼寺大和尚重源去月七日解狀偁、謹撿案内、諸寺庄領依便宜立替他所者、古今不易之恒規也、近則久安年中以當寺領播磨國垂水栗羽赤穗三箇所、被立替大部庄是也、爰件於燈油田者、依無大佛殿之相折御油、開發國中荒野二百六十町、可充用其燈油之由、經奏聞之由、有勅許、卽被仰國宰之處、依宣旨可令開發、建久四年作外荒野二百六十丁之由、被成廳宣了、仍一兩年之間、所遂開發之功也、隨無當時牢籠、雖須任其旨、依無一圓之地、令散在諸鄕之間、向後若不信之宰吏奸濫之目代等出來者、被致濫妨、御油定及闕乏歟、故返上件諸鄕散在燈油田二百六十丁、可令一圓便宜所之由、先日令言上子細之時、可無後時訴之樣相計令立替、可宣之旨、依被仰下、尋合在廳官人之處、各申云、野田保者、自古募別納保、非指公役之上、見作田纔百卅餘丁也、雖被立替、無當時國損、何及後時訴訟哉之由、依計申、以開發田所當官物辨濟國庫、以野田保地利可立用御油之旨、所加下知也、然者任其旨、以彼野田保爲當寺燈油相折之地、永可

停止勅事院事大小國役、在廳已下國使催濫行亂入等之由、被賜官符者、以其地利欲定置大佛殿之夜常燈、不斷供花廻燈、長日兩界供養法、最勝講、八幡宮等燈油料、是非思寺家之最要、專奉祈聖朝之御願、已返上多町田地、申請最少一圓、是非國益哉、裁斷之處、誰謂非據、望請天裁、因准傍例、以所立替野田保、永爲當寺御油不輸之地、早可停止國使入勘并勅事院事大小國役、在廳官人已下國衙催(促カ)役濫行亂入路次上下向官使等祗候雜事之由、被下官符宣者、以其年貢、欲定置大佛殿夜之常燈、不斷供花廻燈、長日兩界供養法、最勝講、八幡宮燈明等料、然者將仰興隆之善政、專成聖皇之御願者、中納言藤原朝臣經房宣、奉勅依請者、國宜承知、依宣行之、

建久七年十一月三日

右大史三善朝臣 在判

右少辨平朝臣(親國) 在判

大和尚自筆裏書云

中ヲクカコトクスヘシタカヘサセ

オハシマスナ　　南無阿彌陀佛在判

○中門石獅子—現在南大門に在り

一三　建久七年（一一九六）　宋の石工伊行末等、重源の沙汰によって、東大寺大佛殿の石の脇士像、四天王像、中門の石獅子等を造る

〔東大寺造立供養記〕

建久七年、中門石獅子、堂内石脇士、同四天像、宋人字六郎等四人造之、若日本國石難造、遣價直於大唐、所買來也、運賃雜用等凡三千餘石也、惣年來大事、人畜盡力、水陸積功、十有餘年之功勞、未曾有之次第也、唇穿齒落不可具言矣、

〔南无阿彌陀佛作善集　東大寺ノ條〕

（奉造立）石像脇士四天　中門石師子

〔般若寺笠塔婆銘　奈良般若寺藏〕

（塔身正面種子）

（第一基）（釋迦三尊種子）（胎藏界五佛種子）

（第二基）（阿彌陀三尊種子）（金剛界五佛種子）

（塔身兩側面偈）

（第一基）

□於一切不生懈怠心十方大菩薩愍衆故行道

諸行無常是生滅法生滅滅已寂滅爲樂
如來證涅槃永斷於生死若有至心聽常得無量樂
孝養父母心功德最第一是心發起者成就自然智

（第二基）

（塔身正面下段銘文）

先考宋人行末者異朝明州住人也而
向來日域經歲月卽大佛殿石壇四面
廻廊諸堂垣墻荒蕪□□悉毀孤爲□
□□□發吾朝□陳和卿爲鑄金
銅大佛以明州伊行末爲(與)衆殿□石
壇(鋪)故此土匪直也□者也則於東大
寺靈地邊土中得石脩造之正元二年
七月十一日安(晏)然逝去彼嫡男伊行吉
志□三年建立一丈六尺石率都坡二
基以一本廻過去慈考以一本宛現在

○阿育王山―中國浙江省寧波府鄞縣治

慈母就中般若寺大石塔（者）爲□□□
□房□□□□前(影)□□□(此)□(因)□
建立□□□□合□□□同合與
力并(並)經□□人作石壇大功徳結緣畢
願以此功徳救□□□□□□□□□
□□□□□忉利天今一子行吉造
石非(之)□□詣極樂界(都)□一切衆生□
□□□□
弘長元年辛酉七月十一日
伊　行　吉　敬白

一三 この頃、重源、宋の阿育王山の舎利殿造營に結緣して、周防國の材木を寄進す

〔東大寺造立供養記〕

（建久七年）上人(重源)之徳、不限今度、壯年當初入唐三度、大宋國阿育王山舎利殿、

二階三閣之精舍也、其寂中一間弘三丈也、精舍之勢分以此可察也、而破壊年久、營作失便、於是上人運我朝之大材、以訪大唐之造寺、渡萬里之蒼波、以成希代大願、故大唐造上人像、安先德之列座、圖和尙影、爲後代之證驗、因茲綾羅錦繡之奉加、甲冑弓箭之助成、乃至牛馬雜物之類、併出和尙之聖德也、如此等之施物過二箇國之所當也、

〔南无阿彌陀佛作善集〕

大唐明州阿育王山、渡周防國御材木、奉起立舍利殿、爲修理又奉渡柱四本虹梁一支、南无阿彌陀佛之影、木像畫像二躰、安置阿育王山舍利殿、供香華等、

三四　建久八年（一一九七）二月廿九日、重源の沙汰により、東大寺鎭守八幡宮上棟す

〔東大寺八幡大菩薩驗記〕

當寺別當次第云、法務僧正覺成東寺長者號保壽院之仁（時）、建久八年二月廿九（八イ）日、八幡宮上棟、木工百人、作事上人（重源）之沙汰、行事官儲等寺家之沙汰也、同年十月廿日、舞殿上棟云々、

〔東大寺要録 巻第五、別當章第七 第八十八代法務僧正覺成ノ條〕
（建久）同八年二月廿九日、八幡宮上棟、
〔東大寺造立供養記〕
（建久）同八年、奉造鎮守八幡之寶殿、番匠一百人也、

一三五 建久八年（一一九七）六月十五日、重源、含阿彌陀佛定範に、伊賀國の阿波廣瀬山田有丸庄、播磨國の大部庄、周防國の椹野宮野庄、備前國の南北條長沼神前野田庄等の寺領と、高野新別所、東大寺別所、渡部別所、播磨別所等の諸堂舎を譲る

〔重源譲狀〕
東大寺大和尚南无阿彌陀佛
奉譲　東南院々主律師 含阿彌陀佛 寺領并堂舎事
合
寺領庄々
伊賀國阿波廣瀬山田有丸庄

幡磨國大部庄（播）
周防國椹野庄
同國宮野庄
備前國南北條長沼神前庄
同國野田庄
堂舍別所
高野新別所專修往生院
本堂一宇
三重塔一基
食堂一宇
湯屋一宇
東大寺鐘樓岡淨土堂一宇 方六間瓦葺
安置丈六佛菩薩十躰
一切經二部 唐本 日本ゝ
佛舍利

鐘樓谷別所

在三間湯屋一宇 鐵常湯船一口

食堂一宇 五間二面瓦葺

安置等身皆金色救世觀音像一躰

同供所屋一宇 七間三面板葺

木津木屋敷一處 副本券文

在二階九間二面倉一宇

五間二面雜舍一宇

渡部別所并木屋敷地 副各券文

淨土堂一宇 方三間瓦葺

安置丈六皆金色阿彌陀三尊像

佛舍利

鐘假屋少々

二階九間二面倉一宇

湯屋二宇内 一宇無差大湯屋在大釜 一宇別所小湯屋在湯船

（播）
幡磨大部庄内別所

淨土堂　一宇方三間瓦葺
安置立像皆金色阿彌陀佛三尊丈六像
佛舍利　　鐘
藥師堂一宇　　同
安置舊佛八百餘躰

右寺領庄園堂舍別所等者、南无阿彌陀佛偏住弘法利生之思、專致興立之沙汰、而年齡已廻八旬、相待餘命於旦暮之間、爲令始置佛事繼將來、爲令充置相節無闕怠、以件所々奉讓故東南院々主權僧正法印大和尚、（勝賢）卽面々佛事如阿彌陀佛之沙汰置、遙經後々將來可令無退轉給之由誂申之處、忽有老少不定之理、先立令（建久七年六月廿二日）入滅給、今拭前後相違之涙、殘留而失計略、爰權律師含阿彌陀佛爲院家棟梁、令請傳彼遺跡給、故以件庄領堂舍別所等、如奉申付故僧正御房所、奉讓含阿彌陀佛律師定範也、是偏依奉置尊師聖寶之遺跡、一向付東南一院之進止、然者雖經代々、院家知行之人相承之、可被致其沙汰、敢募分渡餘所他門、又莫懸惣寺別當所司三綱之進止、是則可爲向後凌遲之因緣故也、以庄々所當年貢、充色々佛事用途、不違其旨盡末來際不可令闕怠給、其佛事相節者、大佛殿兩界供養法壇供、并供僧十二口料貳百参拾肆斛、同㝡勝王經佛供、并講衆三十口料参佰伍拾貳斛捌斗、同不斷供花禪衆二百口料参佰陸拾斛、當寺鎭守八幡宮二季御八講用途料佰貳拾斛、戒壇院每年受戒勤行用途陸拾斛、當寺淨土堂佛聖并不斷念佛衆二十四口料貳佰斛、渡部淨土堂佛聖并念佛衆佰斛、大佛殿并供華常燈諸堂燈油用途料参百石、已上都合每年之用途仟玖佰貳拾斛捌斗、任此相節之員數、無懈怠可令充行給、惣檢納庄々年貢米於院家之一庫、不指分何庄年貢何佛事用途、只押混次第可令下行給、抑伊賀國庄者、爲平家沒官之地、前右大將家知行、而依後白河院勅命、被賜當寺惣大工宋人陳和卿之日（建久元年十二月十二日）、右大將家同以令去進地頭給畢、仍和卿一色不輸領掌之間、發善願永以寄付淨土堂領矣、於預所職者、補大江師盛也、幡（播）磨大部庄者、往古寺領也、然而廢到年尙、而南无阿彌陀佛申後白河院充賜和卿、即成下宣旨、被差遣官使、改打四至牓示（建久三年八月廿五日）、已後專爲一圓地、更無相交之方、和卿同以寄付大佛御領、一向爲南无阿彌陀佛進止、仍以年來同行如阿彌陀佛與觀阿彌陀佛兩人所令補預所職也、抑此庄東北角有隨分之勝地、卜其處新建立別所、號南无阿彌陀佛別所、構立方三間瓦葺堂一宇、號淨土堂、奉安置皆金色阿彌陀丈六立像、修佛三昧、又立同一宇、號藥師堂、奉集居庄内破堂之佛并像八百餘躰、仍庄東端字鹿野原者、爲別所敷地之内、永以奉廻向淨土堂、阿彌陀佛勵住僧之力、致開發之沙汰、以其地利可充佛聖燈油念佛者用途之由所加下知也、（建久三年九月廿七日）更以不可被懸庄家本寺之役、且爲常々荒野無當時々（之）依怙地也、周防國椹野庄者、雖爲舊寺領、顚倒而年久、今以天平證文、奉達公家之日、任舊被興立之、即被糺四至牓示畢、以右衞門尉紀季種所補預所職也、同國宮野庄者、以南无阿彌陀佛所帶文書、申達公家充賜宋人和卿衣食料、是同雖進付寺領、當時者專一事已上和進止也、備前三ヶ庄之内南北條方者、當寺長官故左大弁行隆之時、依百事緣得卿之免許之證文、致開發沙汰之間、下遣巨多奉加米等、相充種子農料、入能治畢、思其由來、故以彼後家爲預所、以即年貢米内參拾石、每年所令分與之也、後家一期之後者、嫡女左大弁局可被相傳也、彼局一期之後、可令嫡子盧舍禪師領掌之也、次長沼神前方者、國司故平大納言賴盛卿、任所免除之廳宣遂開發後、云彼云此兩方共、定寺領畢、而兩人被隱之刻、忽之豐原庄之國衙方雖凝致共妨、後白河法皇御時、言上事由之日、被召領家行房去文、又被停止國衙之濫妨、其上法皇崩御之後、重言上公家申下官使糺定四至牓示畢、於今者、一切無旁牢籠地也、仍以年來同行得阿彌陀佛與春阿彌陀佛兩人所補預所職也、同國野田庄者、依宣旨開發大佛燈油田二百六十町、而散在諸郷之間、可有向後之煩、故返上件散在田、立替野田一保、卽任宣旨之狀、遂立券定不輸庄畢、於預所職者、以年來同行重阿彌陀佛令補任之、凡寺領庄々之子細、大略如斯、委旨見于所副進本券宣旨院宣等之狀、於庄々執務職者、多年常隨同之、尤可憐愍、或有緣近仕親屬之甚難捨離、以如此之輩所補任也、如在生計量閉眼之後、雖一處不可令相違給、寺家佛事相節、且守奉誂量之旨、且專興立之賢慮、雖一事不可令退轉矣、向後若不慮障碍出來、庄々有牢籠、佛事及闕怠之時者、言上子細於公家并鎌倉殿、可令停止濫妨給、所充置寺領、敢無非據之議、有心之輩誰致其妨乎、所勤修佛事併爲聖朝之御願奏達之時乎、爭無聖斷乎、仍奉付屬之狀如件、

建久八年六月十五日　　東大寺大和尚 在判

一三六 建久八年（一一九七）閏六月廿五日、暴風雨により、東大寺の廻廊百十三間顚倒す

〔百錬抄 巻第十〕

〔建久八年閏六月〕廿五日丁酉、雨降、雷落所々、又依暴風、東大寺廻廊百十三間顚倒、

一三七 建久八年（一一九七）夏頃、重源、東大寺大湯屋の鐵湯船を造る

〔東大寺造立供養記〕

抑今度造營之初、大釜二口置大湯屋也、去建久八年夏、鑄鐵湯船、爲永代不朽之寺物、大湯屋之寶物也、仍始千日之溫室、成諸人之快樂也、

〔東大寺大湯屋鐵湯船銘〕

敬白

造東大寺大勸進

大和尚南无阿彌陀佛

建久八年歳次丁巳

豐後權守

〔重源讓狀〕

東大寺

鐘樓谷別所

在三間湯屋一宇 鐵常湯船一口

〔南无阿彌陀佛作善集〕

東大寺

大湯屋一宇 在鐵湯船大釜二口之内、一口伊賀聖人造立之

東大寺別所

湯屋一宇 在常湯一口

一三八 建久八年（一一九七）八月十七日、東大寺僧綱等、鎭守八幡の神躰として勝光明院寶藏の畫像を奉請するも、これに對して、男山八幡宮や神護寺からもそれぞれ要請があり、結局、神護寺の文覺の得るところとなる

〔東大寺八幡大菩薩驗記〕

按察大納言宗頼卿記云、建久八年八月十七日戊子、今日東大寺々僧々綱已下三四十人許、去夕上洛、爲申鎭守御聖躰事、可参陣云々、其趣云、當寺地主八幡者、我寺聖武天皇御建立之時、天平廿年發遣勅使於宇佐宮、奉勸請之、奉鑄大佛爲

妙功、彼勅使右兵衛督藤原朝臣云々、其名不載要録、公卿補任云右兵衛督紀朝臣麿也、補任與要録頗以相違、非無不審歟、而炎上以後、上人雖奉造如形之神殿、敬神之禮若踈歟、或寺僧夢云、着赤衣之人立南大門之邊給云、我居所有行穢之疑、仍不住其所云々、是已鎮守令示現給也、仍上人殊成大厦之勤、終不日之功、雖然無御聖躰、仍奉請彼勝光明院寶藏大井御聖躰、卽可爲此鎮守御正躰之由、寺家使抂所奏請也云々、仰云、於子細者聞食了、且仰合關白、追可被仰左右者、寺家使卽退出畢、其後又可被仰合公卿之由、關白殿令申給、仍被仰合右府右大將源大納言民部卿等、人々申旨不一揆之間、不被仰左右云々、已上、

件御影事、可被安置于男山之由、宮寺殊望申之、文學上人再興神護寺、而大井御圖繪大師御影安置于當寺納涼房之上者、一具可有御施入之由、頻申之、仍朝議不一揆之處、昔弘法大師於當寺奉遇大井、忝爲末代、互被寫留御影了、由緒專有當寺、更非同日之論由、依申達、蒙勅許畢、但止所相副之御願、可被渡御影之由、内々被仰下之間、重源和尚腹立、而不被申請云々、則密々奉新造法躰云々、就中其後依連々放光等奇瑞、所奉祝(祀カ)東山麓也、所謂嘉禎三年眞惠僧正寺務、十一月二日於千手院岡、八幡宮事始、同廿六日寅剋上棟、同時御遷宮、大勸進行勇法印、

以九條袈裟奉裹御躰、同法僧少々相伴、奉祝(祀カ)新宮云々、翌日於社頭供養新圖御影、并開演心經畢、導師尊勝院法印良禎、法用僧六人臈次請之、造營之間、爲祈請於法花堂禮堂、滿寺衆奉轉讀心經者云々、同拜殿并樓門並鼻營作、則寺家之沙汰也、仁治二年三月八日、北廊柱立始之、同十月二面廊造畢、同四年十一月十九日、若宮事始、但支度下行、伽和良武内等三所御殿、同時造宮畢、同拜殿以古材木造之畢、弘安六年二月十八日、若宮拜屋建立、同廿六日上棟、同八年、大宮東廊建立、九月廿九日上棟、已上二ヶ所、多年無沙汰之處、大勸進今度始令興行、當社莊嚴近年掲焉而已、

〔神護寺文書〕

大師御在世之時、所奉安置當寺八幡大菩薩御影大師御筆、鳥羽院御時、高雄顚倒之間、寛覺阿闍梨と申候もの、件御影をとりまいらせ候て、鳥羽院にまいらせて候を、即寶藏に被奉請納候了、而當寺八幡別當成清、可被奉安置石清水之由申上云々、此條以外僻事候也、大菩薩のおはしめすらむ御心をもしり候はす、凡夫の如此新儀を支度仕候條、不當事候也、高雄は大菩薩御願にて候、石清水は大菩薩の私の御住所にてこそ候へ、我社の事よりは、御願にて候へは、高雄の

事こそ大菩薩は大事におはしめし候らむ、就中大師高雄に令奉安置高雄（衍カ）給御影を、被奉渡石清水事、大師の御雅意にもたかひ、大菩薩御本懐にもあらぬ事に候也、且故法皇御時、高雄山に所奉渡金泥兩界曼荼羅、令奉返渡御了、仁和寺に所被渡鐘、又以被返送候了、其後五大虚空藏令奉返渡候了、何限此御影可奉渡他所哉、設雖令奉渡石清水、當寺の永訴にて候へき也、仍大菩薩の宮仕に、可令奉渡返本寺之由、御口入候へき也、大菩薩宮仕にておはしましなむと存候、可令申此由給候也、恐々謹言、

六月十一日　　　　文覺

大夫屬入道殿

〔高雄山神護寺規摸殊勝之條々　神護寺藏〕

八幡大菩薩像一鋪事　奉安置金堂艮角帳

承平實錄帳云、八幡大菩薩像一鋪云々、大師御筆、大師渡唐之時、船中有影向、影像互令寫之給、號互爲御影是也、或記云、此躰當寺中絶之時、被安置勝光明院寶藏、而嘉元年中、如舊被奉返入本寺云々、

〔仁和寺文書〕

八幡御影事

禪覺僧都記云、建久六年六月六日、予爲御室御使參于井院申云、八幡撿挍奏狀云、弘法大師御眞筆八幡大井御影在于勝光明院寶藏、欲被奉移安于當社外殿云々、具旨在別、自殿下爲宗頼朝臣奉行、件事被奉尋之、法眼御房申給之、宴眞弟子寛覺闍梨皆明寺、登高雄之次、求得件御影、進鳥羽院、寫タル本ハ進高野御室、被安置于北院御經藏了云々、而宗頼朝臣御教書狀ニ、寛覺參之由被注云々、法眼御房高名也、同八日、予爲御使向御經藏、奉請於件御影拜見之處、三輪赤地錦緣、御躰ハ老比丘形、著衲衣、時赤蓮花有赤□光上有日輪、左手持水精念珠、右手持六輪錫杖、右方上有色紙形、其銘可書之、

一三九 建久八年（一一九七）八月廿三日、解脱上人貞慶を導師として、播磨淨土寺を落慶すという

〔極樂山淨土寺緣起〕播磨淨土寺藏

建久八年八月廿三日、請笠置解脱上人爲落慶導師、仍號極樂山淨土寺、掛小野道風筆之額、此額本東大寺淨土堂之額也、於此堂定三十口淨侶、始常行念佛、以擬聖朝安穩自佗滅罪生福之勝計、凡佛法修行有種々助業、中以衣食具足爲急

要、無此憑縁、則不安穏於道有妨、是以源師謀此寺事、割分此庄内鹿野原一所、充佛餉燈油社中之供費、此所本榛莽相塞、絶人迹焉、爲狐兎之栖、此般開拓之、奏天陛永賜、以爲寺領者也、仍除公役庄役、停止濫妨等之狀、蒙宣下、源師自記以貽、其徒記于今存焉、

一四〇　建久八年（一一九七）四月廿四日より八月廿八日の間に、東大寺戒壇堂を建つ

〔東大寺造立供養記〕

（建久）同八年四月廿四日、始造戒壇院、至同八月廿八日造畢、大工二人、伊勢權守従五位下物部爲里、駿河權守従五位下櫻島國宗、權大工引頭長連、合一百人也、

勸進沙門

請特蒙十方檀那助成、興復東大寺内戒壇院狀、

右閻浮和州戒壇院者、爲勅願花界、普開心地法門品之本根、爲刹那草創焉、祕波羅提木叉之奥義、譬如眞實鏡照法而盡无餘、亦似摩尼珠雨物遍蘇渇天、蠢々

群類不可不律義、爰聖武天皇爲救世觀音智見、而弘軌則於東域、鑒眞和尙爲教主薩埵權化、而傳戒法於西天、築層重之壇、擬三聚淨戒、建多寶之塔、安二尊慈容、于時南浮戒場、正雖隔化儀於多千金廻之月、西刹寶土、忽令准花座於无二九品之蓮、太上法皇向盧舍那之殿、聖主皇后受菩薩戒之文、耆山淸衆差肩再薰戒香於百億、給園多生合掌自流化敎於三千、綷之鄭重无不周備、因茲累世凝叡願於南京、忽拜眞如實際之月、奕代分戒相於北嶺、各掃無明煩惱之雲、凡華族本枝期椿葉之再會、柳營權柄保苗裔於億年、卽得佛天護持、豈非戒品威力乎、不圖治承第四臘月下旬、依龍虎之爭、伽藍欻爲灰燼、戢烏兎之曜、金粟頓皈本虛、視者焦心、莫不觀無安火宅之理、聽者雪涕、數雖增缺減世界之悲、被廻宸襟、不遷年序、因俊乘上人勸進、令造立浮圖、准本願天皇先規、乃築復淨戒、仰膽簷牙高啄、甍瓦飛瑠璃之粧、廊腰長廻、鳳甍集黃金之色、實知六通羅漢妙匠、寧匪八挺冥衆役夫、誰作成風之工、爭終不日之績、然而居諸推遷、星霜久積、當實相上人住院、興鑒眞和尙芳蹤、德啖續光、兼學八宗之素白、行葉蓮蘂、貫穿九流之妙玄、剰出普門功德之餘、令接禪侶、自開權扉應用之道、勾引群萠、氣凌丘山、如霧豹變文矣、擧摩星漢、似靈犀却塵焉、或變暴風成臨幸於法隆寺、止甚雨遂供養於蓮華王、天感之臻不遑羅縷、迺虚擔雲搆歴僧祇之多劫焉、飛觀神行期慈氏之三會矣、悲哉、文安三年大簇上澣、遭精舎之當厄、有梵放之闕時、爾來、三層壇形、雨滴□濕以前倒、諸堂礎跡、苔粘草封而荒蕪、野鹿馴而松籟演般若之理、岩猿叫而葉落顯如幻之心、物皆有感、多人豈不哀乎、殊數斛設利著寒灰之中、无双尊容疋紅焔之外、法身无恙、靈驗赫然、是以存敬神之衷、勵皈佛之志、早爲興一寺花搆、廣勸進十方壇門、猶蚊蚋爲背之勢聲、欲遂獼猴負士之功績、然則蓬闤竹園、柳營棘署、同心結縁之輩、合力隨喜之人、現依神感之利生、保梅生松子之壽、當答佛陀之誓願、預左華右花之迎、伏冀函夏之間、檀越之類勿處一旦之戲語、宜爲二世之良因、乃勸進所條如件、

享德元年

〔圓照上人行狀〕

建久八年丁巳、造立戒壇金堂、次權僧正榮西補大勸進職、造金堂之廻廊并中門、次莊嚴房法印大和尚位(行勇)任大勸進職、造立講堂并兩方廊宇、

〔東大寺別當次第　第八十九代法印權大僧都弁曉ノ條〕

異本云、建久九年三月廿七日、戒壇棟上、

一四一　建久八年（一一九七）十月十二日、空阿彌陀佛明遍を本願として、佛師快慶、
近江圓福院の釋迦如來像を造る

〔圓福院釋迦如來像銘〕

□(頒)識
和州南都
建久八年
十月十二日
安阿彌陀佛
御作
本主空□

一四二　建久八年（一一九七）十一月廿二日、重源の發願により、鑄師草部是助、同助
延、同是弘等、周防阿彌陀寺の鐵塔を造る

〔阿彌陀寺鐵塔銘〕

涅槃經曰佛塔十三重

律曰相輪十三

傳云舎盤十三

周防國佐波郡牟禮郷

南无阿彌陀佛銘

四至

東限山峯

南限大路 辰巳經尾 未申多多良界

西限多多良山界

（梵字ウン）

北限山峯

淨土堂

奉安阿彌陀丈

六像一躰

附持齋戒念佛

衆十二口

多寶十三輪鐵塔
　奉納五輪水精塔
　釋迦眞舍利七枚
經藏
鐘樓
　六葉鐘一口　堅三尺 口一尺八寸
護法神社
　八幡　熊野　春日
　金峯　山王　白山
食堂
浴室
　釜一口闊六尺
　（梵字タラク）
　鐵鑄一千斤
右當山者是大和尚位

南无阿彌陀佛宋朝此
域名地靈所造寺起塔
其之一也於是不斷之
修念佛遠限未來縣内
之割地薗住侶資供然
則僧伽也州郡之以檀
那爲外護邦人也寺塔
之就靈威宜祈願但州
裏之盛衰偏寺塔之崇
否重請勿舍之矣伏願
吾與知識以此良因悉
艤慈船於香海皆導芳
駕於花宮云耳

建久八年丁巳十一月二十二日

本願造東大寺大勸進

大和尚位南无阿彌陀佛
（梵字キリク）
少勸進大德觀西
大德照円
奉行
目代法橋上人位證中
大德仁敎
大檀那
國吏　留守所
多々良氏　日置氏　大原氏
源氏　大中臣氏　上氏
土師氏　賀陽氏　菅野氏
中原氏　佐波氏　胡氏
安部氏　矢田部氏
件氏氏等後胤紹繼

寺社檀那遐邇不堕
造東大寺杣始
文治二年丙午四月十八日
同寺上棟
建久二年辛亥十月十九日
(梵字アク)
同寺供養
建久六年乙卯三月十三日
鑄大工従五位下行豊
後権守草部宿禰是助
従五位下同助延
従五位下同是弘
執筆円運
文字彫 舜祐 慶尊 若□□
〔同鐵塔露盤修理銘〕

寛文二 十一月五日
大工郡司讃波次男同木工丸作
当住權大僧都法印良恵

一四三 建久八年（一一九七）重源、渡邊別所に於てはじめて迎講を始む

〔南无阿彌陀佛作善集〕

渡邊別所
一間四面淨土堂一宇 奉安皆金色丈六阿彌像一躰并觀音勢至
來迎堂一宇 奉安皆金色來迎彌陀來迎像一躰長八尺
裟婆屋一宇 銅五輪塔一基 奉納佛舎利三粒
大湯屋一宇 在鐵湯船并釜 鐘一口 在鐘堂一宇
天童裝束卅具 菩薩裝束廿八具 樂器等
印佛一面 一千餘躰 奉始迎講之後六年成建仁二年六年
奉結縁一間四面小堂一宇

〔渡部淨土堂迎講鉦鼓銘 東大寺藏〕

○胡宮神社—滋賀縣犬上郡多賀町敏満寺

東大寺末寺渡部淨土堂迎講鉦鼓五之内
建久九年二月二日大和尚南無阿彌陀佛

〔重源譲狀 建久八年六月十五日〕

渡部別所并木屋敷也 副各劵文
淨土堂一宇 方三間瓦葺
安置丈六皆金色阿彌陀三尊像
佛舍利
鐘假屋少々、
二階九間二面倉一宇
湯屋二宇内 一宇無差大湯屋、在大釜、 一宇別所小湯屋、在湯船、

一四 建久九年（一一九八）十二月十九日、重源、弘法大師請來の舍利一粒を納めた金銅五輪塔一基を近江敏満寺に寄進す

〔重源佛舍利寄進狀 胡宮神社藏〕

奉送 敏満寺

東寺御舍利一粒 弘法大師請來

金銅一尺三寸五輪塔内方二寸水精玉中奉納

以兩面赤地錦裹之

金銅蓮臺之左羅一口

同加比一支

織物打敷一帖

右以件佛舍利、相具以前舍利、可被安置當寺候、是眞實之佛舍利也、不可有疑殆、若加僞言者、必可墮妄語罪候、早垂賢察、可被致恭敬供養候之由、可令傳中衆徒御中給候、恐惶頓首敬白、

建久九年十二月十九日　　大和尚（重源花押）

謹上　木幡執行御房

〔胡宮神社金銅五輪塔銘〕

奉施入　近江國敏滿寺本堂

金銅五輪寶塔壹基於其中

奉安置佛舍利貳粒之狀如件

建久九年戊午十二月　日

造東大寺大和尚南無阿彌陀佛記

〔南无阿彌陀佛作善集〕

近江國彌滿寺

奉施入銅五輪塔一基 奉納佛舍利一粒

〔佛舍利相承系圖 胡宮神社藏〕

佛舍利相承

前白河院 自育王山一千粒被渡之 自鴈塔山一千粒被渡之

姉 祇薗女御殿 以此御舍利、御最後時被奉女御殿了

妹 女房 被召于院、懐妊之後、刑部卿忠盛賜之 爲忠盛之子息云、清盛仍不號宮矣

大政大臣平朝臣清盛 女御殿以清盛爲猶子、併被奉渡此御舍利矣

觀音房 主馬判官盛國子息也 號南無佛 此御舍利之預也、然大相國早世之後雖奉渡内大臣平宗盛卿、尚觀音房預之、内大臣鎮西随却之間觀音房奉持之云々

盛尊 禪花房
自觀音房手奉感得千五百粒

阿闍梨政尊
自觀音房手奉感得百三十粒了

攝政従一位前左大臣 道—
自禪花房手少々在御奉請、文暦二年二月十六日

備中少將 自禪花房手三粒被奉請

民部大夫忠康 三粒奉請

當麻寺 三粒奉納

壹岐前司宣業 二粒奉請

薩摩公能眞 三粒奉請

大膳權亮安倍爲親 一粒奉請

敏満寺 三粒奉納、佛舎利五粒奉納比丘尼如理
文永元年三月廿日安置之

舎利講式一卷二品
奉施入敏満寺阿久野玉一粒沙彌玄祐
願以此沙汰、普及於一切、皆等與衆生、同生一佛土
文永元年三月廿四日

文暦二年七月 日

〔重源書狀 胡宮神社藏〕

其後雖參拜志候、當寺御造營無隙候之上、老骨不進退候之間、乍思罷過候、御舍利會之時なとも、相構令参詣候はや、於當寺者隨分結緣不淺思給候へは、定不被思食捨候歟、抑雖不思懸事候、勸之童持經者千人、於東大寺大佛殿内并七重塔前、各可令讀誦千部法花經候之由、思立候也、其内當寺御邊少々可被勸進候也、仍願文一通謹進覽候、子細見于狀候、若承引人出來候者、注交名可被下候、爲知人數候也、恐惶謹言、

（元久二年カ）十二月十七日　　大和尚（重源花押）

謹上　敏滿寺衆徒御中

一四五　建久九年（一一九八）十二月、重源の請により、備前國三野郡野田庄を東大寺大佛燈油料田として、その四至を牓示す

〔東大寺續要錄 寺領章〕

院廳下　備前國在廳官人等

可早使者相共堺四至打牓示立券言上、永停止勅院事大小國役使入勘東大寺領

管三野郡内野田庄事

四至

東限鹿田庄、南限公領三野新郷并新提保、西限公領三野新郷并大安寺庄、北限公領伊福郷

使主典代造東大寺判官中原朝臣基康

右得大和尚重源去月十五日解狀偁、謹撿案内、諸寺之領被下庄號宣旨之後、任申請、被差遣御使、糺定四至者、古今定例也、爰野田庄者、依勅定所開發燈油田二百廿丁、散在諸郷、不一圓地々間、返上付散在田、可令立替便宜保之由、言上子細之時、無後司訴之樣相計可立替之旨被仰下間、在廳官人等之處、各申云、野田保者、自古募別納故非公役之丁、見作田僅百十餘町也、雖被立替、無當時國田損、何及後司訴哉之由依申、任其旨、卽返上散在之開發田二百六十丁、立替野田一保、以其保可爲當寺燈油料田庄之由、去々年所被下宣旨也、仍充用其年貢油於件用途之間、全無當時之牢籠、然而不被糺定四至牓示者、有向後之煩歟、是故被遣御使、糺定四至、令進立券、彌停止將來之濫妨、正欲定置不輸寺領矣、事爲傍例、被裁斷謂非據乎、望請廳裁、准傍例、被遣御使、糺定

四至、立券言上、永爲當寺不輸庄、一切停止國使入勘并勅事院事大小國役在廳已下國衙催促濫行入路次已下向官使等祗候雜事、以其年貢、欲充用大佛殿常住不斷供花廻燈長日兩界供養法最勝王經講讀八幡宮等燈油、然者將鎭護國家之伽藍法燈無斷、聖朝安穩之御願祈念不怠矣者、早使者相供堺四至打牓示、立券言上、永停止勅事院事并大小國役國使入勘、爲不朽寺領、可令備大佛殿燈油之狀、所仰如件、在廳官人宜承知、敢不可稽失、故下、

建久九年十二月　日　　主典代左衞門尉中原 在判

別當左大臣藤原(兼雅)　　判官代勘解由次官藤原朝臣

權大納言源朝臣(通親) 在判　　治部權大輔平朝臣(親長) 在判

權大納言兼民部卿藤原朝臣(經房) 在判　　左衞門權佐藤原朝臣(光親)

權中納言藤原朝臣(泰通)　　中宮權大進藤原朝臣(長兼)

權中納言藤原朝臣(隆房)　　勘解由次官藤原朝臣 在判

參議備中權守源朝臣(兼忠) 在判　　右中辨兼中宮大進藤原朝臣(長房) 在判

參議左近衞中將藤原朝臣(兼宗) 在判　　左少辨兼皇后宮大進平朝臣(親國) 在判

參議右近衞中將藤原朝臣(公經) 在判　　右少辨兼丹後守藤原朝臣(範光) 在判

内藏頭兼播磨守高階朝臣（經仲）
左京權大夫藤原朝臣（親經）在判
右馬頭藤原朝臣在判
右大辨藤原朝臣（資實）在判

一四六　正治元年（一一九九）正月廿日、藤原資實を造東大寺長官に任ず

〔明月記〕

（正治元年正月廿日、除目）造東大寺長官資實

一四七　正治元年（一一九九）三月八日から五月頃にかけて、東大寺西南の大垣を修理し、その後また國分門北側の大垣を修築す

〔東大寺要録 巻第五、別當章第七 第八十九代法印權大僧都弁曉ノ條〕

正治元年三月八日、修理事始、未申大垣年來頽失、大略兩寺混合、而五月以前卅二本廻兩方、被築覆了、其後尚國分門北脇十本築之了、

〔東大寺別當次第 第八十九代法印權大僧都弁曉ノ條〕

（正治二年）同年自春比、西南角大垣修造之、

一四八　正治元年（一一九九）六月、東大寺南大門を上棟す

〔東大寺要錄〕巻第五、別當章第七　第八十九代法印權大僧都弁曉ノ條

正治元年六月日、南大門上棟、

〔東大寺別當次第〕第八十九代法印權大僧都弁曉ノ條

異本云、正治元年六月、南大門棟上也、

〔東大寺諸伽藍略錄〕

一南大門　東西拾四間四尺　南北五間三尺五寸　高拾三間半　正治元年六月造營

免永祿之火難在于今、（傍朱）「南大門ハ天平年中建立、應和二年八月三十日大風顚倒、正治元年再建、」

一四九　正治元年（一一九九）八月八日から、重源、信阿彌陀佛弁曉をして、東大寺法華堂を修造せしむ

〔東大寺法華堂棟札〕

此御堂者大佛殿造營之前十年天平五年所創造也星霜數積處々皆以朽損仍秀惠大法師云知識狀雖勸進

政所以下滿寺衆等其力微少仍令申南無阿彌陀佛之處申付信阿彌陀
佛令修造損失甚多々大底如新造自正治元年八月八日行事
行事緣阿彌陀佛　學阿彌陀佛　雜役人五人
木工大工權守國宗　權大工貞延大夫　權大工行淸大夫　小工十七人莚月　葺大工行貞

〔東大寺法華堂棟木等墨書〕

（棟木下面）
行事大法師行祐

久安四年戊辰二月十一日庚子改置之
大工末淸　小工廿三人

（假屋根貫下面）
正治元年十月四日
學阿彌陀佛

〔南无阿彌陀佛作善集〕

（東大寺條下）　奉修複　法花堂

〔東大寺法華堂前石燈籠刻銘〕

敬白

奉施入石燈爐一基

右志者爲果宿願所

奉施入之狀如件

建長六甲寅十月十二日

伊権守行末

〔圓照上人行狀〕

（正嘉元年―文永七年）所造寺宇三面ノ小子房之内二面半、二月堂、法華堂拜殿、戒壇院、西室七間、鐘樓、千手堂、又惣寺處々ノ修理、三面僧房内作如是等ノ事、不能具ニ載コト、

一五〇　正治元年（一一九九）十月二十三日における大安寺の銅鐘改鑄に結縁す

〔春華秋月抄　東大寺藏〕

請改鑄大安寺銅鐘不鳴狀

右洪鐘者、告聖集僧之法器、抜苦與樂之道具也、傳聞、昔罽膩陀王致九億單、

征千頭魚、劒輪空下常切其首、（中略）爰大安寺者、聖德太子入定鑒未來、殊奉爲末代帝王寶壽長遠、令草創之後、每有遷都、移作新京、朝家之崇重、國土之歸依、事概超他寺他所、有心之人誰不渴仰、而往古靈鐘破損年久、修補無力、憖用他鐘之間、去建久年中、寺家被改鑄之處、其勢雖增于古、其音不及于昔、寺中猶以難聞、況於遼遠哉、非只當時之遺恨、既失萬代之巨益、但經幸身非人數、心拙牛羊、大伽藍事何足憂喜、然而我二代主君相繼令司寺務、隨觸事自用佛物、且恐其罪業、且思彼廣恩、每廻愚慮、悲喜相交、仍不知事之成否、不顧世之謗難、粗付緣邊、（中略）

正治元年十月二十三日　　僧經幸敬白

〔南无阿彌陀佛作善集〕

（奉結緣）　大安寺　鐘一口

一五一　正治二年（一二〇〇）春頃から、東大寺の良弁僧正御影堂を修造す

〔東大寺別當次第〕第八十九代法印權大僧都弁曉ノ條

（正治二年自春比）良弁僧正御記（マヽ）堂造之、

〔南无阿彌陀佛作善集〕

（東大寺條下） 奉修複　僧正堂御影堂

〔東大寺要錄〕卷第四、諸院章第四

一僧正堂 根本僧正御影堂

寛仁三年十一月十六日、始行御忌日、勸進有慶大僧都、

〔東大寺續要錄〕供養篇

一僧正堂事

右定親別當法印於竈神殿辰巳岡上、被移造良辨僧正御影堂了、即建長二年十一月十六日、被展供養了、

導師法印權大僧都宗性、請僧四十餘口、別當着座、鈍色五帖、

一五三　正治二年（一二〇〇）八月、重源の申請により、播磨淨土堂を御祈禱所となす

〔東大寺文書〕

（裏端書）「院廳御下文案」

院廳下　播磨國大部庄内淨土堂所司等

可任東大寺大和尚重源申請　以當堂爲御祈禱所事

堂壹宇

一丈六尺皆金色立像阿彌陀佛一躰

八尺皆金色立像觀音勢至各一躰

右彼重源去四月解狀偁、謹撿案內、行基菩薩昔爲東大寺知識勸進上人之間、造營若干堂宇佛像、祈請叡願之果、遂尋其古風、今大和尚重源亦造立件佛像等、奉祈御願之成滿、然間舍那金色堂宇棟檐複舊儀、卽被遂行供養大會畢、是則祈請相叶佛意、不背神慮之所至也、仍以件別所堂寄進一院御祈願、欲奉祈天長地久寶壽長遠之由矣、抑彼淨土堂丈六立像、有殊勝靈驗、所謂或有限類之中、乍向佛前不及拜見、或有生盲者之中、參詣此堂忽明眼也、其靈瑞猶如東大寺大佛、末代希有之勝事也、尤可爲御祈願所哉、望請天恩、因准先例、以件堂可爲一院御祈願所之由、被成下廳御下文者、將至于未來際、爲不退之御願矣者、任重源申請、以彼堂永爲御祈禱所、可令奉祈仙算之狀、所仰如件、所司等宜承知、不可違失、故下、

正治二年八月　日　　　　主典代右衞門少尉兼春宮憲信　在判

別當内大臣兼皇太子傅右近衛大將源 在判
權大納言藤原朝臣 在判
權大納言源朝臣 在判
權中納言藤原朝臣 在判
權中納言兼春宮權大夫大宰權帥藤原朝臣 在判
權中納言兼右衞門督藤原朝臣 在判
参議修理大夫兼右兵衞督藤原 在判
参議備中權守源朝臣 在判
参議左衞權守源朝臣 在判
從三位高階朝臣 在判
前丹後守藤原朝臣 在判
内藏頭藤原朝臣 在判
左馬頭兼但馬介藤原朝臣 在判
修理左宮城使左中弁兼備前權守藤原朝臣 在判
大藏卿兼春宮亮丹波守藤原朝臣 在判

判官代東宮學士兼□尊□代 在判
土左守藤原朝臣 在判
勘解由次官藤原朝臣 在判
治部大輔兼出羽守藤原 在判
下野守藤原朝臣 在判
皇后宮權大進藤原朝臣 在判
刑部權大輔兼和泉守藤原朝臣 在判
右衞門權佐平朝臣 在判
右少弁藤原朝臣 在判
權左少弁兼春宮大進平朝臣 在判
左少弁兼皇后宮大進朝臣 在判
木工頭源朝臣 在判

修理右宮城使右中弁　藤　原　朝　在判

一五三　正治二年（一二〇〇）十月廿二日、東大寺尊勝院を建つ。重源その水精五輪塔一基に結縁す

〔東大寺續要錄 諸院篇、尊勝院〕

治承四年十二月廿八日、爲平家逆臣清盛入道、大佛殿以下東大興福兩寺諸堂諸院悉爲灰燼之尅、尊勝院内堂閣僧院同交炎火畢、而當院第十三代院主辨曉僧都發再興之願樂、企一院之土木、即建久年中始造功、正治二年終營作、正治元年補寺務職、同二年令遂拜堂、期日以前勵造營、即臨拜堂之期、中門一宇、中門廊九間、渡廊二間、二棟廊三間、四面侍廊三間、釣殿二間三面、東面平門等、至正治二年十月廿二日、拜堂之當日、令造畢、

藥師堂本尊厨子内記錄云、天曆御宇、當院草創之日、從公家所被安置之佛像、盧舍那佛一躰、尊勝佛一躰、已上丈六、釋迦一躰、藥師二躰、十一面、延命、梵王帝釋、四大天王各一躰、已上等身、惣是十三躰也、寛弘五年六月四日、堂閣雖燒失、佛像免煙焰、今度治承四年十二月廿八日、一躰不殘併爲灰燼、公家尋舊跡、

雖被造立、當于大佛殿營作之時、奏聞有憚、但付十三躰内、藥師像靈驗掲焉、宛如生身、仍此一佛先可被急造歟之由、院家經天奏之處、忝有勅許、卽募内舍人一人功、今之佛像并厨子等、被造送已畢、自餘佛像猶伺便宜、可申成功也、後代爲用意記錄如件、

建久七年五月十三日

院主權大僧都法眼和尚位辨曉記之

〔南无阿彌陀佛作善集〕

(東大寺條下) 奉結緣　尊勝院水精五輪塔一基 奉納佛舍利一粒

一五四　正治二年(一二〇〇)十一月、重源、周防阿彌陀寺における不斷念佛や長日溫室等の用途のための田畠を定む

〔阿彌陀寺文書〕

廳宣　在廳官人等

可早任分配旨、免除東大寺別寺牟禮令別所南无阿彌陀佛不斷念佛并長日溫室等用途田畠事、

建立　淨土堂壹宇七間四面
藥師堂壹宇同
舍利殿壹宇方丈
安置高五尺鐵塔一基
其中奉納佛舍利五粒
鐘壹口　　高三尺
湯屋一宇　　五間四面
在大釜一口　廿五石納
鐵湯舟一口　同之

施入
水田貳拾三町伍段、陸畠三町、田壹町者、毎日佛餉燈油料、田拾貳町者、自八日辰時至十五日、毎月七个日夜、不斷高聲念佛衆十二口衣食料、口別一町充之、
田三町六段者、毎月藥師講、阿彌陀講、舍利講、三个度講延僧供料、反別壹段充之、

田玖段者、承仕三人衣食料、人別三段充之、但潤月佛餉燈油者、承仕可令備之、

田陸町畠三町者、長日溫室之維那六人衣食料、人別田壹町畠五段充之、

右件堂舍建立田畠分配大略如斯、令差募申請坪々間、不能一圓、所散在于諸郡也、悉不輸タ、サスイタサス一色免不可致所當官物以下國役萬雜事之催促者也、抑念佛行業、溫室之功德者、諸佛之所嘆、殊勝之善根也、仍南无阿彌陀佛每至便宜之處、興立此事、爰忝奉造東大寺使々勅宣、當國之執務已至十五个年、然間國府東邊枳部山麓卜水木便宜之地、建立不斷念佛與長日溫室、卽捧功德之上分、奉祈後白河禪定法皇御滅罪生善出離生死成等正覺由、於此別所者、爲法皇御祈願所、永以可停止諸寺別當之課役、以代々留守所在廳官人爲檀越、爲念佛溫室無退失計、且當州與愚身宿緣殊深故、敢爲令結同一佛土厚緣、所企此善願也、若向後有不道之輩邪見類、顚倒用途免地、而退失念佛溫室者、一宮玉祖、天滿天神、春日八幡等、守護善神王并寺内三寶、令與冥顯之兩罰、現世受白癩黑癩之身、後世墮無間地獄底、若無違旨有勤行者、令得無量之壽福者也、在廳官人等宜承知、依宣行之、故宣、

正治二年歲次庚申十一月八日

願主造東大寺大和尚南无阿彌陀佛 在判

〔周防國阿彌陀寺田畠注文 東大寺藏〕

大和尚（重源花押）

周防國

定置　南無阿彌陀佛別所寺用粁田畠事

合貳拾陸町伍段

田貳拾参町伍段

吉木本郡八段

湯田三段

堀一丁

大前一丁一段中品上生

佐波令一丁一段

牟禮令六丁八段 上品下生二十歩

上小乃五段

富海一丁六段

都乃六丁九段中品中生十(歩)内　先寄進地内五丁中品中生十(歩)

末武一丁

三井一丁二段

周防本郡一丁

畠参町

佐波令七段中品中生十(歩)

牟禮令一丁七段中品中生十(歩)

下小乃五段

佛性田伍段　都乃寄地内

燈油田伍段　都乃寄地内

舎利講田壹町貳段　稱阿彌陀佛

牟禮令七段

三井五段

藥師講田壹町貳段　唵阿彌陀佛

牟禮令九段

吉木本郡三段

往生講田壹町貳段　都乃寄地内

念佛衆新田拾貳町

智阿彌陀佛一丁

都乃寄地内五段

上小乃五段

青阿彌陀佛一丁

吉木本郡五段

冨海五段

稱阿彌陀佛一丁

佐波令一段

都乃寄地内中品中生十(歩)

牟禮令八段中品中生十(歩)

定阿彌陀佛一丁　末武

唵阿彌陀佛一丁　都乃寄地内

成阿彌陀佛一丁

三井三段

都乃本郡七段

金阿彌陀佛一丁

大前六段

牟禮令二段

都乃本郡二段

見阿彌陀佛一丁　都乃寄地内

實阿彌陀佛一丁

佐波令六段

牟禮令二段

冨海一段

都乃寄地内一段

明阿彌陀佛一丁

三井四段

冨海六段
教阿彌陀佛一丁
牟禮令八段
佐波令二段
賢阿彌陀佛一丁
牟禮令八段
冨海二段
湯沸六人新
田陸町 各一丁
畠参町 各五段
蓮阿彌陀佛
田一丁
牟禮令五段
都乃寄地内二段
湯田三段

畠五段　　牟禮令
王阿彌陀佛
田一丁　　都乃寄地内
畠五段　　佐波令
藏阿彌陀佛
田一丁　　牟禮令
畠五段
牟禮令二段中品中生十(歩)
佐波令二段中品中生十(歩)
吾阿彌陀佛
田一丁　　周防本郡
畠五段　　下小乃
聖阿彌陀佛
田一丁　　埇保
畠五段　　牟禮令

惠阿彌陀佛

田一丁

大前五段中品上生

牟禮令四段下品上生

畠五段　牟禮令

承仕三人粁田玖段　各三段

冨海二段

牟禮五段

佐波二段

右今月八日御廳宣偁、件堂舍建立田畠分配太略如斯、令差募申請坪坪之間不能一圓、所散在于諸郡也、悉爲不輸一色之免不可致所當官物已下國役萬雜事之催促者也、抑念佛之行業溫室之功德者、諸佛之所嘆殊勝之善根也、仍南無阿彌陀佛每至便宜之處與立此事、爰忝奉造東大寺之使之勅宣、當國之執務已至十五箇年、然間國府東邊枳部山麓卜水木便宜之地、建立不斷念佛與長日溫室、即捧功德上分、奉祈後白河禪定法皇御滅罪生善出離生死成等正覺之由、於此別所者爲法皇御祈願所、永以可停止諸寺別當之課役、以代代留守所在廳官人爲檀越、爲念佛溫室無退失之計、且當州與愚身宿緣殊深、故爲令結同一佛土之厚緣、所企此善願也、若向後有不道之輩邪見之類、顚倒用途免地、而退失念佛溫室者、一宮玉祖天滿天神春日八幡等守護善神王并寺內三寶、令與冥顯之兩罰、現世受白癩黑癩之身、後生墮無間地獄之底、若無違輩而有勤行者、令得無量之壽福者、在廳官人等宜承知、依宣行之者、任御廳宣之旨、早可免除之狀如件、抑當寺者、云堂塔佛像經卷、云房舍溫室湯釜鐵船、忝宰吏大和尙被建立之、號南無阿彌陀佛之別所、念佛衆十二人、維那六人、承仕三人、𣢾令宛置給之、寄進佛聖燈油衆侶之供田、任御廳宣施行如此、而偏以代代之留守所在廳官人等可檀越云云者、至于未來際子子孫孫以此山存氏寺可奉仰也、若向後有不道之輩邪見之類、令顚倒彼寄進之免地者、在廳官人等各寄合、訴申子細可沙汰直、而若撤失念佛溫室之人令合力同意者、先大佛同守護神八幡大菩薩春日御宮十八善神王、別者當國之鎭守二百余社一宮二宮天滿天神宮、神罰冥罰ヲ、連判之在廳官人等每毛穴可罷當之狀、所請如件、

正治二年十一月　日

散位多々良盛綱（花押）
散位大原清廉（花押）
散位土師助元（花押）
散位中原助近
散位中原助永（花押）
散位中原助國（花押）
散位大江永守（花押）
散位菅野成綱（花押）
散位菅野光成（花押）
散位佐波利包（花押）
散位土師守包（花押）
散位土師安利（花押）
散位菅野成房
散位矢田部弘直
散位土師弘安（花押）
散位土師助遠
散位土師國方（花押）

散位賀陽弘方（花押）
散位中原助正（花押）
散位中原助房（花押）
散位中原助綱（花押）
散位日置高依（花押）
散位土師弘則（花押）
散位土師弘眞（花押）
散位土師則安（花押）
散位賀陽近房（花押）
散位賀陽爲元（花押）
散位賀陽利方（花押）
散位胡恒遠（花押）
散位菅野延國
散位賀陽爲利（花押）
散位土師國眞（花押）
散位土師助安（花押）
散位土師弘忠（花押）

散位土師弘綱（花押）
散位土師助守（花押）
散位日置高遠（花押）
散位賀陽為眞（花押）
散位土師弘正（花押）
散位賀陽重俊
散位大江高範
散位中原盛保
權介日置高元（花押）
權介多々良弘盛（花押）
目代春阿彌陀佛（花押）

（以下別紙）
於當所念佛温室、在廳官人等合力之結縁同心之誓狀、甚以隨喜者也、定不背佛意必相叶神慮歟、

東大寺大勸進大和尚南無阿彌陀佛（花押）

〔阿彌陀寺田畠注文并免除狀 阿彌陀寺藏〕

大和尚南無阿彌陀佛（重源花押）

周防國

定置　南無阿彌陀佛別所寺用新田畠坪差事

合貳拾伍町玖段

田貳拾貳町玖段

吉木本郡八段

小木里

十八坪二段

廿九坪三段

一所一段

一所二段 自五段目中北南　光清

平田里廿七坪三段 北依東西

湯田三段　田家里十八坪 北依　爲光

堈一丁

矢地里
三坪一段
六坪二段
七坪一段
八坪五段
十四坪一段
大前一丁一段中品上生
桑原里五段中品上生
十坪一段下品下生二十歩 戌亥角
十三坪一段中品中生十(歩) 戌亥角
廿六坪三段 北依
中社里四段中品中生十(歩)
六坪一段 丑寅角　近道
廿六坪二段 中依　利國
廿七坪一段中品中生十(歩)　包景

桃本里十三坪一段中品中生十(歩) 東依 包景

佐波令九段

美香里卅五坪中品上生 是近

立石里廿六坪一段 未申角 武近

下村里五坪一段 重遠

迯田里

十九坪一段 未申角 武近

廿九坪一段 辰巳角 是近

卅一坪下品上生 東依

祝津里五坪四段 南依 近弘

牟禮令六丁四段上品下生二十歩

勝間里一丁中品中生十(歩)

二坪二段 南依

八坪一段 東左古 永次

十六坪三段 北依 包時

廿三坪二段　近弘
廿六坪一段
卅三坪一段
卅五坪中品中生十(歩)北縄依　重次
猿振里四段
八坪一段下品上生門左古田　安光
十一坪二段中子午　吉岡
十八坪中品上生西左古田　安光
引道里六段中品中生十(歩)
四坪一段
十五坪一段　禪力
廿三坪一段南依　則國
卅五坪三段下品上生東縄依
卅六坪下品下生二十歩中依子午
勾道里一丁五段下品下生二十歩

三坪二段 中依
五坪一段 西依
八坪二段
十坪一段中品中生十(歩) 中依
十一坪一段中品中生十(歩) 北依
十三坪一段 丑寅角 國末
十四坪二段下品下生二十歩 南依 時弘
十六坪二段 有光
廿四坪中品中生十(歩) 西依
廿六坪一段中品中生十(歩) 東西南北限野
上枳部里一丁四段下品上生
六坪三段 北依西 近藤
七坪五段
八坪二段
十四坪中品中生十(歩) 南依

廿三坪中品中生十(歩)南依
廿六坪二段下品上生
卅二坪一段西依
蘆原里六段
四坪三段
十坪一段
十五坪一段　貞國
十七坪一段南依　貞光
牟禮里廿四坪一段南依　恒安　爲永
野田里四段下品上生
八坪一段下品上生南依　爲永
十五坪一段　近永
十七坪二段　安景
枳部里廿三坪三段　快暹
上小乃五段

聖里三段
　二坪二段　未申角
　九坪一段　中依　　久吉
阿佛里卅五坪二段　南依
冨海一丁六段
中海里四段下品中生
　廿坪一段　北依　　爲近
　廿二坪二段　　貞光
　廿三坪一段　東依
　卅坪下品中生　　上力
岡本里四段
　六坪一段　北依
　八坪一段　中依
　十二坪一段　西依　　貞包
　十八坪一段　東依　　友光

相田里四段上品下生
五坪下品上生 南依
九坪一段下品下生二十歩 西中依
十坪二段下品中生二十歩
一所一段中品下生 南依
一所上品下生二十歩 西中　重末
十七坪一段 南依
冨海里二坪一段 東依　包友
里外里一坪一段 南依　爲弘
馬下里一坪一段 南依　友貞
都乃六十九段中品中生十(歩)
乃田里七段
廿五坪二段　貞光
卅二坪三段　貞光
卅五坪二段　今光

高田里十八坪五段　　貞光
大井里六坪三段中品中生十(歩)南依
久米里廿二坪中品上生
東益里十八坪一段中品中生十(歩)中依
石前里卅二坪一段下品上生
先寄進地内五丁中品中生十(歩)
助正寄地三丁四段
三奈木里一丁六段
廿坪八段東依
廿七坪八段東依
田村里一丁二段
十九坪九段
卅坪三段西依
白方里卅四坪六段東依
爲眞寄地一丁六段中品中生十(歩)

猿振里十二坪三段 辰巳角
山前里十五坪七段 北依
楡田里卅五坪六段中品中生十(歩)東依

末武一丁
猿振里
十九坪二段 西依 太郎丸
廿坪三段 西依 近末
廿七坪二段 西山 恒重
廿八坪三段 北山下 吉末

三井一丁二段
三井里六段上品下生二十歩
四坪五段 東縄依 恒永
十四坪一段上品下生二十歩 小松
久米里七坪一段下品下生二十歩 今益
久米下里四坪四段 小松

周防本郡一丁
語下里
南益一段中品中生十(歩)
八坪一段中品中生十(歩)
九坪一段中品中生十(歩)
十坪五段中品中生十(歩)東依
畠参町
佐波令七段中品中生十(歩)
牟禮令一丁七段中品中生十(歩)
下小乃五段
右件免地、任國宣坪差、如此之子細見于寄文、仍注進如件、
正治二年十一月　日
散位多々良盛綱(花押)
散位大原清廉(花押)
散位土師助元(花押)

散位中原助近
散位中原助永（花押）
散位中原助國（花押）
散位大江永守（花押）
散位菅野成綱（花押）
散位菅野光成
散位佐波利包（花押）
散位土師守包（花押）
散位土師安利（花押）
散位菅野成房
散位矢田部弘直（花押）
散位土師弘安（花押）
散位土師助遠（花押）
散位土師國方（花押）
散位賀陽弘方（花押）

散位中原助正（花押）
散位中原助房（花押）
散位中原助綱（花押）
散位日置高依（花押）
散位土師弘則（花押）
散位土師弘眞（花押）
散位土師則安（花押）
散位賀陽近房（花押）
散位賀陽爲元（花押）
散位賀陽利方（花押）
散位胡永利（花押）
散位菅野近國（花押）
散位賀陽爲利（花押）
散位土師國眞（花押）
散位土師助安（花押）

散位土師弘忠（花押）
散位土師弘綱（花押）
散位土師助守（花押）
散位日置高遠（花押）
散位賀陽爲眞（花押）
散位土師弘正（花押）
散位賀陽重俊
散位大江高範（花押）
散位中原盛保（花押）
散位日置高元（花押）
權介多々良弘盛（花押）
目代春阿彌陀佛（花押）

（別紙）（重源花押）

南無阿彌陀寺麓四至事

合田畠貳町伍段
四至
東限枳部山檜山地　西限河
南限宗支南垣根 但西至大歳森東至枳部野大道
北限牟禮山峯
右件畠田畠、任四至之旨、無相違令免寄畢、後々代々之國吏留守所國中在廳、
無其煩可被免裁之狀如件、
正治二年十一月　日
○紙背の各繼目每に重源の花押あり
〔周防國阿彌陀寺田畠注文 防府上司家藏〕
周防國
定置　南無阿彌陀佛別所寺用新田畠坪差事
合貳拾伍町玖段　「定貳拾陸町伍段」(朱)
田貳拾貳町玖段　「定貳拾參町伍段」(朱)
吉木本郡八段

小木里
十八坪二段
廿九坪三段
一所一段
一所二段 自□段目中北角 光清
平田里廿七坪三段 北依東西
湯田三段 田家里十八坪 北依 為光
塰一丁
矢地里
三坪一段
六坪二段
七坪一段
八坪五段
十四坪一段
大前一丁一段中品上生

桑原里五段中品上生　弘光
十坪一段下品下生二十歩 戌亥角
十三坪一段中品中生十(歩) 戌亥角
廿六坪三段 北依
中社里四段中品中生十(歩)
六坪一段 丑寅角　近道
廿六坪二段 中依　利助
廿七坪一段中品中生十(歩)　包景
桃本里十三坪一段中品中生十(歩) 東依　包景
佐波令九段　「定(朱)一丁一段」
美香里卅五坪中品上生　是近
(朱)「酒井里八坪一段 南依　近末」
立石里廿六坪一段 未申角　武近
(朱)「治田里十八坪一段 東依　吉永」
下村里五坪一段　重遠

迯田里二段下品上生
十九坪一段 未申角　武近
廿九坪一段 (朱)「未申」辰巳角　是近
卅一坪下品上生 東依
祝津里五坪四段 (朱)「北」南依　近弘
牟禮令六丁四段上品下生二十歩　定六丁八段上品下生二十歩
勝間里一丁中品中生十(歩)
二坪二段 南依
八坪一段 東左古　永次
十六坪三段 北依　包時
廿三坪二段　(朱)「國友」近弘
廿六坪一段　禪力
卅三坪一段
卅五坪中品中生十(歩) 北縄依　重次
猿振里四段

八坪一段下品上生 門左古田　安光

十一坪二段 中子午　吉岡

十八坪中品上生 西左古田　安光

引道里六段中品中生十(歩)　(朱)「定八段中品中生十(歩)」

四坪一段

十五坪一段　禪力

(朱)「廿二坪三段 中卯酉　永安」

廿三坪一段 南依　則國

卅五坪三段下品上生 東繩依

卅六坪下品下生二十歩 中依子午

勾道里一丁五段下品下生二十歩 (朱)「定一丁八段下品下生二十歩」

三坪二段 中依　眞次

五坪一段 西依　眞次

(朱)「六坪三段 西依　近藤」

八坪二段

十坪一段中品中生十(歩) 中依　重次

十一坪一段中品中生十(歩) 北依

十三坪一段 丑寅角　國末

十四坪二段下品下生二十歩 南依　時弘

十六坪二段　有光

廿四坪中品中生十(歩) 西依　時光

廿六坪一段中品中生十(歩) 東西南北限野

(朱)「東里廿五坪一段」　源祐

上枳部里一丁四段下品上生　(朱)「定一丁一段下品上生」

(四字、朱ニテ抹消)
六坪三段 北依西　近藤

七坪五段

八坪二段

十四坪中品中生十(歩) 南依　禪力

廿三坪中品中生十(歩) 南依　禪力

(朱)「廿九坪一段 西寄　宗重」

廿六坪二段下品上生　　一阿彌陀佛

卅二坪一段西依（五字、朱ニテ抹消）

蘆原里六段

四坪三段

十坪一段　　末正

十五坪一段　　貞國

十七坪一段南依　　貞光

牟禮里廿四坪一段南依　　恒安爲永

野田里四段下品上生

八坪一段下品上生南依　　爲永

十五坪一段　　近永

十七坪二段　　安景

杦部里廿三坪三段　　快遲

東里廿五坪一段　　源祐

上小乃五段

聖里三段
二坪二段 未申角
九坪一段 中依 久吉
阿佛里卅五坪二段 南依
冨海一丁六段
中海里四段下品中生
廿坪一段 北依 爲近
廿二坪二段 貞光
廿三坪一段 東依 爲清
卅坪下品中生 上力
岡本里四段
六坪一段 北依
八坪一段 中依 友光
十二坪一段 西依 貞包
十八坪一段 東依 友光

相田里四段上品下生

五坪下品上生 南依

九坪一段下品下生二十歩 西中依

十坪二段下品中生二十歩

一所一段中品下生 南依 上力

一所上品下生二十歩 西中 重末

十七坪一段 南依 包末

冨海里二坪一段 東依 包友

里外里一坪一段 南依 爲弘

馬下里一坪一段 南依 友貞

都乃六丁九段中品中生十(歩)

乃田里七段

廿五坪二段 貞光

卅二坪三段 貞光

卅五坪二段 今元

高田里十八坪五段　貞光
大井里六坪三段中品中生十(歩)南依　武弘
久米里廿二坪中品上生　武松
東益里十八坪一段中品中生十(歩)中依武松
石前里卅二坪一段下品上生　武松
先寄進地内五丁中品中生十(歩)
助正寄地三丁四段
三奈木里一丁六段
廿坪八段 東依
廿七坪八段 東依
田村里一丁二段
十九坪九段
卅坪三段 西依
白方里卅四坪六段 東依
爲眞寄地一丁六段中品中生十(歩)

猿振里十二坪三段 辰巳角

山前里十五坪七段 北依

楡田里卅五坪六段中品中生十(歩)東依

末武一丁

猿振里

十九坪二段 西依　太郎丸

廿坪三段 西依　近末

廿七坪二段 西山　恒重

廿八坪三段 北山下　吉末

三井一丁二段

三井里六段上品下生二十歩

四坪五段 東縄依　恒永

十四坪一段上品下生二十歩　小松

久米里七坪一段下品下生二十歩　今益

久米下里四坪四段　小松

周防本郡一丁　　　　　　　　　　　　　　　淂恒

語下里

南益一段中品中生十(歩)

八坪一段中品中生十(歩)

九坪一段中品中生十(歩)

十坪五段中品中生十(歩)東依

畠参町

佐波令七段中品中生十(歩)

牟禮令一丁七段中品中生十(歩)

下小乃五段

右件免地、任國宣坪差如此之子細、見于寄文、仍注進如件、

正治二年十一月　日

散位多々良盛綱(花押)

散位大原清廉(花押)

散位土師助元(花押)

散位中原助近
散位中原助永（花押）
散位中原助國（花押）
散位大江永守（花押）
散位菅野成綱（花押）
散位菅野光成（花押）
散位佐波利包（花押）
散位土師守包（花押）
散位土師安利（花押）
散位菅野成房
散位矢田部弘直（花押）
散位土師弘安（花押）
散位土師助遠（花押）
散位土師國方（花押）
散位賀陽弘方（花押）

散位中原助正（花押）
散位中原助房（花押）
散位中原助綱（花押）
散位日置高依（花押）
散位土師弘則（花押）
散位土師弘眞（花押）
散位土師則安（花押）
散位賀陽近房（花押）
散位賀陽爲元（花押）
散位賀陽利方（花押）
散位胡　永利（花押）
散位菅野近國（花押）
散位賀陽爲利（花押）
散位土師國眞（花押）
散位土師助安（花押）

散位土師弘忠（花押）
散位土師弘綱（花押）
散位土師助守（花押）
散位日置高遠（花押）
散位賀陽爲眞（花押）
散位土師弘正（花押）
散位賀陽重俊
散位大江高範（花押）
散位中原盛保（花押）
權介日置高元（花押）
權介多々良弘盛（花押）
目代春阿彌陀佛（花押）

## 一五三　正治二年（一二〇〇）重源、播磨別所に於て迎講を始む

〔南无阿彌陀佛作善集〕播磨別所ノ條

始置迎講之後二年 始自正治二年

彌陀來迎立像一躰　鐘一口

一五六　建仁元年（一二〇一）三月、伊賀國衙、興福寺僧房造營のために、東大寺の伊賀國における莊園を停めて、これを國領となさんことを請いしを以て、東大寺僧綱等、狀を上りて抗辯す

〔東大寺文書〕

伊賀國在廳官人等誠惶誠恐謹言

請殊蒙天恩、停止東大寺有限用途外新立押領庄々、興福寺三面僧房造營間、

可付國衙由被下宣旨子細狀

一新立庄田二百八十三町七段六十歩

御封并百學生供田二百一町八段十歩 名張郡内、治承年中被庄號之、

黑田出作百七十五町六段三百歩

分米五百廿七石五升

三谷開三町小

分米九石一斗

館分田三町四段

分米廿石四斗

公田廿八町七段

分米百四十三石

已上六百九十九石五斗五升也、而彼寺所募御封米三百三十石、百學生供米三百六十石也、仍以四箇所爲寺領可充件用途也、但於百学生供者雖新儀、彼寺已以此爲百人之依怙、被顚倒之條、非無其痛、此外於押領若干公領者、尤無其謂、早可國領之由欲被宣下矣、

念佛堂庄八十一町九段山田郡内

阿波條廿七町小

同新別府三町二段

同呂次名三町三段

廣瀨村十八町

淨土寺三町

有丸名廿七町三段大
已上建久之比、彼庄之間國杣併被押籠畢、然者國内無杣者、爭可遂造營
哉、仍造營之間、可國領之由同欲被宣下矣、
一押領田二百七十六町九段六十歩
北杣百一町半
鞆田村百四町一段六十歩文治以後押領之
簗瀬保七十一町七段半治承以後押領之
已上三个所二百七十六町九段十六歩、決定可國領之由可被宣下也、隨爲
造營杣、殊至要也、
右謹檢案内、當國前司皇太后宮大夫任中、神戸三箇鄕數百町之公田、自太神宮
被押領之時、注子細經奏聞之尅、被下宣旨、充神用米員數定彼料田百五十町被
立御厨畢、所殘田數皆以被國領、于今無相違、然者任此例、除彼寺用米分田之
外、押領公田等可國領之由、欲被宣下矣、仍勒子細言上如件、
建仁元年三月　日
從五位下行藤原朝臣正兼
從五位下行惟宗朝臣俊盛

從五位下行大江朝臣忠國
從五位下行源朝臣兼信

〔東大寺文書〕

東大寺僧綱大法師等謹解　申請院廳裁事

請殊蒙鴻恩、任本願勅施入起文、被裁許伊賀國當寺御封参佰陸拾斛子細狀、

副進

證文壹卷

一通　天平勝寶元年當寺封戸勅施入御起請文

一通　天喜年中以黑田庄出作所當國司便補當寺封米狀

一通　天養二年宣旨狀以黑田庄并玉瀧杣所當便補當寺御封参佰陸拾斛由

一通　承安四年黑田庄出作所當便補御封殘被奉免寺家院廳御下文

一通　同五年以件所當物寺家定充百学生供料狀

一通　元曆元年源惟義當時駿河守　伊賀國務時以玉瀧杣內鞆田出作所當便補御封狀

一通　文治三年國司雅經朝臣止御封便補押妨鞆田出作所當時依寺家訴被停

止其妨院宣

右謹考舊貫、救世觀世音爲助粟散之邊土、爲勸聖教之流布、隨類變化之形暫入日域之王宮、和光同塵之姿偷受金輪之帝圖、名雖爲人間聖武之君、實豈非普門示現之聖哉、仍以大悲撫民、以正法治國、新治鑄一閻浮提希代之大佛、遙付屬五濁惡罪障之衆生、郎佛聖燈油爲令無斷絶、寺用相折爲不煩闕乏、永寄進一萬町之水田、又施入五千戸之封米、此事後代不可有違亂之旨、具被載勅書之札、其中以代々國王爲我寺之檀越、我寺若興復天下興復云々、倩見御起文之趣、崇重可異他者專在我寺歟、然而年過四百、人輕佛法之間、或權臣奪之、或貪吏妨之、一萬町之水田所殘不足千町、五千戸封米所濟今無一戸、空讀以往詔書、只忍本願之叡旨許也、但至于伊賀國封参佰陸拾斛、國司天喜年中、依便宜功課于寺領黑田玉瀧兩庄出作田之所當以降、國遁譴責之難、寺無徵納之煩、每年弁濟米未有違亂之間、以之先充黑田杣工八十人之食物、其募已爲數百年之例式、連々修理之材木、偏依募此食物也、但件出作田依及三百町、封戸便補之殘、年來猶辨濟國庫、其譴責收納之間、國寺兩方使者鬪爭常不絶、寺家連々依歎之、法印顯惠寺務之時、彼封戸便補之殘、且觸國司取免除之廳宣、且經院奏蒙不輸之裁定、今所進證文等子細顯然歟、卽卜每年五箇日之良辰、必展般若十六會之講席、分一會於朝暮之兩座、惣卅二座之講經也、每座問答決疑莫不盡幽冥、從此講結願之翌日、又點三箇日、以六十口僧徒轉讀一部之大般若經、捧所生惠業、偏奉祈國家之御願、爲致此兩方之講讀、召請百口之學徒、以件免除之所當、承安五年被割充其供料以降、星霜屢廻、漸及卅年畢、又以玉瀧杣内鞆田村出作所當者、被充置大佛殿修正壇供之間、凡云彼云是、皆無非要樞之寺用、縱雖經年劫、於黑田玉瀧兩庄不顚倒者、此色々支配之用途永不可失墜之由、滿寺各令存知之處、今止當國諸處之封戸、一向可充造興福寺用途之旨被宣下之日、當寺封戸已無簡別、被剝返之條勿論歟、重思事情、件御封若於每年自國令弁濟者、縱雖有改易、強非可訴申、已便補寺領之所當、久充重色之用途、興福寺仕丁中綱等亂入庄家、今年始可徵納者、匪啻百口之供料、修正之壇供等目前令斷絕、又杣工之食物、土民之依怙、併以可被責問之間、材木一支以何力儲之、寺僧一人有何勇住之、庄家之滅亡、佛法之運盡、其已時臻哉、就中興福東大共逢回祿之災禍、堂舍佛像同有土木之營作、何忽止此寺之封戸、以被配彼寺之用途乎、王者之善政雖非偏頗、人倫之愚習奈何其恨、欲述愁緒詞咽淚、欲奉訴狀欝餘筆、仍書不盡言、泣勒大概而已、望請鴻恩、任本願御起文、如申請被裁許者、佐保山陵底先靈再悦勅誓之不朽、遮那殿壇下諸衆各休歎息之難盡矣、以解、

建仁元年四月　日　　成業已講僧綱等

皆悉加判上了

〔東大寺文書〕

（異筆端書）「　相副陳狀

正文。返上記錄所了」

伊賀國在廳官人等言上

東大寺押領内名張郡公田并阿拜郡玉瀧北杣并山田郡内阿波廣瀨有丸名等、任記錄所勘狀、被國領可宛興福寺三面僧房用途旨、欲被下宣旨狀、

一　名張郡公田三百四十三町四段事

右件條、彼寺領黑田庄者、田數廿五町也、出作公田百七十町也、其外七ヶ所公田數百町所押領也、且前之司皇太后宮大夫家興福寺廻廊造營之時、注子細經上奏之處、召兩方文書理非可令勘申之旨、被下記錄所了、定勘申歟、凡者故顯惠法印寺務之時、不注田數不堺四至搆取國司任終、廳宣號新庄不被同在廳申、下後

白河院廳御下文、依爲法印無道、隆職宿禰國務之時、注子細經上奏之處、可令停廢之由被下宣旨了、雖然背倫言尙所押領也、黑田庄四至牓示顯然也、被停止無道押領、被付國衙、三面僧房材木可採用之旨、可被宣下也、

一　阿拜郡内玉瀧北杣出作百□町事

右件出作者、天喜年年之比、杣山被奉免彼寺之時、治田三十一町可爲杣人衣食之旨具也、其外百余町公田令押領不入國使、仍可停廢之由度々被下宣旨了、法性寺殿下御領國十三ヶ年之間、勿論公領也、然者治田卅一町之外、被公領可被宛三面僧房用途之、同前々任被下記錄所了、理非無其隱歟、

一　同郡内鞆田出作八十町事

右件庄者、六條院御領五ヶ庄内也、本庄五十余町也、平家年來知行之間、出作八十町官物者濟物所切渡也、平家滅亡之後、可爲寺領之旨申上、後白河院之日、鞆田村田六十町可爲寺領之由、被成廳御下文云々、然者本庄六十町之外出作八十町、所當任先例、爲公領可被宛僧房造營用途之由、見于記錄所勘狀云々、

一　山田郡阿波廣瀨有丸保三ヶ村事

右彼三ヶ村者、東大寺造營之間、宋人和卿雖无指由緒、爲經廻雜事、給預之所

令知行也、其後又號阿彌陀堂領被庄號了、是爲新立庄之上、有杣山材木所出也、
僧房造營之間、專可勤其役、造了以後如元可被返付者歟、

以前條々粗言上如件、抑三面僧房者住侶群宿之靈舍、佛法興隆之學窓也、朝庭(延)
貴之忽企造營、而謂其用途及數萬石、以己國力難遂其功、是依爲公家御大事、被
免除年中式數濟物、何況於无道押領公田哉、速被准神戸太神宮御領百五十町一
圓例、以黑田庄出作百七十丁爲一向不輪寺領、彼寺封戸并百學生供料被宛寄
之、於其外七ヶ所公田廣博押領者速被停止之、被寄付僧房造營用途者、无寺家
國衙之訴可友大營之功者歟、當國所當者二千余石也、數萬石用途失計略了、早
被尋記錄所勘狀、任道理欲被宣下者、

建仁元年四月　日

從五位下行藤原朝臣正兼
從五位下行惟宗朝臣俊盛
從五位下行大江朝臣忠國
從五位下行源朝臣兼信

〔東南院文書〕

（端裏書）「長官頭右大辨資實」

伊賀國封戸事、以奏狀令申入候畢、此條依彼國訴、被下記錄所畢、仍以此狀可尋問之由、被仰下候也、任是非定沙汰候歟、恐々謹言、

建仁元年四月廿五日　　右大弁資實

（別紙）
以此寺解證文等、被下記錄所之處、當寺封戸停止不可然之由勘申了云々、仍無其沙汰、爲後代不審記之、（花押）

〔東大寺文書〕

（端書）「伊賀國當寺封戸事訴申奏狀并證文書」

建仁元年造興福寺僧房用途料、以伊賀國被寄付彼寺之日、當國諸所封戸大神宮以下併被□□（停止カ）而可造件僧房之由被宣下了、驚此風聞、相尋當寺長官頭右大弁資實朝臣之處、東大寺封戸同被止之旨有返狀、仍寺家訴申之解狀也、以此奏狀自院被下記錄所可定申理非云々、當寺封戸更不可有停止之由、記錄所勘申了、爲後代不審所記置也、抑記錄所勾當玄蕃頭廣房宿禰與寺家使隆玄、兼乘兩寺□對面申云、此奏狀誰人書之哉、文狀神妙、道理至極、隨喜不少、被下當所之奏狀

等、日夜雖無隙、殊催感者、不如今之寺解云々、
〔東大寺文書〕
造興福寺僧房用途料、建仁元年以伊賀國被寄付彼寺之日、黑田出作新庄玉瀧鞆田等皆悉可國領之由、別當僧正雅縁殊以結搆、其間國解陳狀等、爲散後代不審、勒一巻所納官藏也、若猶國妨出來之時、以之可爲本質、努力々々、勿紛失耳、
別當法印權大僧都弁曉
〔東大寺文書〕
建仁元年造興福寺僧房用途料、以伊賀國被寄付彼寺之旨、當國諸所封戸大神宮以下併被止、、一向可造僧房之由被宣下了、當寺封戸入其停止之内云々、仍滿寺欝陶訴申狀等、爲後日納官藏了、
別當法印權大僧都（花押）

一五七　建仁元年（一二〇一）四月、東大寺僧綱等言上して、本年中に大佛殿の廻廊が完成する豫定なるを以て、それに引續いて講堂及び三面僧房を造營せんことを請う。これに對して、重源は七重寳塔の造營を企圖すという

〔春華秋月抄 東大寺藏〕

東大寺僧綱大法師等誠惶誠恐謹言

請殊蒙天恩忩被造營講堂并三面僧房子細狀

右於四面廻廊者、今年内可造畢之由、大和尚所申也、其後講堂僧房相繼造營之條、衆徒深令庶幾之處、和尚内々所存、先可立七寶御塔云々、此堂塔作事之前後、非勅定者難決之間、去三月令奏聞事由之處、廻廊不終功以前、他事不可有沙汰之由、被仰下了、勅定之旨、尤雖可然、當寺斮材木寸法皆長大、採一支之費、過他所之百千支、凌嶮岨萬里之山谷、伐造之引出之間、筏未浮海路之前、空依經一兩年、今明若不徴下材木者、雖明年明後年出木、輙難企之間、爲不斷絶作事、遮所申子細也、廻廊不終功以前非可置造之儀、就中和尚齡餘八十、命待且暮遷化、若隱跡、勸進欲憑誰、今毎見一生之已迫、各傷寸陰之空過、住侶忩心莫□□、抑遠尋天竺晨旦之道儀、近見日域上代之仁詞(祠カ)、寺門一埒内堂舍雖多、佛法正繼壽者、只以講堂爲最、年中所修之講演法會、恒例臨時之論義釋經、此堂多爲道場之故也、講堂之名稱、不言而易知者歟、仍興福寺草創以後、燒失及三ヶ度之間、毎新造之度、必先立講堂、是則維摩會長講會等皆於此堂依令勤行也、當寺法花會□□嚴重佛事皆又於講堂勤行之、治承以後已無其處、如鳥之覆巣歟、仍佛事講會毎迎期日、先以歎之、或尋燒失之舊地立假屋、風雨卽亂講論之儀、或卜狹少之房舍展梵莚、僧徒空餘坐列之床、法會雖似繼跡、道儀皆背本式、供奉之人、見聞之客、誰不嗟歎之哉、然而二階之大殿、四面之廻廊、誠爲一天無雙大事之間、講堂建立之條、不能申出、各畟一心忍送多年之處、佛殿複本、廻廊欲終、此後講堂相繼造營、其理勿論歟、又三面僧房者、是學侶常住之栖也、僧徒若不住者、佛法依何傳、佛法若不傳者、伽藍爲誰存、倩思此兩事之要樞、營作尤可先于塔婆哉、望請天恩、講堂僧房料之材木、今明早可徵下之由、被仰下者、將仰舊跡之不墮耳、誠惶誠恐謹言、

建仁元年四月　日

一五八　建仁元年（一二〇一）六月、東大寺境内の道路を修理す

〔東大寺要錄 卷第五、別當章第七 第八十九代法印權大僧都弁曉ノ條〕

建仁元年六月、寺中道路被直了、

一五九　建仁元年（一二〇一）九月廿日、四天王寺塔修造供養。重源、この修造のことに携る

〔猪隈關白記〕
（建仁元年九月）廿日丁卯、天晴、是日天王寺塔修理之後供養云々、導師前僧正眞圓云々、院有御幸云々、

〔南无阿彌陀佛作善集〕
天王寺御塔奉修複之、

〔百錬抄　巻第十二〕
（建仁元年）九月廿日、天王寺塔供養也、上皇有御幸、

〔一代要記　巻第十九〕
（建仁元年）九月廿日、天王寺塔供養、上皇有御幸、内大臣以下供奉、

一六〇　建仁元年（一二〇一）九月廿一日、重源、渡邊別所に於て迎講を行い、八條院暲子内親王、その念佛衆供料と佛性燈油料等として、攝津の頭成庄を施入す

〔百錬抄　巻第十二〕

（建仁元年）九月廿一日、於渡邊、東大寺上人行道講(迎)、上皇有御幸、

〔南无阿彌陀佛作善集〕

渡邊頭成庄、自八條女院、自建仁元年被施入渡部淨土堂念佛衆時料并佛性燈油料并王子御供料等了、

一六一　建仁元年（一二〇一）十二月廿七日、土御門天皇、後鳥羽上皇、七條院殖子、八條院暲子内親王、守覺法親王等を願主として、佛師快慶、東大寺鎮守八幡宮の神躰僧形八幡神像を造立す。またこの頃、重源、八幡宮御寶前に大般若經三部を安置供養す

〔東大寺八幡殿僧形八幡神像銘〕

東大寺八幡宮安置之建仁元年十二月廿七日御開眼

今上　太上天皇　七條女院　八條女院　御室守覺

長嚴　眞遍　靜遍　永遍　章玄　了阿彌陀佛

過去後白河院　快賢　快宴　快俊　良圓　性阿彌陀佛

東大寺別當弁曉　珍賢　快專　賴嚴　淨宴　信覺

行嚴　迎賢　迎慶　迎印　性阿彌陀佛　慶俊
奉造立施主巧匠（アン）阿彌陀佛快慶　小佛師
快尊　慶聖　良情　慶連　宗賢　尊慶　良快
祐賢　宗圓　慶覺　覺嚴　隆圓　覺圓　良尊
信慶　勝盛　良智　有尊　有實　快祐　覺縁
淨慶　慶寛　實嚴　運慶　有序
圓長　宗遍　漆工大中臣友永　藤井末良友綱
銅細工兼基
權少僧都顯嚴　秀嚴
親蓮　建明　敦佐　因幡房
伊與房　貞乘
貞敏
法印澄憲
大倉充
藤原俊重
願我臨命欲終時　盡除一切障碍
面見彼佛阿彌陀　即得往生安樂國
南無仁王妙貞　孝道中將局　永慶　祇女萬秋

(サ) 比丘尼顯阿彌陀佛　法印成寶

觀世音菩薩

皐諦　世喜我

次郎　三郎　土用

源三　小次郎　高倉

牛　千鳥　菊　牛母

壽王丸　良賢　龜王丸

僧行圓　同父母　高階氏　憲方

比丘尼妙蓮　橘重永　源行永　平氏

同氏　同氏　源禪師丸　千福　俊毫

諦受　出羽局　高橋女

寛惠　宗惠　勝惠　定宗

嚴海　俊慶　卽遍　覺祐

高余

若俊

眞阿彌陀佛　願以此功德
聖阿彌陀佛　普及於一切
定阿彌陀佛　我等與衆生
行阿彌陀佛　皆共成佛道
善阿彌陀佛
眞阿彌陀佛
源氏　法界衆生平等利益
源氏　衆生無邊誓願度
源定俊　煩惱無邊誓願斷
法門無邊誓願知
如來無邊誓願事
無上菩提誓願證

文殊師利菩薩
(カ)比丘尼蓮西

妙法蓮華經
（キリク）
空阿彌陀佛
明遍
過去祖師
敏覺
（バン）明惠
定昭　賢祐父母
同祖父祖母同養母
覺縁祖父祖母藤原女
珍阿彌陀佛慶賀　三條
宗全　慶寛縁輩大夫殿
僧慶圓　源氏母
（カ）過去乳母
（キリク）
（サ）比丘尼蓮妙
（サク）佛頂尊勝陀

羅尼

（キリク）阿彌陀佛

（マン）　慧敏

実深

（ア）（バク）（アン）（マン）執事任阿彌陀佛寛宗

〔南无阿彌陀佛作善集〕

一鎮守八幡御寶殿并拜殿　奉安置等身木像御影

納置八幡宮紫檀甲箏并和琴

於當寺八幡宮御寶前、奉供養大般若三部、安置之、

一六三　建仁元年（一二〇一）重源、自身の肖像を造つて、これを周防阿彌陀寺に置く

という

〔華宮山阿彌陀寺略縁起〕

一開山堂　安置開山上人像、自作、建仁元年作、

不動明王　開山上人作、

鐵塔十三重内ニ水晶ノ舍利塔アリ、舍利ヲ納ム、銘文アリ、當山四境諸堂建立ノ意趣、檀越姓名等ヲ記ス、開山ノ仕置ナリ、九輪ハ破損セシヲ寛文二年良慧法師重修ス、

右古來ノ堂大破、眞惠法印代寶永六年己丑、領主毛利廣政君再興、國主ヨリモ銀二十枚御寄進、棟札アリ山縣少助代作ナリ、文明十七年大内政弘再興ノ棟札モアリ、

一二六三 建仁二年（一二〇二）七月、東大寺印藏の修理料として、鎭西の米百石を勸進所に寄進せらる

〔東大寺要錄 巻第五、別當章第七 第八十九代法印權大僧都弁曉ノ條〕

建仁二年七月、印藏修理料、鎭西米百石、被寄勸進所了、

一二六四 建仁二年（一二〇二）重源、佛師快慶に命じて、金泥三尺の阿彌陀如來像（現東大寺俊乘堂安置）を造らしむ

〔東大寺諸集〕

新造屋阿彌陀安置由來

三尺阿彌陀金泥佛　建仁二年造始、

建仁三年、佛舍利心經菩薩種子眞言等、奉籠于佛身云云、

俊乘上人、爲緣投所有珍財、法眼安阿彌陀佛令造之、施主法橋上人位寛顯、供養導師解脱上人、建保四年二月天、寛顯臨終之時、彼阿彌陀佛五色糸取手、念佛數十遍唱之、正念開眼、(閉)（自建仁二年、至建保四年、合十四年也、）此本尊、先師律師可安置高野山道場由、雖令遺言、彼道場燒失之間、暫奉渡中門堂畢、

仁治四年正月二十八日（但同年二月十六日改元寛元）

當寺修理目代兼觀世音寺別當大法師瞻寛

（瞻寛者寛顯之孫云云）

自建保四年至仁治四年、合二十八年、

寛顯往生間、善根注文、竝臨終の體、弟子勝寛注置一卷在之、奉籠御佛中佛舍利等目録一卷有之、

享祿二丑初秋之比、爲學侶中對中門堂衆、種種申談、被乞請、八月十二日安

置新造屋訖、自仁治四至享祿二年、合二百八十七年、
右之由來、學侶年預之唐櫃、委細有之、
英憲法印之自筆也、

〔東大寺俊乘堂阿彌陀如來像銘〕

（アン）阿彌陀□

廣岡ニテ
承元二年
九月一日
細金印始

一六五　建仁二年（一二〇二）頃、重源、伊賀新大佛寺を建つ

〔南无阿彌陀佛作善集〕

（奉造立修復大佛并丈六佛像員數）伊賀別所三躰（此外石像地藏一躰、）

伊賀別所

ト五古靈瑞地、建立一聚別所、當其中古崎引平嚴石、立一堂、佛壇大座皆石也、
奉安置皆金色彌陀三尊來迎立像一躰并觀音勢至各丈六、
鐘一口 至肩長四尺、 湯屋一宇 在釜、
皆金色三尺釋迦立像一躰、優塡王赤栴檀像第二轉畫像奉摸作之、御影堂奉安
置之、摺寫十六羅漢十六鋪、同御影堂安置之、
播磨并伊賀丈六、奉爲本樣畫像阿彌陀三尊一鋪 唐筆、
〔伊水溫故 山田郡、中村郷〕
五寶山新大佛 富永村
左藥師如來、長二丈三尺、立像、
本佛阿彌陀、長二丈五尺、立像、三尊共木像石座、
右觀音大士、長二丈五(三)尺、立像、
藥師ハ紺瑠璃の壺を所持、觀音捧法華(蓮)、
三尊の寶座、自然涌出の石臺、獅子に牡丹を彫、座の尊□
本堂七間四面に二間半の二層、苫蓋四方へ出る、
當國高野産、生姓(世)阿波、俊乘坊重源、建仁二年に開基也、俊乘坊者、山州醍醐

山の坊名（此坊ニ而学ぶ、）建久元年に南都大佛殿造畢す、其明る建久二年より十二年目、建仁二年に阿波大佛開基、

山の形者、龍の蟠かことし、龍頭に撞（鐘）楼堂、中央に本堂有、龍尾に重源の影堂有、自作の木像を安置す、寛永の末本堂破壊し、本尊三體は事無立なから、獅子身中の蟲とかや、自然朽終て、自然生の石臺のミ残れり、爾處に本佛御頭より、銀像の阿彌陀長五寸二分、舎利塔一基に二粒有、經巻箱入伽羅一顆出たり、銀佛ハ正保の頃失たり、此佛者、俊乗坊入唐して將來の尊也、

〔御寳山新大佛寺來由記〕

當寺濫觴者、土御門御宇建仁年中、後鳥羽法皇御願、俊乘房重源手開釋迦藥師觀音三尊靈應之勝壊也、（中略）則此山者、實日東之挺秀、伊國之靈區中也、嶺名龍王嶽、左高鐘樓地、右峯曰經塚、大殿蹤地平而厥廣可建諸堂、其中所存物、蓮花臺獅子之石座、其形圓、其鐫美也、背後岩窟、地藏大士高丈許、又鎮守權現宮（春日四社、八幡宮勸請、云五社權現、）嗚呼東大彼此二境破滅若合一契變化之所感不可測也、（東大者近世龍松院公慶募天下幹縁、殿堂佛像再興供養、）惟令所遺之物、大佛面貌、脇士之持物、佛舍利（水晶塔入、）腹内納寶篋印陀羅尼經、五輪塔、印佛、重源像也、

〔新大佛寺記〕

伊州山田郡阿波庄大佛殿者、法然上人之徒俊乘房重源所造立之地也、山謂御寶、寺名新大佛、蓋夫建久六年春三月南都東大寺落慶之後、源公閑欲捿止、而以彼餘材所建乎、然年序遷轉、殿閣頽廢、唯非殿閣亡廢而釋迦佛丈六倚像觀音藥師二脇士亦皆散失、釋尊面容與蓮華臺獅子之石座今猶存也、國民呼此地謂大佛釋迦堂、此地四境怪巖奇峰、有衆山之絶嶺山之中腹、名龍王嶽、右鐘樓地、左四經塚、石座之後岩窟、彫刻佛菩薩之像、至今粲然可觀者也、門内鎭守權現宮之蹤跡、今唯所存者有俊乘房眞刻之遺像也、作爲小堂而安此像、則呼曰上人堂、久旱不雨、庶民相議、登集此山、謹供香華燈明於靈像前、而以至誠眞實請求、則必無不雨也、嗚呼如是靈場破壞而已百有餘年也、夫誰當此時救此廢也、

〔伊州新大佛寺再興記〕

伊州山田郡阿波谷護邦山新大佛寺者、乃往古俊乘上人源公之所剏建也、上人營造南京大佛殿已竟、遊履此地、而爲幽捿處爲其境也、東西八十歩許、南北四十歩計、三方背山、而七峯屹立、如列翠屏、七山之間、幽水圍繞、似引綠帶、牛吼遠聞、塵緣至希、若非古佛垂應之地、定是衆聖入定之處、於是上人令佛工安

阿彌尊像頭髻裡有安阿彌作記、彫刻丈六舍那尊像及藥師觀自在尊像、營搆大殿而安置焉、東面
平地搆二王門、東山頂上造洪鐘、北嶺石窟彫刻不動明王尊像長二丈餘、又石窟之東
造建神祠、召請春日大明神、以爲護法之神、更搆二五房舍、以爲衆僧住處、事
聞大將軍家賴朝公、賜百町地、以充僧糧、因茲法食二輪益轉不絶、易爲一方之巨刹
矣、上人示寂之後、大殿之西、造立小堂、安於上人自作形像、容儀威嚴、而如
遇生身、男女歸仰者、無願而不滿者、特當炎旱、村民群集禮敬、祈求一兩、沛
然百穀滋茂、如是靈應、迄今無絶矣、嗚呼惜哉、星霜久古、寺產沒却、僧徒離
散、殿堂頽敗、唯存舍那頭面、石獅子座及神祠影堂、見聞之人、無不感傷焉、
方今村民發心、請余再興斯廢、余亦有素願、卽便應諾之、訴之大守高敏公、大守
許可之、且於境内禁殺生、於是杖錫巡歷勢伊兩域、諸士及與村邑乞助成力、男
女信受、老少歸依、投財施穀、負土擔材、先招京兆佛工法橋祐慶、用朽殘之頭
面、彫刻舍那尊像、祐亦發心、更五戒誓斷葷肉、不交皮膠、清淨如法造立已畢、
佛殿僧房次第營搆、比於古昔盛、雖十分之一、後住持者於繼勉強、蓋復舊觀哉、
又上人在世之時、遊于宋朝、被得舍利、安於水精五輪塔内、及閻浄檀金千手觀自
在像長一寸八分、又金銅多聞天座像長四寸許、又上人自手造立長板五輪塔婆、

○本尊御頭面内書付寫―新大佛寺所藏であったが先年の本坊火災に燒失すという

前面彫剋千佛像每線大サ一寸許、後背梵書寶篋印陀羅尼、筆力勇勁而今於不氓、此之四種、荒廢之後、移在民家、今皆寄來、不期而然、蓋時機熟者乎、余歡喜、朗記于再興緣、貽之後世云、

住持苾蒭範陶瑩印

〔本尊御頭面内書付寫享保年中再興之日中興和尚御寫得〕

源阿彌陀佛

藤原氏沙彌妙法

主典資座

源氏行家

沙彌入蓮藤原氏

平氏大中臣時家

同家住沙彌意阿彌陀

藤原氏盛入道

僧慶西

中原氏法阿彌陀佛

僧良快

僧良円

空願

如阿彌陀佛

得阿彌

壽阿彌

登阿彌

辨阿彌

千阿彌

蓮阿彌

僧慶蓮

僧快尊

大和尚南無阿彌陀佛

大佛師安阿彌

右者佛像頭之内記之、俊乘上人之筆跡ト見ヘ申候
享保十二丁未三月十日寫之

一六六　建仁三年（一二〇三）五月十七日、重源の申請により、將軍家政所、播磨國大部庄并に魚住泊に於て、守護人使等の亂妨することを停めしむ
〔雜古文書（大日本史料所收）〕

將軍家政所下　播磨國大部庄并魚住泊住人
可早停止守護人使亂入事
右件兩所、彼所亂入令煩土民之間、不安堵□（云々カ）犯人出來之時者、自庄家可召出也、可令止使亂入之由、東大寺南無阿彌陀佛所令申給也、然者可停止守護人使亂妨狀、所仰如件、以下、
建仁三年五月十七日　　案主清（賀茂）原
　　　　　　　　　　　知家事□
令右兵衞少尉藤（行光）原在判
別當前大膳大夫中原朝（廣元）臣在判
散位藤原朝（行政）臣在判

一六七　建仁三年（一二〇三）五月廿八日、聖徳太子の御墓を發いた犯人僧淨戒、見光
の二人を、重源の申請によって、その知行國たる備前及び周防國に配流す

〔百錬抄　巻第十二〕

（建仁三年五月）廿八日、權中納言定輔卿参入、被行流人事、是破上宮太子御墓、犯用御齒之僧侶二人、（淨戒遣備前國、見光遣周防國、）件輩可處遠流、而東大寺上人申請配知行國、

〔猪隈關白記〕

（建仁三年六月）十九日乙卯、雨猶不止、頭弁長房朝臣來、傳院仰云、聖徳太子御墓舎利、寺僧二人盗取之、件僧流罪了、（其間事可尋記、）其後准山陵可被謝申歟如何、（中略）余申云、聖徳太子御墓舎利事、准山陵被謝申其咎之條無先例候歟、兩大外記（良業師重）申狀一同無先規之由申之、只遣勅使、被撿知御墓、可被誡問後事候歟、

〔古今目錄抜萃　法隆寺藏〕

土佐院（中院）御時、元久年中、太子御廟寺之僧淨戒顯光二人、搆誑惑入廟中、盗取太子御牙齒、遊行于世界、或賣買或勸物人云々、此僧二人者、本當麻之住僧也、後移住太子、隨東大寺勸進上人南無阿彌陀佛俊乗房、卽以此齒奉納于身内、奉造十一面觀音、伊賀國造大伽藍、名新大佛云々、其淨戒顯光云、太子實如容儀

存日如眠床上云々、然則先康仁寺主説、今淨戒顯光言同無異義、以知太子住全身體御事矣、

一六八 建仁三年（一二〇三）五月頃、重源の沙汰により、東大寺新院の門を修理す

〔東大寺別當次第 第九十代法務大僧正延杲ノ條〕

建仁三年五月頃歟、（新院）同院門修理了、聖人御沙汰也、

一六九 建仁三年（一二〇三）七月、備前國における同年の麥の進未進并にその散用を注進す

〔南无阿彌陀佛作善集紙背文書〕

○端裏書「備前國麥進未并納所所下惣散用」

備前國

注進建仁三年麥進未并納所所下惣散用大略表文事

合

應輸畠地子麥二千百五十三石三斗二升三合

除新田庄地頭分九十九石七升二合

定二千五十四石二斗五升一合

別納三十三石四斗九升三合

佐井田保二十六石二斗三合

三野新郷七石二斗九升

殘麥二千二十石七斗五升八合

色代保分五十二石三斗六升二合

紙工并勢實保也

定麥千九百六十八石三斗九升六合

所濟麥千六百七十五石二斗三升七合

津納千六百五十三石三升七合

吉備津宮例立用二十二石二斗

未進二百九十三石一斗五升九合

邑久六个郷地頭代兵庫允沙汰四百二十六石

四斗五升二合

津納三百四十石三斗一升雖未納帳付見下所注進也

未進八十六石一斗四升二合

郷司納并家司所々沙汰七百五十四石六斗二升六合

津納六百六十四石三斗三合

郷保民未進九十石三斗二升三合

新田庄納九十九石七升三合　　津納之

(朱書)「如アミタ佛」
宇甘郷吉富沙汰七十四石七斗二升

津納五十二石二斗二升四合

郷未進二十二石四斗九升六合

(朱書)「官アミタ佛」
吉岡郷眞依納沙汰四十二石二斗五升八合

津納三十六石九斗二升六合

郷未進五石三斗三升二合

上道郷弁阿彌陀佛沙汰五十二石九斗三合

津納五十二石六斗四升二合

郷未進二斗六升一合

(朱書)「伊賀十□□」
和氣郷包遠沙汰七十六石一斗三升三合

津納七十五石五升

郷未進一石八升三合
仁堀保有能沙汰十八石七斗七合（朱書）「善アミタ佛」
津納十五石四升
保未進三石六斗六升七合
小豆嶋宗次沙汰三十四石九斗六升（朱書）「木工三郎入道」
津納二十七石七斗六升七合
嶋未進七石一斗九升三合
伊福郷生阿沙汰十八石五斗四升六合（朱書）「観アミタ佛」
津納十四石七斗二升三合
郷未進三石八斗二升三合
米富沙汰百八十一石三斗一升八合（朱書）「經アミタ佛」
吉永藤野并波智三宅郷吉用別結解
津納百六十九石八斗九合
郷未進十一石五斗九合
得益沙汰百三十二石一斗三升一合（朱書）「得アミタ佛」

調所細工所染殿

津納百四石七斗二升九合

名未進二十七石四斗二合

(朱書)「右近□」
御厩得岡沙汰二十三石八斗七升七合

津納十六石三斗二升

名未進七石五斗五升七合

定殘麥七百八十七石三斗一升八合

所濟麥六百七十石六斗二升四合

津納六百四十八石四斗五升四合

吉備津宮例立用二十六石二斗

郷民未進百十六石六斗九升四合

爲留守所沙汰被郷納所々分百三十七石五斗五升七合

津納百十六石五斗八升八合

郷民未進二十石九斗六升九合

(朱書)「醍醐法橋」
草部郷司納五石七斗四升七合

津納五石
　郷未進七斗四升七合
（朱書）「同」
物理保司納一石九斗八升二合
　津納一石九斗
　保未進八升二合
（朱書）「相模得業」
可知郷千住納沙汰十四石六斗七升九合
　津納十四石六斗五升四合
　郷未進二升五合
（朱書）「恩アミタ佛」
石生郷得住沙汰七十三石四斗二升五合
　津納五十八石四斗八升二合
　郷未進十四石九斗四升三合
（朱書）「□アミタ佛」
武枝保支貞沙汰四十一石七斗二升四合
　津納三十六石五斗五升二合
　保未進五石七斗七升二合
尚殘麥六百四十九石八斗一升一合

京下納所使沙汰四百九十六石一斗九升五合
所濟四百十九石二斗五升七合
名未進七十六石九斗三升八合
法阿彌陀佛三百石
津納二百二十三石六升二合
名未進七十六石九斗三升八合
永阿彌陀佛百九十六石一斗九升五合 津納也
倉光沙汰麥百五十三石六斗一升六合
所濟麥百三十四石七斗七升九合
津納百十二石五斗七升九合
吉備津宮例立用廿二石二斗
平民未進十八石八斗三升七合
本納麥千六百五十三石三升七合
新田庄納九十九石七升三合
延定百廿八石七斗九升九合 石別三斗

國庫納千五百五十三石九斗六升四合
延定千八百七十四石七升五合　石別二斗六合
請加納所得分百三十九石八斗五升七合　石別九升
并單麥二千百四十二石七斗三升一合　本斗也
所下麥二千廿六石一斗八升七合
運上五百二石二斗五升八合
正麥三百九十石一(衍カ)石三斗七升六合
雜用百十石七斗八升三合
追立雜色宗定梶取宗利代重正七十一石五升八合六月八日送文
正麥五十六石一斗五升二合
雜用十四石九斗六合
小豆嶋郷司代梶取眞重廿石一斗
正麥十五石二斗二升四合
雜用四石八斗七升六合
綱丁法阿彌陀佛梶取行包百二十七石六斗五升六月十日送文

正麦百石
雑用廿七石六斗五升
綱丁永阿彌陀佛梶取是清廿七石五升六月十四日遣
正麦廿石
雑用七石五升
綱丁（朱書）「邑久六ヶ郷」徳益梶取東河爲宗百廿八石一斗五升六月十九日送文
正麦百石
雑用廿八石一斗五升
綱丁（朱書）「同」同梶取東河爲末百廿八石一斗五升六月十九日送文
正麦百石　雑用廿八石一斗五升
周防國材木引夫粮斵二百十六石五斗五升
正麦百九十七石五斗九升八合
雑用十八石九斗五升二合
御瓦用途斵九百七石七斗二升
御瓦運上雑用六百八十六石三斗四升四合

除新田庄卅石定

吉岡御瓦□納二百二十一石三斗七升六合

鼓(鑄)物師河内權守是助給百七石

合百石　　船賃并雑用新七石

白土運上雑用五十一石七斗六升六合

御材木□搏雑用廿三石九斗一升　二个度分

雑物運上雑用六十一石二斗七升九合

早米運上雑用十石三斗二升二合

御薪六石九斗五升

新□御薪雑用十一石八斗九升

索餅一石八斗六升

薦雑用一石九斗五升七合

御菜二石一斗二升五合

戸ハクノ木十九石二斗二升五合

調物六石九斗五升

國下百五十五石八斗四合
佛神事用百十二石一斗九升六合
雑用四十二石六斗八合
倉殘麥百十六石五斗四升四合内
梶取安清御瓦雑用請懸
魚住梶取清房御瓦雑用請懸
右太略注進如件
建仁三年七月　日　　惣判官代藤原（花押）
惣判官　代　平（花押）

---

一七〇　建仁三年（一二〇三）九月十五日、重源、伊賀新大佛寺の板五輪塔（印佛）を造る

〔新大佛寺板五輪塔銘〕

印佛印塔

佛

説作形□

中所□

印佛員數　樂身躰常作此□

顏容端□

五輪都合　常爲□

爲偖王□歸仰□

財寶不可□爲□

所愛重若作□

惣數一千　自然千子具足飛昇身有□

梵王寂第一作六欲天王□

三十六躰　所愛敬常作菩薩寂勝第一□

常得成佛若有人作印佛印塔功德

建仁三年九月十五日造□

造東大寺大勸進大和尚□

一七一　建仁三年（一二〇三）七月廿四日から十月三日に至る約七十日間に、重源の沙汰によって、佛師運慶及び快慶、大佛師二人、小佛師十六人と共に東大寺南大門の金剛力士像を造る

〔東大寺別當次第 第九十代法務大僧正延杲ノ條〕

南大門之二王、建仁三年七月廿四日被造始之、聖人御房沙汰也、大佛師四人之内（運慶備中法橋 安阿ミタ佛越後法橋）小工十六人云々、合左右二十人也、採（彩）色被爲給了、十月三日開眼了、依此賞勢俊文法房補法橋了、

〔東大寺要錄 巻第五、別當章第七 第九十代法務大僧正延杲ノ條〕

（建仁三年）同年七月廿四日、南大門二王始造之、

〔南无阿彌陀佛作善集 東大寺ノ條〕

（奉造立）南大門 五間 金剛力士二丈三尺

一七二　建仁三年（一二〇三）十一月卅日、東大寺總供養

〔百鍊抄 巻第十二〕

（建仁三年十一月）卅日、被供養東大寺、仍上皇御幸、

〔明月記〕

（建仁三年十一月）卅日、天晴陰、雨霰霏々、平地爲深泥、巳時參東南院院御所、所勞猶無術之間、依御所近先參、庭上如池、沓内水入、午時許殿下御參、寺家事不具云々、及未時殿下先令參給、予取御沓之間如入水中、小時出此御所、先參東大寺廻廊西面方、入泥沓不能引出、突隨身弓、有家朝臣先參、小時女房先令參給云々、次御幸、依深泥不出、公卿著御前座、具在次第、入大佛殿内暫見物、行道之間秉燭了、小時廻西廻廊方、卽御誦經、内藏頭親實朝臣進、信雅朝臣下逢、參上申事由、歸來召之、昇著座、圓座中納言中將殿御前程也、信雅朝臣取祿給之、下舞踏退入之間、予又進立、有家朝臣相逢、參進申事由歸來、予卽懸裾取笏經中、立明北、殿下仰云、庭上度者使、雖執柄在座不觸、進講師座邊、深泥無爲方、仰度者、其詞不高聞程、退歸、於祭階下垂裾昇坐圓座、如御誦經使、有家朝臣取祿給之、取之下廻廊、於簷下北面立拜舞、依暗如形、退出直歸宿所、病身前後不覺、今日事在次第、但深泥之間每事散々、

（十二月）一日、天晴、風烈、日出之後著淨衣參御所、僧正新所、辰時出御、御輿如出京、前陣馳出、寒風如刀、病者失計略、獨身渡木津、下人亦振如失手足、水深而有恐、共人等下來、著於木津川邊、見付右大弁車、縣下簾、傾隱干垣根、推乘之、僧都若狹本三人加乘、不堪寒風、不知御幸、隱于道側、奉過御幸之後著宇治、獻闍梨房、小食、此間著御云々、依病氣無術不參、密乘船渡河、

猶乘車入九條宿所、人々各被還了、
二日、天晴、入夜詣南京人々還來、咳病增不出行、
〔業資王記〕
（建仁三年十一月）卅日甲午、金執、東大寺大佛惣供養也、院御幸、諸院宮各有御
參詣云々、
〔東大寺緣起〕
土御門院御宇建仁三年十一月卅日惣供養、後鳥羽院御幸、以東南院爲御所、導（呪願）
師興福寺別當前法務大僧正信圓、呪願（導師）專寺別當法務前大僧正延杲、衆僧一千口、
武藏守平朝政率數萬軍兵致守護役、
〔東大寺續要錄供養篇〕
建仁三年七月五日辛未、權大納言藤原兼良卿着仗座、被定申東大寺供養日時僧
名行事官等、參議藤原資實卿執筆、
權大納言藤原朝臣兼良
中納言藤原朝臣公繼
參議藤原朝臣資實

権右中辨藤原朝臣長兼
少外記中原師朝
左少史中原成弘

已上、可令行東大寺供養會事、

十月廿三日戊午、權大納言兼良卿參入、被定申東大寺供養日時、十一月卅日甲午、
十一月九日癸酉、權大納言兼良卿被下宣旨云、東大寺供養御願文、令參議藤原朝臣親經作進、呪願文、令文章博士菅原朝臣在高作進者、
十八日壬午、東大寺供養御祈、被立佐保山南陵使、權中納言藤原定輔卿參入行事、參議藤原資實卿書定文、卽勤使前豐前守源有資爲次官、次少納言源信定參結政、行度緣請印事、東大寺供養千僧度緣也、參議不參、
廿三日丁亥、權大納言兼良卿召大外記良業、被下宣旨二通、文武百官淨食自廿九日至于來月一日三箇日、東大寺供養可准御斎會、
廿五日己丑、中納言藤原公房卿、参議同資實卿参入、被立三社奉幣使、先被定日時使等、石清水東大寺鎭守八幡別宮、被申東大寺供養間事、日吉、被申炎上間事、左近中將藤原定家朝臣殿上四位、爲八幡別宮使、次權中納言藤原兼宗卿着仗座、有春日御幸被仰

事、

廿六日庚寅、後鳥羽上皇御幸南都、依明日御春日詣也、被用密議云々、

卅日甲午、晴陰不定、朝間雨雪交降、午後西風殊烈、時々微雨、今日東大寺脇士、四天像、中門、大門等諸天供養也、未剋、上皇自東南院御幸、一員供奉歩御幸、於八幡別宮御前有御拜、御車經西廻廊外、被寄軒廊西向戸懸翠簾、攝政殿令着一座給、召藏人、頭左中辨長房朝臣召人、太政大臣、内大臣以下参着、先是權大納言兼良卿召少外記中原師朝、問諸司堂童子参否、權右中辨長兼朝臣問僧侶参否、仰鐘事、

此以後事不注之、

十二月十二日丙午、權大納言兼良卿参入、被行東大寺供養赦詔書事、

東大寺供養式 建仁三年十一月卅日

導師當寺別當前法務前大僧正延杲

呪願興福寺前別當前法務大僧正信圓

請僧一千人、

一前日堂莊嚴、西軒廊五箇間敷滿板敷并弘筵、四面懸廻御簾、爲（土御門）太上天皇御在所、南面東第一間張錦承塵、敷繧繝端疊二枚、其上敷龍鬢地敷二枚、供唐錦茵爲御座、西北二方立廻山水御屛風、其前敷高麗端疊、同第三間敷錦毯代、立大床子、其上供菅圓座、爲御休息所、傍東西并北立廻同御屛風、佛殿母屋廂每間懸彩幡花鬘代等、上下層四角各懸寶幢、佛前立花机、辦備佛供、立燈臺擧燈明、同南廂北邊立供花机八脚、（東西妻有地敷、）同東間立黑漆床一脚、敷高麗端疊、爲證誠座、最中間立同床四脚、敷同疊、（東西妻、）爲唄師座、西軒廊南榮東第二間以西敷高麗端疊、爲王卿座、同壇下西退散黃端疊、爲侍臣座、南中門內東西脇相對敷同疊、爲式部彈正出居座、（省西臺東、）南階南去三丈許相當佛面東西間立蓋高座各一脚、其中央立禮盤二脚、高座南去五丈許立舞臺、（庭燈爐如本、）其上北端立佛布施机、（安金銅壺、）其東西立行香机各一脚、（件机倚御願文呪願杖等、）其南頭左右相分立草墪代各十脚、舞臺東西立散花机各四脚、其東西各去丈許敷小筵一枚、爲圖書官人座、其南各敷黃端疊、爲堂童子座、舞臺南去一丈許立金皷臺一基、其南頭敷小筵、爲圖書官人座、其南去五丈許東西相分立纐纈五丈幄各二宇、（東西妻、）四面曳廻同幔、爲四部樂屋、西第一幄爲新樂屋、其西爲林邑樂屋、東第一幄爲高麗樂屋、其東爲胡樂々屋、其前相去丈餘各立大皷二面、鉦皷二面、其前各立並桙九柄、佛殿第二層上南面設天人衆舞臺、東南西三面廻廊三行立長床、爲左右衆僧座、佛殿壇下并東西廻廊前舞臺左右立亘龍頭形棹懸糸幡、南中門外東西廊前去砌丈餘各立五丈幄一宇、爲積御誦經物所、南大門内東西脇立式部彈正幄、同門外東西各立纐纈十五丈幄二宇、（南北妻、）其内立置床子、爲衆僧集會所、西廻廊南戸北三箇間以北五間設公卿座、同北戸以南三箇間爲上官座、北廻廊西戸以東五箇間爲殿上人座、同東戸以東五箇間爲御厨子所、西軒廊北壇下、并公卿座東庭、同廻廊西壇下曳幔、（當入御戸有幔門、）幔門南北立左右近衞幄、其西去十餘丈夾路立左右兵衞幄、其西立左右衞門幄、

當日寅剋、發小音聲（神分、）卯剋分送法服、同剋打衆僧集會鐘、僧侶着南門外幄、

威儀師召計之時剋、

太上天皇臨幸、入御從西門、（於御拜岳可有下御者寺家兼可裝御座、）此間發亂聲、樂人参向、（奏慶雲樂、）一奚婁前行鼓舞、寄御輦於西廻廊南戸下御、式部彈正着座行事、（辨少納言以下加着、）太上天皇着御佛前御座、公卿着堂前座、次發亂聲、（先新樂高麗林邑胡樂各三節、次四部樂共又三節振桙、）師子出臥舞臺巽坤、次吹調子（臺越調、）次雅樂寮率林邑胡樂等樂人、出自南中門進、立衆僧集會幄下、

發音樂鳥破安樂鹽、從僧等入自同中門、敷草座於東西廻廊座、威儀師豫立標各座前、樂人經本道、到樂屋前而立、樂不止、獅子舞、治部玄蕃省寮五位六位各二人、率衆僧、經同道東西相分到僧座前留標下、僧侶到座前而立樂止、衆僧著座引頭者衆僧着訖後着之、訖、省寮引還、次雅樂寮率新樂高麗等樂人、至前所發音樂、河曲子延喜樂、經本道立樂屋前、師子立舞如初、省寮前行、導師呪願駕輿到舞臺巽坤、省寮留立、導師呪願下輿、經舞臺着禮盤禮佛諸僧惣禮訖、各登高座、省寮執蓋者引還、次敷惣禮座於舞臺東西、次公卿以下着座、公卿之外入自東西樂門、禮拜訖、各復本座、次撤惣禮座、次堂童子左右各十二人圖書爲先、入自東西樂門進着庭中座、次圖書寮打金皷、次胡樂發樂十天樂、菩薩廿人、迦陵頻十人、天人十人各捧供花、二行相分經舞臺上到佛殿壇下、傳授僧訖、樂止、迦陵頻天人次第退、着舞臺上草墪代、菩薩留立舞臺上、卽發菩薩樂供舞、迦陵頻并天人各隨音樂供舞、次威儀師二人取願文呪願文、授導師咒願、此間天人衆發音樂、天人樂、於佛殿第二層上供舞、次打金皷、林邑樂人發樂陪臚、唄師十人起座、經舞臺参上着座、樂止、次定者十人進自東西昇舞臺禮佛訖、各就案下、取火爐立、次打金皷、唄師發音、定者隨音徐行、次堂童子取花筥分行訖復座、次散花十人各昇舞臺北面而立、引頭率衆僧隨之、此間四部樂人相引左右分立散花發音、樂人發樂詔應樂長保樂拔頭澁河鳥、東西相對、舞人爲先、取物爲後、新樂高麗樂人等昇舞臺進、自衆僧之中加立定者前、新樂立西、高麗立東、師子在前、定者散花、引頭納衆甲衆梵音錫杖等僧次第歩列、林邑胡樂々人等各在其後、林邑在西、胡樂在東、經舞臺上出東西廊戸、大行道訖、還著如初儀、定者各立案下衆僧着座取置火爐加錫杖衆等、樂人先列立樂屋前、衆僧着座、樂止、樂人入樂屋、次打金鼓、新樂發聲鳥向樂、梵音衆起座、昇舞臺唱梵音音頭持香爐自餘持花筥誦訖、又發樂白柱、梵音衆復座、次舞萬歳樂、次打金鼓、高麗樂人發聲地久破、錫杖衆起座、昇舞臺供錫杖皆持錫杖、退時倒持之、訖、又發樂登樂、退歸如前、次舞綾切、次堂童子起座、收花筥退出、次打金鼓、導師表白、次有御誦經事、若賜度者此間可賜之、呪願訖、賜衆僧布施、先是昇祿辛櫃立東西僧座前侍從賜之、導師呪願降高座、新樂高麗等樂人發樂千秋樂林歌、着禮盤、禮佛退出、二部樂人并省寮相引退、如入儀、次打金鼓、左右奏舞此間賜寺僧祿、次賜樂人等祿訖、次還御於御在所、諸衞官人以下賜祿、

## 御願文

側聞、光明極眼台藏世界之月高耀、應化分身菩提樹下之塵久遺、佛海本源盖以如此、夫東大寺者、我曩祖感神聖武皇帝之御願也、以盧舍那佛爲蓮宮之主焉、坐其千華、以累代國王爲檀度之主矣、約彼萬葉、自建立之昔至安德之初、三十

七代四百餘年、尊崇不疎、名稱普聞、然間治承四年十有二月、軋犖來風回祿生烟、佛殿以下忽然炎上、傳而聞之、心言無及、爾時有或聖僧、匪直也人、驚一伽藍之殄滅、勸四悉檀於尊卑、更以知識之群緣、欲復廣大之聖跡、公家降紫泥而分寄兩國、法界運丹石而不惜萬錢、何唯那爛陀寺之聞申毒也、大王捨縣邑而宛費用、賢聖佛閣之逢火難也、萬姓施財貨而遂營造而已哉、因茲本尊之月容早顯、開五眼於文治改元之秋焉、梵宇之華構半成、設一會於建久第六之春矣、即號彼上人殊爲大和尚、依重佛儀也、依賞大功也、爾來星霜八九廻、繩墨無暫懈、採良材於衡霍、百拱千柱聚而如雲、擇妙匠於斑倕、殊形詭製成之不日、廣袤雖不改舊基、輪奐亦猶加巧思、迺建立十一間二階大佛殿一宇、奉鑄顯金銅十丈七尺盧舍那如來像一躰、莊嚴如舊、瞻仰惟新、奉造立金色六丈觀世音虛空藏等二菩薩像各一躰、石像八尺同菩薩各一躰、彩色四丈三尺多聞持國增長廣目等四天王像各一躰、石像八尺同天王各一躰、此外左右登廊、四面步廊、東樂門、西樂門、南中門、北中門、南大門并鎭守八幡宮等、同勵揆日之巧、早終成風之功、其內南中門安置彩色二丈三尺多聞持國二天王像各一躰、南大門安置同二丈六尺金剛力士像各一躰、於自餘堂塔門垣等者、或寺家別當聊加繕理、或土木無隙猶未造畢、事之最大匪遑具錄、於戯鳳甍之擊雲霓也、如超于虛空之九千餘里、烏瑟之隣日月也、殆半于須彌之八萬由旬、凡厥高廣之勢嚴麗之美、草玄靡得言、竹素所未載、方今玄英嚴肅之々々、瑞蓂開落之晦朝、嘱千僧而演大法義矣、梵唄合響、勅諸司而准御齋會焉、相將成行、樂舞陳兮奏宮商之十二律、緇素集兮徧舍衛之三億人、兼守舊風禁斷殺生、復以當日稱讃佛號、誠是莫大之勝善、殊常之營觀者也、於是殊廻鳳輦、新幸綺閣、成胡跪之禮扶鄭重之儀、昔者隋高祖之排天居也、龍象唯連三百之袖、唐大宗之崇露地也、王公猶行栴檀之香、以今覽古、彼猶瑣焉、仰願摩訶毘盧舍那如來、伏乞二大薩埵四大天王、照視赤誠、證明白業、先捧功德力、奉賁神祇等、二所大神宮、八幡大菩薩、各增惠光於實報土之月、專添冥威於權化城之風、佐保之山陵安眞鏡而照塵刹、祖考之廟壖懸寶車而隔輪廻、抑大和尚堪深圖於性淵、搆高致於器宇、善誘而債少民、不傷於財不奪於力、容易而成大營、非口所宣非心所測、倩思末代濁世之不思議、可謂本願叡策之所能致、聖靈若不忘往初之誓諾、我國宜決定向後之泰平、何況聖代明時致修補之例、古今雖多、前帝後王逢供養之人、蹤跡猶少、而一緣重疊、再臨此筵、豈唯今生之芳因乎、抑又多劫之宿福也、善哉、今事彼此計會、感應道交、仰而取信、然則神仙之逸遊地久千齡無疆、政務之諮詢天長萬機克調、鳳池之上契聖曆於河清、龍闕之中得賢臣於岳降、兼又母儀仙院令麻姑而陪仕、太弟儲宮令松子而遊從、又拂諸院諸宮之砌、各爲不老不死之庭、帝戚皆保長生之算、姫公永施補佐之譽、百辟群僚確乎盡節、月毳日際靡然嚮風、卅六雨不破塊穹壤交泰、七十二風不鳴條物產咸亨、永削天變地妖之名、更無年厄月禍之恐、重請勸進之大和尚願行圓滿、結緣之諸衆生現當成熟、遂乃一天無雙之仁祠不陊々、八宗兼學之佛法不陵夷、逮雞頭城之曉、逢龍花樹之春、乃至天衆地類沙界鐵圍、解脫煩昏獲得開曉、稽首和南敬白、

建仁三年十一月卅日　　　　　太上天皇　　敬白

参議藤原親經卿作

以上與建(久カ)仁記同也

勸賞事

別當賞　　賴惠已講任權律師

寺　賞　　少僧都定勝任大僧都

御導師賞　興福寺增覺擬講任律師

已上當日被宣下、

〔猪隈關白記〕

（建仁三年七月）六日壬申、天晴、入夜史持來東大寺供養僧名、入筥、有懸紙、端書日時、來十月五日也、留文給筥了、昨日有定事云々、上卿權大納言兼良（并）弁權右中弁長兼朝臣云々、

（八月）十六日辛亥、雨降、權右中弁長兼朝臣來云、來十月五日、東大寺供養料法服裝束一具可調献之由、有院仰者、申承了由、

（九月）九日甲戌、天晴、巳時許参院、暫後退出、左衞門督頼家卿薨去、穢氣遍滿天下云々、（中略）又來月東大寺供養、（中略）等同以延引云々、

〔公卿補任〕

参議從三位藤資實四十二、左大弁、勘解由長官、造東大寺長官、十二月廿日敍正三位、東大寺供養長官并行事賞、

〔體源抄〕

建仁三年十一月卅日、東大寺之惣供養日、唄上樂、林邑樂屋奏倍臚樂、用忠拍子、

尤樂拍子ニテ有度侍シカモ、笛吹不知樂拍子說歟、長慶ト申ケル物ハ、一向用樂拍子ナリ、サレハ樂拍子ノ說ノ世ニナキニハ侍ス、慶雲樂體ノ樂也、

一七三　建仁三年（一二〇三）頃、重源その生涯の事蹟を錄し、これを「南无阿彌陀佛作善集」と名付く

〔南无阿彌陀佛作善集〕

奉造立修複大佛并丈六佛像員數

合

大佛殿七躰　淨土堂十躰　伊賀別所三躰此外石像地藏一躰

唐禪院三躰　法華寺一躰　中門二天

國中一躰　渡部一躰　安曇（アトン・アツミ）寺一躰

栢杜（モリ）九躰　山城國一躰　丹波國二躰

播磨國一躰　備中別所一躰　備前常行堂一〻

周防南無阿彌陀佛一〻　同國府一〻　鎮西今津（チンセイイマツ）一〻

大興寺一ゝ　攝津國一ゝ　備中庭瀬妹一ゝ
南大門金剛力士
已上五十三躰
一東大寺
奉造立
大佛殿九間四面　大佛十丈七尺 金銅盧遮那佛　脇士六丈 觀音虛空藏
四天四丈三尺　石佛脇士四天　中門二天　石師子
四面廻廊南北中門東西樂門左右軒廊 合百九十一間
南大門五間 金剛力士二丈三尺　戒壇院一宇五間四面
奉納大佛御身佛舍利八十餘粒并寶篋印陀羅尼經
如法經
兩界堂二宇 勤修長日供養法 奉安置八大祖師御影
長日寂勝ノ御讀經　奉納脇士四天御身佛舍利各六粒 三粒東寺 三粒招提
一鎮守八幡御寶殿并拜殿 奉安置等身木像御影
納置八幡宮紫檀甲箏并和琴

一奉修複(フク)

法花堂　唐禪院堂并丈六三躰二天　僧正堂

御影堂　東南院藥師堂

食堂一宇 安救世觀音像一躰

大湯屋一宇 在(アリ)鐵湯船　大釜二口之内一口伊賀聖人造立之

鯖木(サハノ)跡(ノアトニ) 奉殖(ルウエ)菲樹(ヲ)　奉修複橋(ハシ)寺行基井御影(エイ)

奉造宮氣(クウケ)比(ヒ)并天一神拡尼御寶殿等

奉結縁

天智院堂　大興寺丈六　伴(トモ)寺堂

西向院堂皆金色三尺阿彌陀立像一躰

上官(カミツカサ)堂皆金色三尺阿彌陀立像一躰

迎(ムカヘ)淨土

禪南院堂釋迦三尊像各一躰

尊勝院水精五輪塔一基奉納(ルヲサメ)佛舍利一粒

上醍醐寺　奉造立

下醍醐栢杜堂一宇并九躰丈六

奉安置皆金色三尺立像一〻

上醍醐經藏一宇 奉納唐本一切經一部

大湯屋之鐵湯船并湯釜

奉安置

淨名居士影　慈恩大師御影　達磨和尚影各一鋪

奉結緣

本堂　新堂　東尾堂　一乘院　慈心院塔

中院堂　觀音堂

東大寺別所

淨土堂一宇 奉安置丈六十躰之内一躰六條殿尼御前自餘九躰相具　御堂自阿波國奉渡之

金銅五輪塔一基 奉納御舍利三粒一粒者聖武天皇御所持舍利今二粒東寺西龍寺

奉安置一切經二部 一部唐本　鐘一口

湯屋一宇 在常湯一口　印佛一面 一千餘躰

高野新別所 號專修往生院

奉造立一間四面小堂一宇　湯屋一宇 在鐵船并釜

食堂一宇 奉安等身頻頭盧并文殊像各一躰

三重塔一基 奉安置銅五輪塔一基長八尺奉納其中水精塔一基高一尺二寸納佛舎利五十一粒

奉安置三寸阿彌陀像一躰并觀音勢至 唐佛

三尺皆金色阿彌陀像并觀音勢至

八大祖師御影八鋪　三尺涅槃像一躰　四尺四天像各一〻

執金剛身深蛇大王像各一躰　十六想觀一鋪

十六羅漢像十六鋪 唐本　釋迦出山像一鋪 但紙佛

又十六羅漢十六鋪 唐本墨畫

弘法大師御筆之華嚴經一巻　心經三巻

良辨僧正御筆見無邊佛土功德經一巻

繪像涅槃像一鋪　四臂不動尊一〻　普同塔一〻

湯屋一宇 在鐵湯船釜

鐘一口　本寺大湯屋鐵船并釜 口徑各八尺釜卅石納

傳法院塔九輪鐵施入之　蓮花谷鐘奉施入

播广并伊賀丈六ノ奉（ツルシ）為本樣ニ畫像（エ）ノ阿彌陀三尊一鋪（フク）唐筆

渡邊別所

一間四面淨土堂一宇 奉安皆金色丈六阿彌像（マヽ）一ㇾ并觀音勢至

來迎堂一宇 奉安皆金色來迎彌陀來迎像（マヽ）一ㇾ長八尺

娑婆屋（ヤ）一宇 銅五輪塔一基 奉納佛舎利三粒

大湯屋一宇 在鐵湯船并釜 鐘一口 在鐘堂一宇

天童裝束（シヤウソク）卅具 菩薩裝束廿八具 樂器等

印佛一面一千餘躰 奉始（テハシメ）迎講ヲ之後六年成建仁二年ニ六年

奉結縁一間四面小堂一宇

播（ハリマ）广別所

淨土堂一宇 奉安皆金色阿彌陀丈六立像一ㇾ并觀音勢至

一間四面藥師堂一宇 奉安堅（シユノ）丈六一ㇾ

湯屋一宇 在常湯（アリシヤウトウ）一口 奉結縁長尾（ナカヲ）寺御堂 并半丈六三躰 觀音勢至四天

鐘一口 始置（ハシメヲキテ）迎講ヲ之後二年 始自（ムヨリ）正治二年

彌陀來迎立像一躰 鐘一口

備中別所

淨土堂一宇 奉安置丈六彌陀像一丶

吉備津宮造宮之間奉結縁之 鐘一口鑄奉施入之

奉結縁神宮寺堂并御佛舍

奉修造庭瀬堂并丈六

周防南無阿彌陀佛

一間四面淨土堂一宇 奉安彌陀丈六像一躰

鐘一口 湯屋一宇 在釜

奉造宮一宮御寶殿并拜殿三面廻廊樓門

遠石宮八幡宮 小松原宮八幡三所 末武宮御寶殿八幡三丶

天神宮御寶殿并拜殿三面廻廊樓門

伊賀別所

卜五古靈瑞地建立一聚別所 當其中古崎引平

巖石立一堂 佛壇大座皆石也

奉安置皆金色彌陀三尊來迎立像一丶并觀音勢至各〳〵丈六

鐘一口　至肩長四尺　湯屋一宇 在釜

皆金色三尺釋迦立像一躰優填王赤栴檀像第二轉書像奉摸作之

御影堂奉安置之

摺寫十六羅漢十六鋪 同御影堂安置之

備前國

造立常行堂 奉安丈六彌陀佛像

同國府 立大湯屋 不斷 令温室 施入田三丁畠卅六丁

豐原 御庄内 造立 豐光寺 立 湯屋 在常湯一口

此外國中 諸寺 奉 修造几廿二所也

奉結縁　菩提山正願寺十三重塔　鐘一口

三重塔　大安寺鐘一口　結縁讃岐國善通寺修造

天蓋湯屋并湯釜　太子御廟安阿彌陀佛建立御堂

一於上醍醐一千日之間無言　轉讀六時懺法奉行

御紙衣於上下　搆道場　於十一所啒　百餘人　請僧　如法經

一日 奉 書寫 供養 導師三井宰相僧正公顯

凡於　上下　酉酉奉　書寫 如法經 度々

相模國於　笠屋　若宮王子之御寶前　奉結縁如法經
鎭西於箱崎奉　書寫　如法經　於　糸　御庄　奉　結縁　丈六
於　那智　奉　書寫　如法經
生年十七歳之時修行　四國　邊
於生年十九　初　修行　大峯　已上五ヶ度三度者於　深
山　取御紙衣　調　料紙　奉　書寫　如法經　法花經
二度者以　持經者十人　於　峯内　令轉讀千部　經　於　熊
野　奉　始之於　御嶽　誦　作禮而去　文　又千部法花經　奉　讀誦　葛木二度
信濃國参詣　善光寺　一度者十三日之間　滿百萬遍
一度者七日七夜勤修　不斷　念佛　初度　夢想　云金色　御
舍利　賜　之卽可　呑　被仰仍呑畢
次度者　面　奉　拜見阿彌陀如來
奉造立竪丈六四躰　此度自加賀　馬場参詣　白山立山
大唐明州阿育王山

渡周防國御材木奉起立舍利殿爲修理又奉渡柱
四本虹梁一支南無阿彌陀佛之影木像畫像二躰
安置阿育王山舍利殿供香華等
興福寺　施入湯船二口　五重塔心柱三本
光明山施入湯釜
攝津國小矢寺修造之時奉結緣之
伊勢國石淵尼公奉渡三尺地藏并一躰
天王寺御塔奉修複之　奉修造法華寺御堂一宇塔二基
奉修複丈六一躰并脇士　或人夢想云光明皇后令來給被仰悅云々
於春日社大般若經一部奉安置之（啒六十人禪侶展供養齋筵了）
於當寺八幡宮御寶前奉供養大般若三部安置之
伊勢大神宮奉書寫供養大般若六部（内宮三部　外宮三部）
六部三度奉供養每度加持經者十人六十人請僧
并持經者皆勢州人也（導師解脱御房）今一度者以本寺僧徒
奉供養之

天王寺ノ御舎利供養二度大法會一度小法養度々
於西門(シテニシノミカドニ)滿百萬遍度々
大和國諸寺諸山(ニシカシナカラ)併施入(スミアカシノユヲ)御明御油
五輪石塔一基奉(タカサ高五尺渡九條入道殿下ノ)(ワタシテンカニ)
實無山北面(ミナシキタニ)奉施入三尺阿彌陀立像一躰
秦樂寺南(シンラクワンシ)施入半丈六迎講(ムカヘカウノ)像一躰
額觀寺奉安置大佛(カツクワンシ)形佛(ノカタホトケ)半丈六
東小田原北行(ヲタハラノキタユキテ)十餘町萱堂(カヤ)安置厨子佛一脚(ツシ)
依葛上淨阿彌陀口入(ヨテカツノ)河内國奉(ニ)安置(シ)三尺木像阿彌陀佛一ゝ(モクサウ)唐佛
於(シテ)行年六十一蒙東大寺造營勅定至當年八十三成(カフル)(エイノチョク)(ヨイタルマテ)
廿三年也而(ニニリテシ)六年奉造立大佛遂御開眼之日(トクル)後白河
院有臨幸又御棟上同臨幸又五六年之間造畢御(アリリンカウ)(ムネアケニヲシ)(クライノトキリンカウ)(ニサウヒツシテ)
堂申行御供養當院御位時有臨幸(ヲマハシヲコナウ)(シヤウトウユ)
當寺申寄六ヶ所庄薗宛置佛性燈油人供會式(ヨセテカ)(ノシヤウヱンヲアテヲク)

等用途　決定可被切頸人申免事十人
放生少々　施行少々
渡邊橋并長羅橋等結縁之　河内國草香首源三釜一口與之
攝津國乙國彌勒丈六結縁之　藥師寺塔結縁之
奉結縁千躰地藏
魚住泊　彼島者昔行基井　爲助人築此泊而星
霜漸積侵損波浪然間上下船遇風波漂死輩不知幾
千　仍　逐井　聖跡欲復舊儀
河内國狹山池者行基井舊跡也而堤壞崩既同山野
爲彼改復臥石樋事六段云々
清水寺橋并世多橋加口入
備前國船坂山者自昔相交綠陰往還人或愁惱或失
身命仍勸進國中貴賤切掃彼山成顯路永留盜賊難
或又伊賀國所々山々切掃往反人令平安
又同國道路㝡惡之故往還人馬其煩多或付損害

或死亡仍爲助彼等嶮惡所々悉作直止人畜歎

鎭西廟田施入常湯結緣湯屋事已上十五ヶ所加常湯定

奉圖繪大佛曼荼羅七鋪

一日書寫法華經數部爲自他法界并父母也

卒都婆一日經數度

奉渡越前阿闍梨白檀三寸阿彌陀像一躰不動尊一〻

奉安置厨子來迎彌陀三尊立像各一〻

笠置般若臺寺

奉施入唐本大般若一部鐘一口

白檀釋迦像一躰聖武天皇御本尊也

近江國彌滿寺

奉施入銅五輪塔一基奉納佛舍利一粒額一面

阿彌陀佛名付日本國貴賤上下事建仁二年始之成廿年

背西方座臥輩禁制之九品取始之

厨子佛一脚（阿彌陀三尊中尊一尺六寸脇士扉大佛殿曼荼羅 行基并 弘法大師 聖德太子 鑒眞和尚）
右自安阿彌陀佛手傳得之奉隨身
渡部頭成庄自八條女院自建仁元年被施入渡部淨土
堂念佛衆時料并佛性燈油料并王子御供料等了
厨子佛一脚（三尺彌陀）渡帥阿闍梨
厨子佛一脚 渡法佛房
高野御影堂弘法大師御所持獨古三古五古納置之
國見寺一切經奉結緣之
三尺皆金色釋迦立像一躰（隅田入道渡之優塡王赤栴檀像以第二轉畫像奉摸之）

一七四 元久元年（一二〇四）三月廿九日、東大寺造寺官の除目あり。またこの日、東大寺塔事始の日時を定め、四月五日にその事始を行う

〔百錬抄 巻第十二〕

（元久元年三月廿九日） 今日、東大寺御塔事始日時、又被行造寺官除目、

（四月）五日、東大寺御塔事始也、

〔公卿補任〕

参議正三位藤親經　（元久元年）三月廿九日、兼造東大寺長官、

〔辨官補任 建仁四年ノ條〕

左大辨正三位藤親經 参議備前權守、三六兼任、同廿九造東大寺長官、四十二勘解由長官、

---

一七五　元久元年（一二〇四）十月十五日、笠置寺禮堂供養。鎌倉將軍家これに奉加す

〔吾妻鏡 卷第十八〕

（元久元年四月）十日癸卯、晴、笠置解脱上人使者、去比参着、於當寺可建禮堂間、所申將軍家御奉加也、仍今日賜砂金已下重寶等於彼使、但無御奉加之狀云々、

（十一月）七日乙丑、笠置解脱上人使者参着、申云、去月十五日禮堂造畢之間、無爲遂供養云々、是將軍家御奉加事賀申之故也云々、

一七六　元久二年（一二〇五）三月十六日、興福寺塔造佛始。重源、この塔に心柱三本を施入す

〔明月記〕

〔元久二年三月〕十六日、天晴、今日於㝡勝金剛院被始興福寺御塔佛、長房御参、以經行事、以御輿密々渡御、御不列之後、未及御出仕云々、

〔南无阿彌陀佛作善集〕

興福寺施入湯船二口　五重塔心柱三本、

一七七　元久二年（一二〇五）十二月、重源、東大寺七重塔の造立後に、大佛殿及び塔前に於て千部法華經を轉讀するための勸進をおこなわんとす

〔東大寺文書〕

東大寺大勸進大和尚南無阿彌陀佛敬勸進

欲殊勸進十方童男、令暗誦法花經事、

右法華經者、三世諸佛出世本懷、一切衆生成佛直道也、一念信解功德ハ六波羅蜜善根ニ越エ、六十ノ傳聞隨喜ハ八十餘年ノ布施ニ過タリ、所以惡達調達ハ依此經記判ニ預、畜生龍女ハ以法花正覺ヲ成ル、此經ヲ讀誦スル里ハ灾難ヲ百由旬ノ外ニ掃ヒ、惱亂祝ノ人ハ頭七分ニ破、何况病之良藥ト述タリ、在家出家專可懸弭也不老不

死ト説ケリ、貴賤上下誰不仰之乎、昔蘇長妻ハ海上風ニ遇テ法花ヲ誦シカ故ニ、六十餘人同船者中ニ一人着岸シテ命生キ、古恵像ハ妙經ヲ不持ニ依テ都率内院ニ論ハル、値遇結縁今正是時也、就中殊暗誦ヲ勸申事ハ、晝夜ヲ不論讀誦、無煩様行不治讀如不俸事、又日本所暗誦スル持經者ヲ乍置朝ニ現童ヲ浪ル、本意者菩薩ニ十住アリ第八ヲ童眞住ト名ク、是則無染無欲ニ依テ名利ニ不汗、愛欲ニモ不被死、無相無着ニ法花ヲ誦セムコト、童男ノ清淨ニハ不可如、仍新ニ不勸者早此願ヲ果乎、且是結縁ヲ廣セムト也、伏惟、東大寺ハ靈驗上古ニ勝、感應當世ニ新ナリ、或佛殿ニ詣テ不拜金容輩アリ、或兩眼盲モノ親ク尊像ヲ奉拜モノアリ、凡一々事不可勝計、且茲金城實報之地ニ妙法暗誦ノ善根ヲ植テ、四智觀解ノ庭ニ十如實相ノ蓮花ヲ翫ハムト也、而又此所ニ新ニ六角七重寶塔ヲ建ラル、其功終テ後、大佛殿内并寶塔前ニシテ各千部ノ轉讀ヲ修シテ二世願望ヲ成ムト思、但其時衣裝白直垂ニ袴、其上ニ不動袈裟ヲ着マシ、於定日者追可披露爲暗誦兼所勸進也、願惡僧短慮知識ニ依テ各妙法値遇ノ良縁ヲ不結ハ、同一佛土ニ生ヲ共ニ無生ノ悟ヲ開カム、仍所勸如件、敬白、

元久二年十二月　日　　大和尚（重源花押）

○随心院―京都市東山區山科小野御

一七八　元久三年（一二〇六）四月十五日、院廳下文により、東大寺の播磨國大部庄、伊賀國阿波廣瀬山田有丸諸庄、周防國宮野庄等における宋人陳和卿の濫妨を停む

〔随心院文書〕

院廳下　諸國在廳官人并東大寺所司等

可早停止宋人和卿濫妨、任去建久九年院宣、宛顯密佛事用途料、當寺領庄庄事、

播磨國大部庄

伊賀國阿波廣瀬山田有丸

周防國宮野庄

右彼寺三綱等、去三月　日解狀偁、謹考案内、件寺領等者、勸進上人大和尚、或申直顚倒之寺領、或申賜沒官之地、或以私寄進文書所建立之寺領也、子細各見于宣旨院宣等、而經奏聞之刻、可充賜宋人和卿之由、被言上者、造寺造佛之間、所召付之巧匠也、爭無衣食哉、豈不賜作料哉、仍以此等之所出、先者充彼用途、終者爲經寺用也、而佛像堂宇未出來前、可被寄寺領之由、言上之條、

有憚之故、彼初條奏狀之面、難載宋人事、素意者偏存可爲寺領之由、入若干之功、費多身心而造營之傍、所申立之庄庄也、且和卿知此子細之故、最前寄進寺領畢、仍重經奏聞之處、各被下宣旨、成不輸之寺領畢、加之、以此庄庄地利、可充色色佛事之由、院廳御下文明鏡也、寺領之條勿論事歟、然而於宮野一所者、年來一向預賜和卿、不及餘人之口入、爰大和尚至去年、始被致沙汰者、且和卿代官庄務散散之間、所當有名無實之由風聞、且又乍號寺領、不經寺用、送星霜之條、不便之故、成加沙汰者、可全兩方所當之由、上人申含和卿之處、庄務已不可交他人、寺家之年貢、又可弁進一斛云々、申狀頗似狂言歟、仍抑而令致沙汰之間、偏爲私領之由、付甲乙之緣、欲取放寺家之刻、敵上人、致種種讒奏、剩自餘庄庄同企押領、猛惡不當之至、無物于取喩、凡和卿作法、嗔恚憍慢增感之上、嫉妬狂氣相加之間、當寺居住之後、所行不當不可稱計哉、或大佛冶鑄時、妬日本鑄師、其鑄形之中籠土入瓦、或佛殿造營之始、切破數丈之大柱、忽造私之唐船、或造寺之間、不用上人之下知、企自由作事之故、裳層垂木拔下、見者恠之、瓦葺之遲怠、職而由之、凡如此之所行不遑毛擧、每人知之、寺中無隱、然而依優一德、不顧萬過、已送年月畢、況此七八年以來、全以不交造寺之操、且寺

家木工久馴其功、彼之工頗無用之上、動背上人命、粗失錯出來之故、然者於今
者一德已闕畢、不足抽賞歟、重又押妨寺領、違背上人、可謂住寺之緣云盡、心
惡自露顯歟、凡召仕道道之工、所所之例雖多、云憐愍、云施物、未聞如此、
邊地之田畠、京都之敷地、奉加之財寶、善惡之布絹等、都以不知其數云々、恩
賞餘身、作新過分也、全不及庄薗之抑留者歟、就中召付造佛、知行庄務之條、
偏上人引汲也、直無蒙上仰、不知恩之至、更不足言哉、何況去年冬比、上人令
奏達庄子細之時、進退只可有上人意之由、被仰下畢、其上猶搆種々謀、付强强
緣、廻領知之祕計云々、不顧違勅、不恐冥罰之條、尤可有還迹歟、與依法造營
之、昔者雖似一分之助緣、妨正法資緣、今者、已爲三寶之怨敵、早處重科、可
被充行其罪也、當寺御歸依□當代者、施入縱無傾動陵怠、末世之將來者、顚倒
猶以難知歟、仍宮野等三箇之領、永停止和卿之濫妨、爲不輸之寺領、顯密佛事
之用途、不可退轉之由、被成下廳御下文、欲備後代之龜鏡、望請鴻慈、且任建
久九年院宣、重被成下院廳御下文者、寺漸複本願之當初、人彌奉祈聖朝御願矣
者、件庄庄等永停止宋人和卿濫妨、任建久九年院宣、不可退轉顯密佛事用途等
之狀、所仰如件、在廳官人并所司等、宜承知不可違失、故下

元久三年四月十五日　　主典代中宮大屬兼春宮大屬安部朝臣花押

別當皇太弟傅藤原花押　　判官代少納言兼行侍從中宮權大進藤原朝臣花押

前權大納言藤原朝臣同　　防鴨河使左衞門佐兼中宮大進藤原朝臣同

中納言兼左衞門督源朝臣同　　春宮大進藤原朝臣同

中納言藤原朝臣同　　宮內權大輔藤原朝臣同

民部卿兼春宮權大夫藤原朝臣同　　右少辨藤原朝臣同

參議修理太夫兼備中權守藤原朝臣同　　修理右京城使左中辨兼中宮亮藤原朝臣同

參議右衞門督兼伊與權守藤原朝臣同

參議近江權守藤原朝臣

右近衞權中將兼播磨守藤原朝臣同

〔三長記〕

（建永元年八月）八日丁巳、晴、今朝定範僧都來、寺本領大部庄事爲示子細歟、件庄文書、或者稱可讓之由、仍內々尋子細也、

一九　元久三年（一二〇六）四月八日、東大寺の塔の造佛始の日時を勘し、一應この

月の十六日に定めしも、實際の御衣木加持は、それより十二年後の建保六年（一二一八）におこなわれ、また塔の造營も、ほゞその頃から貞應二年（一二二三）頃にかけて營まる

〔猪隈關白記〕

（元久三年四月）八日己未、左衞門督通光卿著陣、東大寺御塔御佛可被造始之日時勘申之、左少弁兼定朝臣持來日時入筥、余見了、返給、

〔三長記〕

（元久三年四月）八日己未、自晩雨降、入夜宣下事等自陣注送之、大弁許必告之、先例也、東大寺御塔日時被勘之也云々、

陰陽寮

擇申可被奉造東大寺御塔御佛日時、

今月十六日丁卯、時巳二點、若午、

元久三年四月八日　　曆博士賀茂朝臣宣俊

大膳權大夫兼天文博士安倍朝臣資元

權助兼權天文博士因幡介安倍朝臣廣基

助賀茂朝臣定平
頭賀茂朝臣在宣
上卿左衞門督源通具卿 左少弁
職事藏人少納言(宗行) 外記 業兼
史 業信
從儀師 清忠

〔高野山文書 建保六年四月二日後鳥羽院々宣案〕
東大寺七重御塔材木勸進、訴申狀如此、任請文狀、可償沙汰之旨、可令下知給候、

〔東大寺續要錄 造佛篇〕
建保六年十二月十三日、東塔御佛御衣木加持、前別當僧正成寶奉勅懃(勤)仕之、四方四佛同日也、作法如常、但在別記、
大佛師四人 湛慶法印

〔無名字書 字鏡抄〕
貞應二年二月十七日、東大寺七重御塔覆鉢上、

同年三月八日、一輪上始、
同月十三日、竪寶竪星上了、勅使左大辨相掌藤原資經、
〔百錬抄巻第十三〕
（貞應二年三月）十三日、東大寺七重御塔、被懸九輪也、

一八〇 建永元年（一二〇六）六月五日、重源、八十六歳の高齢を以て東大寺において示寂す

○六月四日說

〔明月記〕
（建永元年六月）六日、天晴、（中略）東大寺上人順乗房一昨日入滅、臨終正念云々、

○六月五日說

〔淨土寺開祖傳〕
建永元年六月五日丑時、於東大寺淨土堂奄然化、生平與笠置解脱上人善、相共約云、二人之内若先取滅者、受生之所必可相告焉、然脱師境界中源公告云、我生靈山、脱師驚回至東大、果源公滅、悲嘆對遺骸時、源公開目見脱師微笑而寂、都鄙無不感嗟、行年八十六、於當寺始一百箇日追薦之法儀、當九月十五日結願、表聖衆來迎之儀式、當寺來迎會濫觴是也、菩薩天人之裝束道具等、新作

備永世之法事、

〔阿彌陀寺文書〕

勅號彌陀佛　建永元六五　夜半入歸寂　定印偈唱白

諸業本不生　以無定性故　諸業亦不滅　以其不性故

〔四箇大寺古今傳記拾要新書〕

東大寺刻屋記說、俊乘房、元久二年乙丑六月五日、於刻屋寂す、年八十六と云云、然者生年は保安元庚子出生也、法然上人には年十三の年老也、依古の說、東大寺再興の物、文治元年重源六十六、建久六年同七十六、元久二年寂八十六、於東大寺、今新藏屋阿彌陀、則重源臨終佛是也云云、

〔源平盛衰記〕巻第二十五

笠置ノ解脫上人貞慶藤貞憲子、大佛ノ俊乘和尚重源兩人ハ、道念内ニ催シ、慈悲外ニ普シ、人皆佛ノ思ヒヲ成シケルニ、重源和尚ハ深ク観音ヲ信シ給ヘリ、菩薩ノ慈悲トリトリナリトイヘ共、普門示現ノ利生悲願ハ、観音大士ニ過タルハアラシ、サレハ生身ノ観音ヲ拜奉ラント、年來祈念シ給ケリ、解脫上人ハ釋迦ヲ信シ給ケリ、三世ノ如來區ナリトイヘ共、濁世成佛ノ導師ナリ、聞法得脫偏ニ如

來ノ恩德ニアラスト云事ナシ、然レハ生身ノ釋迦ヲ拜奉ラハヤト祈請シ給ケル程ニ、同夜ニ夢ヲ見給ケルハ、俊乘房ハ解脫上人ハ卽觀音ナリト見、解脫房ハ俊乘和尙ハ卽釋迦ナリト見給ケリ、斯リケレハ解脫上人ハ笠置寺ヲ出テ、東大寺ヘ行給フ、俊乘和尙ハ東大寺ヲ出テ、笠置寺ヘ渡リ給フ、兩上人平野ノ三間率都波ト云所ニテ行合テ、共ニ夢ノ告ヲ語リ、互ニ淚ヲ流ツヽ、貞慶ハ俊乘和尙ヲ三禮シ、重源ハ解脫上人ヲ三禮シテ、契テ云ク、先立テ臨終セン者ハ、自他生所ヲ示スヘシト、然ルヲ建久(永)元年六月五日ノ夜、解脫上人ノ夢ニ、重源コソ娑婆ノ化緣旣ニ盡テ、只今靈山ニ歸リ侍ルト示給ヘリ、夢ニ驚テ、急キ人ヲ遣シテ尋問給ヘハ、此曉旣ニ和尙東大寺ノ淨土堂ニテ、入滅ノ由答ケリ、誠ニ法界唯心ノ華嚴ノ敎主ヲ再ヒ造鑄ノ爲ニ、大聖釋迦如來ノ化現シ給ケルコソ貴ケレ、

〔三長記〕

(建永元年八月)八日丁巳、晴、(中略)今朝定範僧都來、寺本領大部庄事、爲示子細歟、件庄文書或者稱可讓之由、仍内々尋子細也、拾謁之次、問大和尙臨終行儀、答曰、受痢病又不食、自去五月晦比減氣、於不食者不得減、六月朔比不可

○六月六日說

○六月二日說

過今兩三日之由稱之、沐浴常結彌陀報本印、弟子等不可動如念佛、只以閑寂可爲事、仍弟子一兩人相替護之、六月六日夜半許氣絶了、無異瑞、如平生之案無期、然以閑寂印手不亂云々、

〔興福寺略年代記〕

（建永元年）六月二日、東大寺重源上人入滅、

〔高野春秋編年輯錄〕卷第七

（建永元丙寅年）夏六月　日、俊乘房重源頭阿彌上人入寂于新別所、八十六、

考、上人者、紀別當從五位下瀧口左馬允之三男也、

〔大乘院寺社雜事記〕明應七年六月五日ノ條

一重源上人忌日、於念佛堂在之云々、土御門院建永元年六月五日入滅也、及二百九十三年畢、

# あとがき

昭和八年の春、その當時の奈良帝室博物館で「運慶を中心とする鎌倉彫刻展」が開かれ、それに佛師關係史料の一つとして、東大史料編纂所藏の「南无阿彌陀佛作善集」一巻が陳列された。たまたまそれを見られた東大寺の筒井英俊師が、この作善集に記された重源の事蹟を、一つ一つ見て廻ろうではないかといわれたのが、私の重源研究のきっかけとなった。そしてまずその最初に訪れたのが伊賀の新大佛寺で、そこに行ってみて、作善集にある「其の中古の崎に當って、巖石を引き平めて、一堂を立つ。佛壇、大座みな石なり」という記事が、そのまま現實の形において目前にあるのを確めて、小躍して喜んだことを、いまもなおまざまざとよく覺えている。それから事ある毎に、重源のことを調べ、また考えて、幾年か過ぎた。その後、昭和二十七年に私が奈良國立文化財研究所に勤めるようになってから、再びこの重源研究に本格的に取組むことになり、その翌二十八年度には文部省の科學研究費をもうけた。そしてこの頃から、奈良の東大寺をはじめとして、京都の醍醐寺や笠置寺など、和歌山の高野山新別所（圓通寺）その他、大阪の渡邊別所の故地や狹山池など、兵庫の淨土寺や魚住泊の故地、岡山の吉備津神社や吉備津彦神社や湯迫淨土寺、山口の阿彌陀寺や佐波川の上流や玉祖神社その他の諸社、三重の新大佛寺など、作善集に記載のあるところを、ほとんど限なく歩き廻った。そしてその間に、ずいぶんと重要な重源關係の遺品や記錄などを見付け出した。例えば、周防阿彌陀寺の山門の金剛力士像とか、湯迫淨土寺の文字瓦とか、高野山延壽院の銅鐘とか、播磨淨土寺の水晶舍利容器とかの如くである。しかしこの實地調査にはなかなか厄介なところが多く、例えば、作善集にただ「鎭西今津」とか、「鎭西糸御庄」とだけ記されているのが、その地に行ってみて、はじめてそれがいまの福岡市今津町の誓願寺であることが確められたり、また同じく作善集にいう「備前國常行堂」が、その出土瓦によって、やっといまの岡山縣御津郡一宮町の吉備津彥神社の境内に在ったことが判ったといったようなことである。こんなことは作善集に限らず、古い文献にはとかくあり勝ちなことであるが、それだけにその豫めの調査計畫が立て難くて、まことに困ったのである。したがってこれにはその土地々々の方々にずいぶんご厄介になった。そして現在では、そんな實地調査も一應、その大部分のものの實體をつかまえることができた。そこでこれ等を集大成して、何か一つにまとまった研究として仕上げるためにまずその基礎史料の整理の段階として、この「俊乘房重源史料集成」をまとめることにしたわけである。ただこれには出版經費その他の理由から、參考史料や關係遺品の大部分を割愛せざるを得なかった。これは私としてはまことに惜しいことで、殊にその關係遺品の中にはきわめて重要なものが多く含まれているからである。しかしこれ等は他日、なるべく近い機會に發表したいと考えている重源研究の方で、ぜひとり上げたいものと思っている。

この重源研究は、前にも述べたように前後約三十年の永い歳月をかけているので、これにご援助を願った方はかなり數多くに上っているが、その中で主な人に東大寺の筒井英俊長老と堀池春峰氏、周防阿彌陀寺の林行寛師、播磨淨土寺の鑑快應師、湯迫淨土寺の枝川圓清師、福岡縣教委の波多江一俊氏、防府市教委の江村隆雄氏、岡山大學の藤井駿教授と脇田秀太郎助教授前正倉院事務所長の和田軍一氏、共立女子大學の藤田經世氏、關西大學の末永雅雄教授、大阪市立大學の淺野清教授、奈良國立博物館の岡崎讓治技官、文化財保護委員會建造物課の伊藤延男、鈴木嘉吉兩技官、同美術工藝課の濱田隆技官などがある。またこの基礎調査によく私と行を共にされた人に、筒井寛秀師と久保山由美子氏があり、史料整理を手傳って下さった人に鈴木康子氏がある。なおこの本の題字は、とくに筒井英俊長老が書いて下さった。今この「史料集成」が成るに臨んで、私としてはまったく何ともいい知れない深い感激を以て、これ等の方々に心から厚くお禮を申し述べる。

昭和四十年二月二十日　　　　編　者

# 俊乗房重源史料集成

2015(平成27)年12月1日　第1刷発行
2017(平成29)年3月20日　第2刷発行

編集・発行　独立行政法人国立文化財機構
奈良文化財研究所

発売所　株式会社　吉川弘文館
〒113-0033 東京都文京区本郷7丁目2番8号
電話　03-3813-9151(代表)
URL　http://www.yoshikawa-k.co.jp/

印刷　藤原印刷株式会社
製本　誠製本株式会社

ISBN978-4-642-01577-6

# 索　　引

〔凡　　例〕

平成27年の復刊に際して，奈良国立文化財研究所が昭和42年３月に公刊した『俊乗房重源史料集成索引』を，ここに収録した．その際には，体裁を縦組から横組に改め，明らかな誤植等を訂正するなど，若干の編集・校訂作業をおこなった．ただし，基本的にはもとの索引の内容を踏襲している．

索引は，社寺名・人名に分け，五十音順に配列した．人名は通用の読み方に従った．

## 社　寺　名

### ア


阿育王寺(育王・(阿)育王山)……17,20,49,342,343,369
安曇寺……482
阿弥陀寺　→周防南無阿弥陀仏別所
安楽院　→東大寺安楽院


### イ


伊賀別所(阿波大仏・新大仏寺・伊賀丈六)……448,449,450,451,456,482,487,488
　鐘楼堂……450
　鎮守権現宮(春日四社・八幡宮・春日大明神)……450,452
　本堂(一堂)……449,450,488
　御影堂(上人堂・小堂)……449,450,451,452,489
　湯屋……449,489
伊勢太神宮(太神宮・神宮・(内外)二宮)……34,66,100,101,102,104,105,106,107,108,109,112,121,123,124,181,243,246,247,330,428,435,491
一乗院　→醍醐寺一乗院
石清水宮(八幡・男山八幡)……58,101,176,242,244,353,354,355,472


### ウ


魚住泊……326,328,455,493
宇佐宮(宇佐)……149,173,176,177,178,248,352


### エ


円覚寺……249
円光院　→醍醐寺円光院
円勝寺……263,265
延寿寺(高野山)……24,26
延勝寺……263,265
円明房　→醍醐寺上醍醐円明房
円宗寺……263
延暦寺……27,263,265


### オ


大峯……6,490
大原(小原)……138,140,141,142,142
大輪田泊(大和田泊)……326,327
園城寺(円城寺)……27,29,263,265
御嶽……6,490


### カ


笠置般若台寺(笠置寺)……328,329,330,494,496,507
笠寺(備前)……224
笠屋若宮王子宮(相模)……490
香椎美也……149,286
春日社……26,55,57,101,473,491
風宮……103
葛木(葛城)……6,490
額観寺……492

上醍醐寺　→醍醐寺
観世音寺(観音寺)……75,447
元興寺……28,77,262,264,266
雁塔山……369

## キ

吉備津宮……458,461,463,488
　神宮寺……488
貴布禰社……250
清水寺……224
金山寺(備前)……224

## ク

九条御堂……331
国見寺……495
熊野……6,217,490
黒田杣……430

## ケ

建仁寺……2,3,286

## コ

広渡寺……213,220
興福寺(山階寺・南円堂)……26,27,28,29,77,125,249,268,270,271,320,382,426,431,432,435,436,437,491,497
　三面僧房……432,433,434
　南円堂……182
光明寺……491
高野山……7,67,287,447
　延寿院……24,26
　大湯屋……486
　伝法院……486
　東小田原萱堂……492
　御影堂……62,495
　蓮花谷……486
高野山新別所(専修往生院)…3,148,179,345,485,508
　三重塔……345,486
　食堂……345,486
　本堂……345
　湯屋……345,486
国分寺(国分二寺)……75
五台山……17,49
木幡谷本堂……157
小松原八幡宮……291,488
小矢寺(摂津)……491

## サ

西向院　→東大寺西向院堂
最勝寺……263,265
西大寺……78,262,264,266
西龍寺……160,485
左女牛若宮……244
佐保殿……183,191
狭山池……493
三宝院　→醍醐寺三宝院

## シ

慈心院　→醍醐寺慈心院
招提寺……67,68,483
勝光明院……353,355,356
聖徳太子御墓(太子御廟)……456,489
浄土寺　→播磨南無阿弥陀仏別所
浄土寺(伊賀)……427
浄土堂　→周防南無阿弥陀仏別所
浄土堂　→東大寺浄土堂
浄土堂　→播磨南無阿弥陀仏別所
浄土堂　→備中別所
浄土堂　→渡部別所
勝林院……139,141
成覚寺(伊勢)……113
成勝寺……265
成道寺　→東大寺念仏堂
常明寺(伊勢)……100,102,103,113,116
白山……490
神護寺(高雄山・高雄)……353,354,355,356
真言院　→東大寺真言院
新大仏寺　→伊賀別所
新薬師寺……28
秦楽寺……492

## ス

末武八幡宮……291,488
周防一宮　→玉祖神社
周防南無阿弥陀仏別所(阿弥陀寺)…131,164,167,169,171,172,360,383,386,392,393,397,410,411,482,488
　開山堂……445
　経蔵……162,362

護法神社(八幡・熊野・春日・金峯・山王・白山)……162,168,362
食堂……162,362
舎利殿……165,168,384
浄土堂……162,165,167,361,384,488
鐘楼……162,168,362
薬師堂……165,384
湯屋(浴室・温室)…163,165,167,168,362,384,488
周防木屋所……128,130
周防杣……125,126,127,144,153,154,174,186
住吉社……227

## セ

清閑寺……249
誓願寺(鎮西今津・糸庄)……22,482,490
清水寺(周防)……292,317
善光寺(信濃)……21,490
専修往生院　→高野山新別所
禅定院……28,137
禅定寺……106
善通寺……489
禅南院　→東大寺禅南院堂

## ソ

尊勝院　→東大寺尊勝院
尊勝寺……263,265

## タ

大安寺(大和)……77,262,264,266,377,378,489
大安寺庄(備前)……372
大興寺……483,484
醍醐寺……3,4,5,44,67,97,320
一乗院……10,11,485
円光院……5,10
上醍醐寺(上醍醐)……1,4,16,45,70,484,489
上醍醐円明房……4,324
上醍醐大湯屋……51,52,485
上醍醐経蔵……320,321,322,323,485
栢杜堂(大蔵卿入道堂)……7,8,9,320,322,482,484
観音堂……485
清滝社(清滝宮)……70,321,323
三宝院……9,51
慈心院(慈心院塔)……15,485
新堂……485
中院(中院堂・往生院)……12,13,14,485
東尾堂……485
本堂……485
当麻寺……20,370
高雄山　→神護寺
立山……490
玉祖神社(周防宮・一宮・玉祖大明神)……288,290,291,488
玉滝杣……429,431,432,433

## チ

中院　→醍醐寺中院
鎮西今津　→誓願寺

## ツ

鶴岡……138,201

## テ

天覚寺(伊勢)……103,117,119
天神宮　→松崎天満宮
天台山(台山・天台)……17,18,49,68,286
天智院　→東大寺天智院堂
天王寺……439,491,492
伝法院　→高野山伝法院

## ト

遠石八幡宮(周防)……291,488
東寺…67,68,160,219,263,265,320,335,368,483,485
唐禅院　→東大寺唐禅院
東大寺…4,26,27,28,29,30,31,32,33,36,37,38,39,40,42,43,44,45,46,47,61,65,66,67,71,73,75,77,78,79,94,97,99,105,106,114,124,125,126,128,130,132,133,134,137,141,142,144,146,149,153,171,172,173,174,175,180,181,182,183,186,187,189,190,191,202,203,204,214,215,216,217,218,219,220,224,226,228,233,234,235,240,241,242,243,244,246,247,248,249,250,257,279,281,286,290,324,326,336,341,365,382,431,433,450,451,469,471,472,473,477,481,483,498,505,507
閼伽井屋……30
安楽院……27
印蔵……446

大湯屋……………………………30,202,351,352,484
戒壇院………27,30,234,348,357,359,377,483
竈神殿……………………………………………55,379
上官堂……………………………………………484
上司倉……………………………………………30
勧化所……………………………………………20
木津木屋敷……………………………………346
下司倉……………………………………………30
気多宮……………………………………………27
気比宮……………………………………………27,484
講堂………………………………27,30,129,437,438
綱封蔵(綱蔵)……………………230,231,232
国分門……………………………………………30,374
刻屋(穀屋)……………………………………506
西向院堂…………………………………………484
西中門(西門)………………182,250,277,278,475
三昧堂……………………………………………30
三面僧房………………27,30,129,377,437,438
四面廻廊……27,30,72,74,89,252,256,257,274,
341,351,437,438,470,475,478,483
上院……………………………………………30
正院……………………………………………30
浄土堂……159,160,161,192,196,213,345,348,
356,482,485,505,507
鐘楼(鐘堂)…………………………30,53,56,159,377
鐘楼谷別所……………………………161,346,352
食堂…………………………………27,30,161,346,484
食堂供所屋……………………………161,346
白銀堂……………………………………………30
新造屋(新蔵屋)……………………447,448,506
新院……………………………………………457
真言院……………………………………………27
千手堂(千手院)……………………………353,377
禅南院堂…………………………………………484
僧正堂(御影堂)…………………………30,379,484
尊勝院……………………27,30,201,251,382,383,484
大仏(盧舎那仏像)……3,28,33,35,36,42,46,47,
48,49,50,52,55,57,58,59,62,63,64,66,67,
70,71,72,73,75,76,78,79,80,83,89,92,94,
98,100,109,112,118,119,132,133,134,137,
150,151,152,182,183,184,187,228,233,246,
247,279,284,285,318,324,336,352,380,430,
471,483,492,500
大仏殿……9,20,27,29,30,32,72,81,83,89,98,
104,115,120,121,131,132,137,148,154,171,
172,176,181,185,187,189,203,213,217,218,
243,246,274,279,283,285,318,322,325,326,
338,339,341,348,371,373,382,383,431,438,
450,451,470,475,478,482,483,498,500
中蔵……………………………………………232
中門堂…………………………………………447
勅封倉(勅封蔵)……29,180,227,229,230,231,
232,246
転害門(碾磑門)……………………………30
天智院堂…………………………………………484
東大寺別所……………………………160,352
東中門……………………………………277,278
唐禅院(唐禅院堂)……………………30,482,484
東塔(七重塔・七宝御塔・六角七重宝塔・東大寺御
塔)……30,371,437,495,496,498,503,504,505
東南院…27,30,187,188,189,191,210,241,244,
257,344,347,470,471,473,484
中御門……………………………………………30
南院門……………………………………………30
南大門……53,112,190,257,275,353,375,469,
473,475,478,483
南中門(中門)……74,80,81,89,90,191,207,236,
239,240,244,250,251,252,253,256,275,276,
277,279,282,284,326,340,473,475,476,478,
482,483
二月堂……………………………………30,377
念仏所……………………………………………151
念仏堂(成道寺)………………159,160,427,508
拝殿………………………………………132,133
八幡宮(八幡・八幡宮社・八幡別宮・鎮守八幡宮)
……27,30,55,57,112,128,130,133,135,156,
176,178,179,190,250,339,343,344,348,352,
353,354,440,445,473,478,483,491
北蔵……………………………………………230
北中門………………………………205,207,478,483
法華堂(羂索堂・羂索院)……30,226,227,229,
354,375,376,377,484
薬師堂……………………………………………27
湯屋…………………………………161,346,352,485
両界堂……………………………………………483
東南院　→東大寺東南院
伴寺堂……………………………………………484

## ナ

長尾寺御堂(播磨)……………………………487

梨原宮……177
那智……490
南円堂　→興福寺南円堂

## ニ

二尊院……19
日応山(備前)……23
仁戸宮(周防)……292,293,315
丹生社……250
庭瀬堂(備中)……483,488

## ネ

念仏堂庄(伊賀)……427

## ハ

箱崎宮(筥崎)……22,149,490
橋寺……484
八幡別所……103
播磨南無阿弥陀仏別所(浄土寺・播磨別所)……209,211,212,213,347,348,356,380,487
　経蔵……214
　食堂……214
　浄土堂……209,211,212,235,347,348,379,380,487
　鐘楼……214,224
　薬師堂……209,211,212,220,347,349,487
　湯屋(浴室)……212,214,487
般若寺(大和)……342

## ヒ

日吉社(日吉)……472
備前常行堂……482,489
備前国府大湯屋……489
備中別所……482,488
浄土堂……488
平等院(宇治)……191

## フ

船坂山(備前)……493

## ホ

豊光寺(備前)……489
法華寺……482,491
法成寺……263,265
法勝寺……34,263,265
法住寺(法注寺)……249
法隆寺……78,263,265,266
菩提山……103
菩提山正願寺……489

## マ

松崎天満宮(天神宮)……291,488

## ミ

実無山……492
弥満寺(敏満寺)……157,367,368,369,370,371,494

## ム

室生……196,197,198,200,201

## ヤ

薬師寺……78,262,264,266,493

## ユ

湯屋(伊賀別所)　→伊賀別所
湯屋(上醍醐大湯屋)　→醍醐寺
湯屋(醍醐寺三宝院内)　→醍醐寺
湯屋(高野山大湯屋)　→高野山
湯屋(高野山新別所)　→高野山新別所
湯屋(周防南無阿弥陀仏別所)　→周防南無阿弥陀仏別所
湯屋(東大寺大湯屋)　→東大寺
湯屋(東大寺鐘楼谷別所)　→東大寺
湯屋(播磨南無阿弥陀仏別所)　→播磨南無阿弥陀仏別所
湯屋(備前国府大湯屋)　→備前国府大湯屋
湯屋(渡部別所)　→渡部別所

## ラ

来迎院……139,141

## リ

龍禅寺(大原)……139,140,142
龍蔵院……28

## ワ

渡部別所(渡辺別所)……346,366,367,482,487
　木屋敷……346,367
　娑婆屋……366,487
　浄土堂……346,348,366,367,440,487,495

鐘屋(鐘楼)……346,366,367,487
湯屋……346,366,367,487
来迎堂……366,487

# 人　　名

## ア

愛甲三郎季隆　→ス季隆
顕信(源・治部卿)……251,254
章久(中原・雅楽少允)……253
安達新三郎清恒　→キ清恒
敦実親王……176,177
厚康(藤原・大学少允)……253,259
安倍清頼　→キ清頼
安倍季国　→ス季国
安倍季弘　→ス季弘
安倍資直　→ス資直
安倍資元　→ス資元
安倍孝重　→タ孝重
安倍為親　→タ為親
安倍業俊　→ナ業俊
安倍秀遠　→ヒ秀遠
安倍広基　→ヒ広基
安部泰忠　→ヤ泰忠
阿法　→チ親元
有家……260,470
有資(源・前豊前守)……260,472
在高(菅原・文章博士)……472
有綱(右衛門尉)……135
在宣(賀茂)……228,504
有房(源・右中将)……9
有通(藤原)……260
有通(源・侍従)……252
有光……401,416
有康(紀・造東大寺主典・左大史)……59,254
有頼(小槻・大仏次官・造仏次官・大監物)……59,79,180,232,274
安阿弥・安阿ミタ仏・安阿弥陀仏　→カ快慶
安暁……268
安詮……269
安徳天皇……31,176,246,329
安融……268
意阿弥陀仏……453

## イ

飯磨(参議)……1,172
伊運……263
家実(中務丞)……135
家実(藤原・右少弁・左衛門権佐)……195
家重(筑前太郎・筑前冠者)……144,145
家輔(藤原)……88
家次法師……135
家綱(藤原・大膳大夫)……252
家経……247
家経(藤原)……273
家教(藤原・権中納言)……169
家久(小野・図書少充)……260
家能(藤原・判官代・備後守)……195
伊賀聖人……352,484
伊賀房　→イ印豪
伊岐宗光　→ム宗光
石淵尼公……491
意勝……261
伊豆房　→ケ顕照
出雲房　→エ叡詮
一定……14
一乗房　→カ寛宗
一乗房　→カ観乗
因幡房……441
今益……406,421
今光……404
今元……419
伊行吉……341,342
伊行末……341,377
伊与房……441
伊予房　→ケ景恵
石見房　→ケ慶応
院永……273
院円……229
院覚……269
印景……29

印賢……256,266
院康……229
院豪(伊賀房)……111,264
院実……229
院俊……229
印性……255,261
院西……139,140,142
院尊……229,233,273
院範……229,269

## ウ

右大将家　→ヨ頼朝
右大将殿　→キ公経
宇都宮左衛門尉朝綱　→ト朝綱
卜部　→カ兼氏
卜部　→ト友仲
運賀……268
運慶……273,332,333,334,441,469
雲慶……237
海野小太郎幸氏　→ユ幸氏

## エ

永阿弥陀仏……463
永阿弥陀仏　→コ是清
永安……269
永允……270
永胤……264
栄雲……265
永円……269,271
永雅……270
永海……264
叡海……264
英寛……270
栄基……269
睿基……269
永教……268
睿教……268
栄暁……269
永慶……441
永継……262
睿恵……268
叡慶……268
永兼……112
英賢……265
英憲……448
栄賢……262,268
永幸……267
英弘……269
栄実……208
栄舜……269
叡俊(常聞房)……133
永勝……262
栄信……265
栄真……270
睿信……268
永勢……269
栄盛……268
永詮……262,266
永暹……264
睿詮……269
叡詮(出雲房)……111,262
永禅……264
栄増……264
永尊……267
栄尊……3
永珍……266
叡同……266
永遍……440
永弁……138,141
英弁……269
栄弁……269
永蓮……263
越後法橋　→カ快慶
越前阿闍梨……494
縁阿弥陀仏……376
円尹……271
円運……263,365
円雲……237
円永……269,271
円叡……266,271
縁永(識印房)……111,264
縁円……271
円賀……261
円雅……270
円海……269
円覚……269
縁覚……238
円寛……270
円基……263
縁基……255,271

円金……268
円空……118
衍慶……268
円慶(美作房)……111,265,270
円経……270
縁芸……269
延玄(但馬房)……111,262
延杲……255,261,471,473
円高……271
延実……264
延秀……12,14
延宗……268
円修房　→ヶ顕範
延春……263
延俊……266
円俊……270
宴信……265
宴真……356
円心……264
円信……263
延清……262
円盛……268
縁成……256,270
円操……266
延智……261
円忠……266,269
縁忠……268
円長……441
縁朝……269
延貞……264
円範……265
円弁……271
縁弁……270
円遍……271
延祐……270
円隆……266

## オ

王阿弥陀仏……391
大石久景　→ヒ久景
大内左京大夫義興　→ヨ義興
大内介弘成　→ヒ弘成
大内政弘　→マ政弘
大江国通　→ク国通
大江貞遠　→サ貞遠
大江助政　→ス助政
大江高範　→タ高範
大江忠国　→タ忠国
大江知家　→ト知家
大江永守　→ナ永守
大江就信　→ナ就信
大江宗保　→ム宗保
大江師盛　→モ師盛
大江頼重　→ヨ頼重
大中臣……54,57
大中臣時家　→ト時家
大中臣友永　→ト友永
大中臣知雅　→ト知雅
多忠節　→タ忠節
大原清廉　→キ清廉
小笠原次郎長清　→ナ長清
小槻有頼　→ア有頼
小槻隆職　→タ隆職
小槻広房　→ヒ広房
小野家久　→イ家久
小野道風　→ミ道風
小山朝光　→ト朝光
小山五郎宗政　→ム宗政
小山左衛門尉朝政　→ト朝政
尾張兼助　→カ兼助
恩アミタ仏……462
唵阿弥陀仏……387,388
穏慶……268

## カ

快宴……440
海淵……262
快(懐)感……19,20
快慶(安阿弥·安阿ミタ仏·安阿弥陀仏)…213,236,239,332,333,334,335,360,441,447,452,454,469,489,495
快賢……440
快厳……262
快算……268
快俊……440
戒信……268
快専……440
快暹……402,417
戒禅……264
快尊……237,441,454

快智……263
快祐……441
雅縁……255,261,436
花王房　→キ行詮
学阿弥陀仏……376
覚円……268,441
覚宴……268
覚縁……263,269,270,441,444
覚教……267
覚鏡……5,15
覚訓……267
覚敬……15
覚継……263
覚芸……268
岳慶……256
覚憲……71,74,76,77,81,97,98,197,201,242,246,253,284
覚顕……265
覚言……268
覚厳……441
覚弘……266,269
覚秀……264
覚集……268
覚什……139,140,141,142
覚春……255,262
覚俊(八郎房)……133
覚舜……268
学春……271
覚章……269
覚乗……198
覚真……270
覚深(花聚房)……110,261
覚尋……267
覚成……343
覚接……268
覚暹……265
覚善……264
覚禅……237
学詮……270
覚尊……237
覚朝……229
覚通……256
覚同……262
覚範……256,270
覚遍……265,270
覚弁……255,266,267
覚明……269
覚祐……442
覚雄……262
覚隆……265
景時(梶原平三)……234,241,244,245
景時(紀七)……135
笠置上人　→シ貞慶
雅宝……67,68,102,104,108,113
花聚房　→カ覚深
梶原行部丞朝景　→ト朝景
梶原平三景時　→カ景時
数清(中原・右大史)……75
雅西(智定房)……5
遍宗……247
雅同……267
包景……398,399,413
兼氏(卜部)……253,258
兼定(左少弁)……503
兼定(源・木工頭)……252
兼実(九条・九条入道)……177,492
包末……419
兼助(尾張前府生)……254
兼資(源)……260
兼忠(右少弁)……58
兼忠(源・参議・備中権守)……373,381
兼親……191,260
包遠……459
包時……399,414
包友……404,419
懐長(藤原)……84
兼信(源)……429,434
兼雅(藤原・前権大納言・右大臣・左大臣)……80,189,195,373
兼光(藤原・右中弁・参議・左大弁・興福寺長官・権中納言)……34,74,75,76,80,93,125,244,248,250,251,254,256,273,284
兼宗(藤原・左近中将・蔵人頭・左近権中将・参議・権中納言)……254,256,373,472
兼基……441
兼康(紀・右衛門少志)……273
兼良(藤原・右近中将・権大納言)……251,254,471,472,473,481
亀王丸……442
賀茂在宣　→ア在宣

賀茂清原　→キ清原
賀茂定平　→サ定平
賀茂俊平　→ト俊平
賀茂宣俊　→ノ宣俊
賀茂憲定　→ノ憲定
賀陽重俊　→シ重俊
賀陽為利　→タ為利
賀陽為真　→タ為真
賀陽為元　→タ為元
賀陽近房　→チ近房
賀陽利方　→ト利方
賀茂済兼　→ナ済兼
賀茂済宣　→ナ済宣
賀茂済憲　→ナ済憲
賀陽弘方　→ヒ弘方
河内権守是助　→コ是助
官アミタ仏　→マ真依
観阿弥陀仏……211,212,213,348
含阿弥陀仏　→シ定範
寛尹……264,268
寛永……264
寛栄……269
寛円……271
観遠……266
寛雅……261
寛海……264
寛覚……354,356
寛季……261
寛救……268
寛恵……261,442
寛慶……223,262
観慶……264
寛顕……262,447
敢玄……265
寛源……261,262
寛幸……261
寛実……265
観修房　→キ行尹
観俊……267
寛勝……268
観乗(一乗房)……133
観照聖人……13
寛深……264
観深……270
願真……268
鑑真和尚……358,495
観西……164,364
寛詮……262,268
寛暹……268
寛全……264
寛禅……262
観善房……97
寛宗(一乗房)……110,261
寛宗(任阿弥陀仏)……445
観宗……263,264
眼操……269
寛智……22,23
寛忠……262
寛任……267
観音房(南無仏)……369,370
願与……270

## キ

基円……271
義淵房　→キ義仁
祇園女御……369
耆覚……268
義覚……268
喜慶……269
季厳……267
義実……268
祇女万秋……441
義深……267
義仁(義淵房)……110
祇詮……269
義善房　→リ隆裕
義増……264
紀有康　→ア有康
紀兼康　→カ兼康
紀重定　→チ重源
紀季明　→ス季明
紀季清　→ス季清
紀季重(左馬大夫･滝口左馬允)　→ス季重
紀季輔　→ス季輔
紀季種　→ス季種
紀季康　→ス季康
紀季良　→ス季良
紀種綱　→タ種綱
紀種康　→タ種康
紀長谷雄　→ハ長谷雄

紀久衡　→ヒ久衡
紀康綱　→ヤ康綱
紀良重　→ヨ良重
紀能種　→ヨ能種
紀頼兼　→ヨ頼兼
義範……258
喜敏……269
公国(藤原・中将)……252
公定(藤原・少将)……252
公継(藤原・参議・中納言)…248,250,251,254,274,284,471
公経(藤原・参議・右近衛中将・右大将)….193,252,373
公経(少納言)……12,13
公時(藤原・参議)……251,254
公秀(豊原・近衛左近将曹)……258
公房(宇佐大宮司)……173
公房(菅原・左近中将・中納言)……247,472
公房(藤原・中納言)……472
公基(西法)……12,13
公基(周防守)……125
公頼……125
義有……264
久意……261
久胤……262
久慶……264
久厳……261
究法房……142
義陽……268
教阿弥陀仏……390
行阿弥陀仏……443
行尹(観修房)……111,262
堯尹……265
堯永……267
行円……442
堯延……267
堯円……270
堯縁……269
行賀……208
堯海……268
教観(林静房)……110,261
堯寛……270
行基….35,36,37,120,213,247,326,328,380,484,495
行家……263
教芸……269
行恵(讃岐得業)……110,261,262
堯慶……264,269
教恵房　→ケ顕海
教剣……264
教賢……266
教元……266
教玄……111,256
行賢……237
堯賢……268
教言……269
行憲……269
行厳……266,441
堯高……270
堯実……269
行秀……264
教俊……264,268
教順……238
行俊……237
行舜……267
堯俊……268
行助……8
行乗……271
教心……268
堯真……270
行清……264
堯晴……262
教詮……268
行詮(花王房)……110
堯詮……264
行暹……264,268
堯禅……139,140,263,269
教尊……268
行知……267
行智……237,255
行忠……264
教超……268
教長……20
堯範……269
刑部左衛門尉重定　→チ重源
教弁……269
行遍……264
堯弁……270
行祐……376
行勇(荘厳房)……353,359

行誉……262
清景(戸部・右衛門少志)……254
清廉(大原)……148,394,407,422
清兼(大宮大進)……9
清兼女(大宮大進清兼女)……9
清定(隼人正)……59
清実(源)……260
清季(橘)……260
清忠(藤原・雅楽少允)……252,258,260
清親(藤沢二郎)……245
清恒(安達新三郎)……226
清恒(惟宗・玄蕃頭)……86
清俊(橘・隼人正)……253,259
清長(藤原・勘解由次官)……195,252
清成(藤原・左近将監)……258
清信(三善)……273
清原(賀茂)……455
清原惟成　→コ惟成
清原助直　→ス助直
清原忠業　→タ忠業
清原真人　→ナ夏野
清原能高　→ヨ能高
清原良業　→ヨ良業
清原頼業　→ヨ頼業
清房……467
清宗(平)……70
清盛(平・太政大臣・大相国・入道)……30,151,157,159,246,369,382
清行……326
清頼(安倍・大蔵録)……85,87
金阿弥陀仏……389
勤栄……267
勤暁……267
金勝……264
欽明天皇……114

## ク

空阿弥陀仏　→ミ明遍
空願……454
空公　→ケ源空
空躰……201
空諦……197,198,199
久我雅定　→マ雅定
草香首源三……493
草壁是助　→コ是助
草部是助　→コ是助
草部是弘　→コ是弘
草部助延　→ス助延
九条兼実　→カ兼実
九条入道　→カ兼実
国方(土師)……147,394,408,423
邦兼(藤原・皇太宮大進)……88
国友……414
国真(久米六郎)……144
国真(土師)……395,409,424
国末……401,416
邦輔(藤原)……88
邦綱卿女……105
邦長(橘)……89
邦広(源)……260
国通(大江・大仏判官・左大史)……59,74,75,76,79,80,273
国光(藤原・内舎人)……257
国宗(木工大工権守)……376
国宗(桜島・駿河権守)……127・357
国基(源)……260
国行(源)……88,260
国頼……133
久米六郎国真　→ク国真
倉光……463
訓永……270
訓暁……270
訓慶……267

## ケ

恵阿弥陀仏……392
迎印……441
慶運……262
景栄……264
慶栄……264,268
慶睿……269
経円……261
経縁……82
慶円……238,269,444
慶応(石見房)……111,261
慶賀(珍阿弥陀仏)……444
慶覚……237,441
経覚……265
慶寛……441
慶義……270

恵経……55,262
慶暁(如法房)……111,261,263
景恵(伊予房)……111,264
迎慶……441
恵賢……266
慶賢……264,266
景厳……55
経玄……238,268
慶源……264
迎賢……441
経幸……378
慶幸……264
慶弘……264
慶算……256,265
経実……265
慶実……236,255,269,271
恵珠……55
慶俊(大法房)……110,123,261,441
慶舜……264
恵隽……269
恵章……269
慶勝……269
慶証……269
恵深(式部得業)……110,261
敬深……264
慶心……264
慶深……238,268
慶賑……269
慶仁……236,238,262,267
慶諶……268
慶西……453
慶清……237
慶盛……266
慶聖……441
慶詮……263,269
慶禅……262
慶宗……102,108
慶尊(大進得業)……110,261,365
慶湛……264
慶智……255,267
慶澄……267
慶貞……264
慶範……237
慧敏……445
恵敏……262
経弁……266
慶弁……266
慶融……266
恵良……264
慶連……441
慶蓮……454
解脱御房　→シ貞慶
解脱上人　→シ貞慶
見阿弥陀仏……389
賢阿弥陀仏……390
顕阿弥陀仏……442
源阿弥陀仏……453
賢意……264
厳胤……262
顕運……264
賢運(播磨得業)……110
源運……5
顕栄……268
兼円……263
顕縁……256,270
厳円……265
顕応……262
憲雅……271
兼海……264
賢海……5
顕海(教恵房)……111,261
顕懐……265
厳海……442
兼覚……264
顕覚……265,269
厳覚……261
玄観房……97
賢基……267
賢義……269
玄季……261
厳喜……264
玄久……261
源暁……264
厳暁……264
源空(法然房・法然上人・空公・上人)……16,17,19,39,40,41,42,43,44,45,61,138,140,141,142,143,148,172,203,204,451
賢慶……264
顕恵……430,432
玄恵(駿河得業)……110

源恵……264
厳慶……263,265
顕言……269
顕厳……441
玄厳……223
玄眼……268
玄鼓……261
見光(顕光)……456
顕幸……265
顕豪……269
厳幸……266
賢子并久我太政大臣殿母　→堀河院外祖母
源師　→チ重源
顕秀(深性房)……111,264,268
源氏行家　→ユ行家
顕俊……261
顕俊(参川得業)……110
厳俊……269
賢証……261
顕昭……264
顕照(伊豆房)……111
兼乗……266,435
源紹……264
源章……269
厳勝……269
厳証……270
顕性房　→ハ範教
顕浄房　→チ珍乗
賢信(密性房)……111,264,269
顕真……43,138,139,140,141,142
顕尋……268
顕諶……269
玄信……256,270
玄真……255,265,268,271
厳信……261
賢清……111,261
源政……5
顕詮……269
厳詮……256
厳禅……263
賢増……262
兼尊……265
憲尊……268
顕尊(真乗房)……110
玄智……268
顕忠……261
賢朝……5
玄長……265
賢珍……264,269
顕珍(尊明房得業)……110,262
玄珍……111,262
玄通……256
賢道……55
顕同……266,267
賢徳……262
玄任……261
顕範(円修房)……110,261
顕敏……262
見仏(大和入道)……142
憲遍……271
顕遍(大輔房)……111,262
玄遍……270
憲宝……264
建明……441
顕祐(丹後得業)……110
賢祐……444
玄祐(沙弥)……370
源祐……416,417
彦耀……268
玄理……263
顕蓮(少輔房)……111
賢和……326

## コ

吾阿弥陀仏……391
公尹……269
公胤……255,267
公円……261
幸円……270
高演……15
公雅……267
興雅……264
公暁……268
弘暁……266
公慶……20,450
弘慶……268
康慶……273,325,332,333,334
興慶……270
公顕……16,489
幸玄……238,263

興玄……269
豪源……263
孝謙天皇……247
高広……268
興弘……270
興実……267
幸俊……238
幸春……264
幸順……269
江所高信　→タ高信
幸深……269
興信……270
興深……267
幸諶……265
光詮……268
弘詮……269
興尊……266,267
皐諦……442
興範……264
光遍……265
弘弁……270
弘法大師(弘法大師空海・大師)……7,62,219,353,354,355,356,368,486,495
高明……255,271
光明皇后……184
幸有……270
興有……269
高余……442
後三条院御乳母　→三位殿
後白河(禅上)法皇(禅定仙院・後白河院・後白河上皇・(太上)法皇)……31,33,35,38,39,40,43,44,47,53,54,56,57,58,65,67,68,71,72,73,74,79,80,81,82,90,91,94,98,108,109,114,120,128,166,167,168,169,171,172,176,184,185,187,189,189,190,191,192,195,198,199,200,205,208,209,211,222,279,329,348,349,385,392,432,440,492
小次郎……442
胡恒遠……395
胡永利……409,424
胡成正……170
後鳥羽上皇(上皇・後鳥羽院・後鳥羽天皇・後鳥羽法皇)……251,330,331,439,440,450,471,473
小松……406,421
狛則近　→ノ則近
是清(永阿弥陀仏)……465
是末……54
是助(草壁)……51,52
是助(草部)……52,54,55,98,365
是助(河内権守)……466
是近……399,413,414
伊経(藤原・中務権少輔・太皇大后宮亮)……93,158
維長(参議)……249
惟成(清原・造酒佐)……87
是則……54
是弘(草部)……54,98,365
惟宗清恒　→キ清恒
惟宗重光　→シ重光
惟宗為賢　→タ為賢
惟宗為季　→タ為季
惟宗俊盛　→ト俊盛
惟宗業昌　→ナ業昌
惟義(源・相模守)……244,429
惟頼(藤原)……260

## サ

西行……138
西公　→ヨ栄西
西法　→キ公基
佐伯忠広　→タ忠広
相模得業……462
相模公……140
前右大将家　→ヨ頼朝
前右大将家源卿　→ヨ頼朝
前右兵衛佐源朝臣　→ヨ頼朝
桜島国宗　→ク国宗
桜町中納言重憲　→シ重憲
佐々木高綱　→タ高綱
佐々木中務丞経高　→ツ経高
定家(橘)……260
左大弁局……349
定家(藤原・少将・左近中将)……252,472
定兼(検校)……62,63
貞包……403,418
貞国……112,402,417
定輔(藤原・修理大夫・内蔵頭・権中納言)……195,254,456,472
定綱(前左衛門尉)……215
貞綱(平・内舎人)……257
定経(藤原・右中弁)……243,248,252,254,273,284

貞遠(大江・左衛門少尉)……253,259
定俊(源)……443
定長(右少弁・権右中弁・造東大寺長官・右大弁・参議・左大弁)……72,80,81,83,149,150,151,153,156,175,176,178,180,183,186,187,195,198,199,200,216,218,219,221,227,228,229,230,232,240,247,248,251,254,274,284,325
貞永……54
貞延(権大工大夫)……376
貞憲(藤原)……329
定平(賀茂)……504
貞光……402,403,404,405,417,418,419,420
貞光(藤原・西市正)……85,86,253
定能(藤原・中納言・右衛門督・権大納言・大納言)……80,195,248,249,251,254,274,283,284
薩摩公　→ノ能真
佐藤宗清　→ム宗清
讃岐得業　→キ行恵
実明(参議)……257
実敦(藤原・右近衛督)……251
実家(大納言)……283
実繁(平・左近将監)……258
実経(中原・内舎人)……257
実教(藤原・左兵衛督)……125,254
実房(藤原・権大納言・左大臣)……58,189
実宗(藤原・権中納言・大納言)……58,80,248,249,250,251,254,256,274
実守(藤原・中将)……46
実頼(左大弁)……335,336
佐波利包　→ト利包
三條……444
三位殿(後三条院後乳母・源経成女)……12,13
三密房　→セ聖賢

## シ

識印房　→エ縁永
識淵……269
式部得業　→ケ恵深
重兼(藤原・豊前守)……12,14,15
重定(刑部左衛門)　→チ重源
重貞(藤原・内舎人)……257
重実(藤原・図書少允)……259
重忠(畠山次郎(二郎))……234,246
重次……400,414,416
重綱(少納言)……59
重遠……399,413
重俊(賀陽)……147,396,410,425
重俊(藤原・右衛門少尉)……253,260
重永(橘)……442
重永(藤原)……260
重延(前大膳左近府生)……177
重憲(桜町中納言)……329
重衡(平・三位中将)……26,29,54,70,71
重正……464
重末……404,419
重光(惟宗・右少史・左少史)……230,232,254
重基(藤原・玄蕃少允)……253,259
重能(阿波民部大夫)……159,160
重頼(宮内大輔)……244
士順……263
支度大蔵卿　→モ師行
七条院(七条女院)……244,250,251,256,273,440
慈珍……269
実阿弥陀仏……389
実永……225,264
実円……268
実淵……261
実縁……269
実雅……252
実覚……263
実慶……264
実継……261,320,322
実賢……262
実憲……102,108
実厳……441
実勝……264
実深……445
実清……266
実盛……270
実相上人(円照)……358
実尊……264
実忠和尚……184
実宝……262
実有……268
実祐……238
支貞……462
治部卿隆俊女　→堀河院外祖母
若俊……442
寿阿弥……454
什運……264

勝還……264
勝鑒……264
定寛……266
浄鑒……261
上宮太子　→シ聖徳太子
章慶……269
勝恵(紀伊房)……110,261,442
勝経……264
勝慶……264
証慶……264
定慶……238,262,265,266
貞慶(笠置上人・解脱上人・解脱御房)……101,103,139,140,142,213,329,330,331,356,447,491,496,505,506,507
浄慶……262,441
定恵房　→ヘ弁恵
章賢……264
勝賢(勝憲・証賢)……101,103,188,198,199,214,227,231,232,242,246,253,284,347
章玄……440
勝厳……269
定賢……10
浄賢……264
成玄……269
定玄……270
貞玄……262
乗玄……266
浄厳……269
少康……19,20
定弘……266
勝実……266
成実……261
定実……255,271
貞実……255,271
定秀……237
定秋……256
昌俊……256,270
章俊……263,270
勝春……268
勝俊……268
定春……266
定順……238
定昭……444
定勝……102,108,189,238,261,480
定証……265
定乗……270
貞乗……441
定乗房　→ソ蔵詮
勝心……269
勝信……269
証真……139,140,141,142
定心……264
定信……262,264
定親……379
貞辰……264
乗信……266,267
浄仁……262
成尋……241
少助(山県)……446
勝盛……270,441
照静……24
定清……264
浄成……264
章宣……268
勝詮……255,261
勝暹……268
勝全……270
成詮……269
定詮……264
貞詮……255,264,271
乗詮……266,269
定禅……265
貞禅……265
浄然(静然)……139,140,141,142
定宗……442
貞宗……268
浄増……269
貞尊……266
浄尊……237,270
証中……164,364
定珍……261
承同……253
聖徳太子(上宮太子)……157,378,456,495
正範……264
定範(含阿弥陀仏)……69,103,188,267,273,320,322,344,347,507
貞敏……267,441
性遍(助君)……111,267
定遍……71,73,74,76,80,81,83,96,97,98,99,246
定実……262

聖武天皇(聖武帝・聖武皇帝・本願聖主・本願皇帝・天璽国押開豊桜彦天皇)……35,36,67,73,92,93,94,100,106,109,119,120,160,183,184,213,220,246,247,279,280,329,352,358,430,477,494
性明房　→ヘ弁性
常聞房　→エ叡俊
定祐……265
浄祐……264
少輔房　→ケ顕蓮
浄邏……262
上力……403,418,419
浄隆……265
定蓮坊……142
白河法皇(白河院)……128,130,369
次郎……442
信阿弥陀仏……376
真阿弥陀仏……443
信允……269
信円(真円)…71,74,76,77,81,96,97,98,246,439,471,473
尋延……268
尋縁……269
信恩……265
信海……271
信懐……264
心覚……268
信覚……440
信暁……263,266,269
尋教……261
尋暁……267
心均……261
信家……256,265
信経……256,270
信慶……264,441
真恵……353,446
深慶……263
真慶……265,266
尋恵……267
尋慶……237
諶慶……269
信兼……267
信憲……261
審顕……265
審懸……268
真源……5
信彦……268
信厳……268
尋玄……268
尋厳……268
信弘……267
信思……270
尋勝……261
尋乗……269
深性房　→ケ顕秀
真乗房　→ケ顕尊
尋諶……268
信盛……270
信聖……266
信西(少納言入道)……329
信詮……271
信全(禅親房)……111,264
尋千……268
信宗……255,261
信尊……266,269
信智……238
心長……262
信長……268
尋長……269
真如親王……35,38
信弁……256,265
信遍……269
真遍……440
心融……265
信良……271
親蓮……441

## ス

季明(紀)……2,3
季清(紀)……2,3
末清……376
季国(阿倍・左近府生)……258
季国(源・検非違使)……274
季重(紀・滝口・左馬允)……1,2,3,5,172,508
季輔(紀)……2,3
季隆(愛甲三郎)……244
季高(藤原)……260
季種(紀)……2,3,309
季親(菅原・伯耆大属)……33
末遠(藤井)……84

## セ

静賢……200,267
済兼……268
晴厳……269
静厳……139,140,141,142
済玄……264
静幸……261
成豪……263
聖言……270
聖実……189,264
性舜……263
盛舜……269
済春……267
勢俊(文法房)……469
聖順……267
勢順……238
晴照……268
清浄房……141,142
斉所聖……179
聖心……268
晴尋……268
勢仁……268
聖詮(林観房)……111,262
晴全……265
静禅……268
政尊……370
盛尊(禅花房)……370
清忠……504
成長……117,123
盛長……237
晴長……261,270
勢珍……262,268
晴範……268
静遍……262,270,440
晴弁……267
成宝……102,108,442,504
清祐……266
晴有……269
聖融……265
清与……262
世喜我……442
摂津房　→ヘ弁修
千阿弥……454
善アミタ仏　→ユ有能
善阿弥陀仏……443
千運……269
禅雲……266
千栄……269
禅延……268
善円……268
禅海……261
禅覚……256,263,270,356
禅花房　→セ盛尊
瞻寛……447
仙基……139,140,141,142
宣経……271
善慶……266
禅恵……256
禅慶……264,265
暹賢……268
千玄……268
泉幸……264
善幸……264
禅師丸(源)……442
善宗……267
善順……112
専俊房……97
善俊……269
善勝……261
善信……268
善信(大夫属入道)……233
善諶……270
禅親房　→シ信全
善長……238
禅長……256,270
善珍……262
禅珍……256,270
善導……19,20,43
善任……269
善範……264
善敏……269
千福……442
禅弁……271
善面……264
善有……268
善祐……261
暹誉……266
善与……238
禅理……264
禅隆……263,265
禅力……400,414,415,416

## ソ


蔵阿弥陀仏……391
増運(美乃得業)……110
相栄……262
宗円……269,441
蔵円……266
蔵淵……264
増覚……267
増寛……267
増夾……269
宗恵……442
宗慶……263
相経……261
相慶(相厳房)……82,110,261
増慶……268
増恵……271
宗賢……441
相賢……269
宗元……261
宗厳……69,267,320,322,333
相厳……269
蔵憲……269
増玄……265
相厳房　→ソ相慶
荘厳房　→キ行勇
宗実……262
宗順……269
宗性……379
相真……263,264
蔵信……261,267
蔵諶……268
宗詮……269
宗全……444
蔵詮(定乗房)……110
宗遍……264,320,322,441
増遍……270
増弁……267
相蒙……252
宗融……262
蔵有……261,320,322,323
相誉……268
蔵良……266
即遍……442
帥阿闍梨……495
尊栄……267
尊叡……264
尊夾……269
尊暁……263
尊慶……264,441
尊玄(尾張得業)……110,261,267,269
尊詮……265,269
尊珍……237
尊能……265
尊弁……269
尊明房得業　→ケ顕珍


## タ


大覚……24
醍醐法橋……461
大進得業　→ケ慶尊
大進得業　→ヘ弁慶
大仏上人　→チ重源
大法房　→ケ慶俊
大輔房　→ケ顕遍
平(惣判官代)……467
平清宗　→キ清宗
平清盛(太政大臣・大相国・入道)　→キ清盛
平貞綱　→サ貞綱
平実繁　→サ実繁
平重衡　→シ重衡
平忠盛　→タ忠盛
平為言　→タ為言
平親国　→チ親国
平親繁　→チ親繁
平親綱　→チ親綱
平親長　→チ親長
平親宗　→チ親宗
平時定　→ト時定
平朝政　→ト朝政
平信弘　→ノ信弘
平範清　→ノ範清
平則光　→ノ則光
平宗高　→ム宗高
平棟範　→ム棟範
平宗盛　→ム宗盛
平盛国　→モ盛国
平義時　→ヨ義時
平頼盛　→ヨ頼盛
隆兼(藤原)……260

隆清(藤原・左衛門佐)……252
高清(源)……260
高倉……442
高倉天皇(高倉院)……95,329
孝重(安倍・掃部頭)……253,258
崇重……113
高階忠兼　→タ忠兼
高階忠業　→タ忠業
高階経仲　→ツ経仲
高階仲国　→ナ仲国
高階仲資　→ナ仲資
高階仲基　→ナ仲基
高階業国　→ナ業国
高階信仲　→ノ信仲
高階泰家　→ヤ泰家
高階泰経　→ヤ泰経
高階泰時　→ヤ泰時
隆忠(藤原・大納言)……251,254
高綱(佐々木)……153,181,202,234
高遠(日置)……396,410,425
高敏(藤堂)……452
高信(江所)……144,146
高範(大江)……396,410,425
高橋女……442
高橋盛貞　→モ盛貞
隆房(藤原・権中納言)……251,254,373
高通(藤原・少将)……252
孝道中将局……441
隆職(小槻・大夫史・造仏次官・左大史)……31,32,34,46,47,53,56,76,79,81,248,250,252,254,274,288,433
高元(日置・周防権介)……148,396,410,425
隆保……244
高依(日置)……395,409,424
武田太郎信義　→ノ信義
武近……399,413,414
武弘……420
武松……420
但馬房　→エ延玄
忠兼(高階)……89
忠国(大江)……429,434
忠国(源)……260
忠季(左近中将)……247
忠経(藤原・参議)……249,251,254
忠業(清原・少外記)……74,76,78,79,80,83
忠業(高階・太皇太后権大進)……88
忠広(佐伯・掃部属)……85
忠広(藤原)……86
匡房(権中納言)……250,251
忠光(藤原・内舎人)……257
忠節(多)……81
忠盛(平・刑部卿)……369
忠康(民部大夫)……370
忠康(中原・修理属)……85
多々良弘盛　→ヒ弘盛
多々良盛綱　→モ盛綱
橘清季　→キ清季
橘清俊　→キ清俊
橘邦長　→ク邦長
橘定家　→サ定家
橘重永　→シ重永
橘親長　→チ親長
橘成広　→ナ成広
橘以政　→モ以政
橘諸兄　→モ諸兄
種綱(紀・左兵衛)……2
種康(紀)……2,3
為賢(惟宗・権少外記)……251,254,257
為清……418
為言(平・右衛門尉)……253,260
為里(物部・伊勢権守)……127,357
為重(三善・小外記)……254
為末(東河)……465
為季(惟宗・内匠允)……86
為季……197
為季(藤原・治部少輔)……253,259
為親(安倍・大膳権亮)……370
為近……403,418
為利(賀陽)……395,409,424
為直……54
為永……402,417
為成(藤原)……260
為信(三善・(造寺)次官)……32,33
為弘……404,419
為真(賀陽)……396,410,425
為光……397,412
為宗(東河)……465
為元(賀陽)……395,409,424
太郎丸……406,421
湛教(本生房・本成坊)……139,140,141,142

湛慶……504
丹後得業　→ヶ顕祐
丹波経基　→ッ経基

## チ

智海……139,140,141,142,269
近国(菅野)……409,424
親国(平・右少弁・左少弁・皇后宮大進)……339,373
親実(内蔵頭)……470
親実(藤原・修理少進)……253,259
親繁(平・右近将監)……258
近末……406,413,421
親輔(藤原)……260
親純(左少将)……83
親綱(平)……260
親経(藤原・蔵人・宮内権少輔・右少弁・右中弁・左中弁・左京権大夫・参議・左大弁)……64,67,72,75,78,79,81,99,106,149,189,190,191,195,242,243,247,248,251,252,254,255,274,284,374,472,480,496
親長(平・治部権大輔)……253,259,373
親長(橘)……88,260
近永……402,417
親長(藤原・治部少丞)……253,259
親信(藤原・中納言)……251,254
親平(藤原)……260
近弘……399,400,414
近房(賀陽)……395,409,424
親房(源)……260
近藤……401,415,416
親雅(藤原・蔵人・右衛門権佐・左衛門権佐・大蔵卿)……106,125,156,197,198,200,251,254
近道……398,413
親宗(平・参議・権中納言)……58,80,243,251,254
親元(源・阿法・安房守)……12,13
親能(藤原・穀倉院別当・掃部頭)・234,287,332,333
筑前冠者家重　→ィ家重
筑前太郎家重　→ィ家重
智賢……256
智憲……270
智玄……267
智弘……269
智真……261
千葉介常胤　→ッ常胤
忠永……268
忠延……268
忠円……270
忠恩……268
忠寛……270
中宮賢子母……11
忠慶……261,269
忠賢……264
忠尊……238
重阿弥陀仏……350
長尹……269
長印……270
長栄……268
澄英……267
長延……268
重円……270
重喜(武蔵房)……111,262
長教……269
長慶……264
澄恵……441
重玄……256
重源(上人・聖人・俊乗房・大和尚・俊乗坊・春乗坊・舜乗・俊乗上人・春乗上人・俊乗和尚・順乗・南無阿弥陀仏・重定・源師・大仏上人)…1,2,3,4,5,9,16,18,19,20,21,24,30,35,36,37,38,39,40,41,42,43,44,45,47,48,49,50,51,52,54,55,56,58,60,61,62,63,64,65,66,67,69,70,72,97,98,99,100,101,102,103,104,105,106,107,108,109,115,120,123,124,125,126,127,128,129,130,131,132,138,139,140,141,143,144,145,148,149,151,153,154,158,159,160,163,164,166,167,168,171,172,173,174,175,176,179,181,182,183,184,185,187,188,192,196,197,198,199,200,201,203,204,208,209,211,212,213,214,215,216,217,218,219,220,221,222,226,227,228,231,232,236,240,246,273,282,284,285,286,287,290,291,320,322,324,326,328,331,337,338,339,342,343,344,347,348,350,351,353,357,358,363,364,367,368,369,372,376,380,383,385,386,392,393,396,397,437,440,450,451,452,454,455,456,468,469,478,479,480,497,498,499,500,501,505,506,507,508
長玄……266
長厳……440
重行……256,266

長秀……268
長舜……269
長順……264
重勝……268
長信……268
長深……112
超深……264
長盛……269
長勢……12,13
重禅……266
長貞……264
長遍……265
長弁……270
長祐……269
重祐……262
長連……357
珍阿弥陀仏　→ヶ慶賀
珍賀……267
珍覚……262
珍賢……440
珍舜……262
珍助……261
珍乗（顕浄房）……111,264
鎮詮……268
珍暹……266
珍尊……262,269
陳和卿……48,52,54,55,58,127,192,196,208,209,211,222,246,274,285,318,341,348,349,433,499,500,501
珍範……271
陳仏寿……52,54,55,98
珍祐……261
珍誉……267

## ツ

土御門天皇（土御門院・土御門太上天皇）……331,440,450,471,474,475,508
経家（藤原・権中納言・内蔵頭）……76,82,251,254
経子（藤原）……273
恒重……406,421
経高（佐々木中務丞）……244
常胤（千葉介）……234
経仲（高階・播磨守・内蔵頭）……195,374
経中……256
恒永……406,421
経房（藤原・権中納言・帥中納言・大宰権帥・民部卿・中納言・権大納言）……74,80,173,175,180,186,187,233,240,248,249,254,273,284,339,373
経宗（藤原・左大臣）……71
経基（丹波・図書頭）……251,253,259
恒安……402,417

## テ

定阿弥陀仏……388,443
禎喜……54,57,99
諦受……442
出羽局……442

## ト

登阿弥……454
同叡……256
道縁……262
同雅……256
頭覚……256
同慶……256
同玄……256,266
道綽……19,20
道邃……286
同宗……266
道清……263
同詮……268
東大寺上人　→チ重源
同長……267
道法（法親王）……273
遠綱（土師）……170
時家（大中臣）……453
時定（平）……135,136
時沢清常……235
時綱（源）……88
時弘……401,416
時房（源）……9,24
時盛（次官）……190
時盛（源・木工権頭）……88,260
時光……416
得阿弥……454
得アミタ仏　→ト得益
得阿弥陀仏……350
得岡（右近）……461
得寿子（仲原氏太娘）……22,23
得益（得アミタ仏）……460

得恒……422
俊観(源・右近将監)……258
利方(賀陽)……395,409,424
利包(佐波)……394,408,423
俊兼(中原・右少史)……254
利国……398
俊実(源・左近将監)……258
俊重(藤原・大倉充)……441
利助……413
俊平(賀茂)……82
俊盛(惟宗)……428,434
鳥羽院……354,356
戸部清景　→キ清景
知家(大江)……260
朝景(梶原刑部丞)……226
朝方(藤原・権中納言)……80
友貞……404,419
友仲(卜部)……86
知重(藤原・内舎人)……257
朝綱(宇都宮左衛門尉・藤原朝綱入道)……234,332,333
友綱(藤井末良)……441
朝経(藤原・左衛門権佐)……255
友永(大中臣)……441
知雅(大中臣・神惟大祐)……197
朝政(小山左衛門尉)……234
朝政(平・武蔵守)……471
友光……403,418
朝光(小山・結城八郎)……245
知光(藤原・少将)……252
豊原公秀　→キ公秀
敦佐……441
曇鸞……19,20

## ナ

内藤九郎盛経　→モ盛経
長兼(藤原・中宮権大進・権右中弁)……252,373,472,473,481
長清(小笠原次郎)……234
仲国(高階)……260
長邦(源)……260
仲重(藤原)……260
仲資(高階)……260
永次……399,414
仲綱(源・伊豆前司)……30
長俊(源)……260
仲業……235
中院右大臣家……10
仲教(伊賀守)……244
中原章久　→ア章久
中原数清　→カ数清
中原実経　→サ実経
中原氏太娘　→ト得寿子
中原助国　→ス助国
中原助近　→ス助近
中原助綱　→ス助綱
中原助永　→ス助永
中原資広　→ス資広
中原助房　→ス助房
中原助正　→ス助正
中原忠康　→タ忠康
中原俊兼　→ト俊兼
中原仲房　→ナ仲房
中原成弘　→ナ成弘
中原成房　→ナ成房
中原成雅　→ナ成雅
中原信清　→ノ信清
中原広元　→ヒ広元
中原倫光　→ミ倫光
中原元貞　→モ元貞
中原基綱　→モ基綱
中原基房　→モ基房
中原基康　→モ基康
中原守季　→モ守季
中原盛保　→モ盛保
中原師朝　→モ師朝
中原師尚　→モ師尚
中原安範　→ヤ安範
中原安憲　→ヤ安憲
中原頼清　→ヨ頼清
仲弘(三善・右少史)……251,254,257
仲房(中原・内舎人)……257
長房(藤原・右少弁・右中弁兼中宮大進・蔵人頭左中弁)……183,251,254,257,373,473,497
仲基(高階)……260
仲盛(源)……260
永守(大江)……394,408,423
仲康(三善・右大史・行事史)……254,273
永安……415
仲頼(藤原・太皇太后宮権大進)……88

夏野(清原真人)……326
南無阿弥陀仏　→チ重源
南無仁王妙貞……441
成家(藤原・少将)……252
済兼(賀茂・雅楽頭)……84
業兼(外記)……504
成清……354
成清(斉所権介)……179
業国(高階)……260
成定(藤原・中将)……252
業実……96
成実(源)……260
業忠(左馬権頭)……83
成綱(菅野)……394,408,423
業俊(安倍・大舎人頭・天文博士・伯耆介)……33
就信(大江・毛利主膳正)……131,132
業信(史)……504
済宣(賀茂・雅楽頭)……252
済憲(賀茂・雅楽頭)……33,80,258
成範(藤原・権中納言・民部卿)……53,56,80
成広(橘)……260
成弘(中原・左少史)……472
成房(菅野)……147,394,408,423
成房(中原・図書少允)……260
業昌(惟宗)……253,259
成雅(中原・内舎人)……257
成宗(三参・雅楽少允)……253
成宗(三善・雅楽少允)……258
成守……135
成康(源・右兵衛少志)……253,259
成吉(図書属)……47

## ニ

入道大相国道長女……10,11
入蓮……453
如阿弥陀仏……211,347,348,454
如阿弥陀仏　→ヨ吉富
如聖(比丘尼)……370
如法房　→ケ慶暁
任阿弥陀仏　→カ寛宗
忍栄……268
仁円……264,268,271
仁快……261
仁教……164,364
仁慶……236
任賢……69
仁玄(周防得業)……110
仁寿……268,270
仁勝……264
仁信……261
忍信……264
仁増……263
仁和寺御室法親王……284
仁弁(肥前房)……111,264

## ネ

念仏房……140,142

## ノ

能覚……261
能心……264
能信(薩摩公)……370
能宣……265
能遍……267,320
信清(中原・図書允)……87
信清(右馬頭)……244,260
延国(菅野)……395
信定(源・少納言)……472
信重(三善)……273
宣俊(賀茂・暦博士)……503
信仲(高階)……260
宣業(壱岐前司)……370
宣憲……228
信弘(平・左衛門少尉)……253,259
信雅……470
信雅(藤原)……273
延行……54
信義(武田太郎)……234
憲方……442
範清(平)……260
則国……400,415
憲定(賀茂・権暦博士・丹波介)……33
範実(源)……88
則近(狛・左近将監)……81
範直(藤原・内舎人)……257
憲信(主典代右衛門少尉兼春宮)……380
教房(藤原)……260
範政(藤原・雅楽権助)……253,258
則光(平・右衛門少志)……86,253,259
範光(藤原・左少弁・丹後守)……373

則安(土師)……395,409,424
範保(藤原)……88

## ハ

土師国方　→ク国方
土師国真　→ク国真
土師助遠　→ス助遠
土師助元　→ス助元
土師助守　→ス助守
土師助安　→ス助安
土師遠綱　→ト遠綱
土師則安　→ノ則安
土師弘忠　→ヒ弘忠
土師弘綱　→ヒ弘綱
土師弘則　→ヒ弘則
土師弘正　→ヒ弘正
土師弘真　→ヒ弘真
土師弘安　→ヒ弘安
土師守包　→モ守包
土師安利　→ヤ安利
長谷雄(紀)……1,5
畠山次郎(二郎)重忠　→シ重忠
八条院(八条女院)……73,80,82,331,440,495
八郎房　→カ覚俊
播磨得業　→ケ賢運
範英……269
範円……261
範覚……262
範基……267
範乞……268
範教(顕性房)……111,264,268
範賢……261,320,322
範豪……269
範勝……263
範信……270
範諶……269
範晴……267
範詮……269
範忠……268
範仁……269
範有……267
範耀……269

## ヒ

日置高遠　→タ高遠
日置高元　→タ高元
日置高依　→タ高依
東河為末　→タ為末
東河為宗　→タ為宗
久景(大石・左近府生)……258
久次(三神・隼人令史)……85,86
久衡(紀・弾正少忠)……251,257
久吉……403,418
久吉(藤井・図書少属)……87,254,260
肥前房　→ニ仁弁
敏達天皇……157
備中少将……370
秀遠(安倍・右近将曹)……258
秀衡(藤原・秀平・陸奥守)…38,40,63,138,151,152
秀広(備前守)……2,3
秀広朝臣妻……2,3
兵庫允……458
弘方(賀陽)……147,395,408,423
弘忠(土師)……395,410,425
弘綱(土師)……396,410,425
弘直(矢田部)……394,408,423
弘成(大内介)……204
弘則(土師)……395,409,424
広房(小槻・左大史・大夫史・玄蕃頭)‥177,178,435
広房……190
弘正(土師)……148,396,410,425
弘真(土師)……395,409,424
広政(毛利)……446
弘光……413
広基(安倍・玄蕃頭・権天文博士・因幡介)……253,259,503
広元(中原・因幡前司・別当前大膳大夫)…233,455
弘盛(多々良・周防権介)……396,410,425
弘安(土師)……147,394,408,423
敏覚……444

## フ

藤井末遠　→ス末遠
藤井末良友綱　→ト友綱
藤井久吉　→ヒ久吉
藤井依時　→ヨ依時
藤沢二郎清親　→キ清親
藤原(惣判官代)……467
藤原厚康　→ア厚康
藤原有通　→ア有通

藤原家実　→ィ家実
藤原家輔　→ィ家輔
藤原家綱　→ィ家綱
藤原家経　→ィ家経
藤原家教　→ィ家教
藤原家能　→ィ家能
藤原氏盛入道……453
藤原懐長　→ヵ懐長
藤原兼雅　→ヵ兼雅
藤原兼光　→ヵ兼光
藤原兼宗　→ヵ兼宗
藤原兼良　→ヵ兼良
藤原公国　→キ公国
藤原公定　→キ公定
藤原公継　→キ公継
藤原公経　→キ公経
藤原公時　→キ公時
藤原公房　→キ公房
藤原公基　→キ公基
藤原清忠　→キ清忠
藤原清長　→キ清長
藤原清成　→キ清成
藤原邦兼　→ク邦兼
藤原邦輔　→ク邦輔
藤原国光　→ク国光
藤原伊経　→コ伊経
藤原惟頼　→コ惟頼
藤原定家　→サ定家
藤原定輔　→サ定輔
藤原定経　→サ定経
藤原定長　→サ定長
藤原貞光　→サ貞光
藤原定能　→サ定能
藤原実明　→サ実明
藤原実敦　→サ実敦
藤原実教　→サ実教
藤原実房　→サ実房
藤原実宗　→サ実宗
藤原実守　→サ実守
藤原重兼　→シ重兼
藤原重貞　→シ重貞
藤原重実　→シ重実
藤原重俊　→シ重俊
藤原重永　→シ重永
藤原重基　→シ重基
藤原季高　→ス季高
藤原季能　→ス季能
藤原資家　→ス資家
藤原資実　→ス資実
藤原資隆　→ス資隆
藤原資経　→ス資経
藤原隆兼　→タ隆兼
藤原隆清　→タ隆清
藤原隆忠　→タ隆忠
藤原隆房　→タ隆房
藤原高通　→タ高通
藤原忠経　→タ忠経
藤原忠広　→タ忠広
藤原忠光　→タ忠光
藤原為季　→タ為季
藤原為成　→タ為成
藤原親実　→チ親実
藤原親輔　→チ親輔
藤原親経　→チ親経
藤原親長　→チ親長
藤原親信　→チ親信
藤原親平　→チ親平
藤原親雅　→チ親雅
藤原親能　→チ親能
藤原経家　→ツ経家
藤原経子　→ツ経子
藤原経房　→ツ経房
藤原経宗　→ツ経宗
藤原俊重　→ト俊重
藤原朝方　→ト朝方
藤原知重　→ト知重
藤原朝綱入道(左衛門尉)　→ト朝綱
藤原朝経　→ト朝経
藤原知光　→ト知光
藤原長兼　→ナ長兼
藤原仲重　→ナ仲重
藤原長房　→ナ長房
藤原仲頼　→ナ仲頼
藤原成家　→ナ成家
藤原成定　→ナ成定
藤原成範　→ナ成範
藤原信清　→ノ信清
藤原信雅　→ノ信雅
藤原範直　→ノ範直
藤原教房　→ノ教房

藤原範政　→ノ範政
藤原範光　→ノ範光
藤原範保　→ノ範保
藤原秀衡(秀平)　→ヒ秀衡
藤原正兼　→マ正兼
藤原雅隆　→マ雅隆
藤原雅長　→マ雅長
藤原政光　→マ政光
藤原光佐　→ミ光佐
藤原光親　→ミ光親
藤原光成　→ミ光成
藤原光雅　→ミ光雅
藤原宗家　→ム宗家
藤原宗忠　→ム宗忠
藤原宗業　→ム宗業
藤原宗頼　→ム宗頼
藤原基清　→モ基清
藤原師実　→モ師実
藤原保家　→ヤ保家
藤原保孝　→ヤ保孝
藤原泰通　→ヤ泰通
藤原行隆　→ユ行隆
藤原行政　→ユ行政
藤原行光　→ユ行光
藤原良重　→ヨ良重
藤原良輔　→ヨ良輔
藤原良経　→ヨ良経
藤原頼実　→ヨ頼実
藤原頼成　→ヨ頼成
藤原自光　→ヨ自光
仏心(蔵人入道)……140,142
仏心房　→シ春朝
仏念……238
文暁……263
文実……262
文信……268
文法房　→セ勢俊

## ヘ

平覚……262
弁阿弥(弁阿弥陀仏)……454,459
弁英……263
弁恩……270
弁快……225
弁海……265
弁寛……267
弁基……268
弁暁……55,81,101,102,105,108,110,255,267,382,383,436,440
弁恵(定恵房)……111,262
弁経……262
弁慶(大進得業)……110,263,264,269
弁豪……270
弁実……112,261
弁秀……269
弁修(摂津房)……111,256,266
弁俊……227
弁性(性明房)……111,264
弁心……264
弁真……265
弁成……256
弁盛……266
弁詮……264,268
弁忠……267
弁敏……269
弁雄……264
弁猷……265

## ホ

法阿弥陀仏……463
法阿弥陀仏　→ユ行包
法阿弥陀仏(中原氏)……453
報恩大師……224
法然房　→ケ源空
法仏房……495
菩提僧正……37,73,79
堀河院外祖母……10,11
堀河大納言……59
本覚房　→レ蓮覚
本生房(本成坊)　→タ湛教

## マ

正兼(藤原)……428,434
雅定(久我・右大臣)……11
雅実……10,11
誠実(源・左馬権助)……88
真重……464
雅隆(藤原)……251,254
雅賢(源・蔵人頭・左近中将)……82
雅親(源・少将)……252

真次……415
雅経(国司)……155,429
雅長(藤原・参議)……249,251,254
雅長卿母……112
政弘(大内)……446
政光(藤原)……260
雅頼……73
真依(官アミタ仏)……459

ミ

三神久次　→ヒ久次
参川得業　→ケ顕俊
参川得業　→ミ明範
道風(小野)……15,218,356
道真(菅原)……157
通資(源・参議・権中納言)……80,250
通親(源・中将・中納言・権大納言)……46,80,251,254,373
通具(源・少将・左衛門督)……252,504
倫仲(三善・雅楽助代)……80,84,85,87
倫光(中原・式部少録)……251,257
通光(源・左衛門督)……503
光景(源・右近将監)……86
光清……397,412
密性房　→ケ賢信
光佐(藤原・右近将監)……258
光輔(大内記)……58
光輔(源・式部大丞)……80,84
光忠……113,117
光親(藤原・左衛門権佐)……373
光綱……183
光長……125
光成(菅野)……394,408,423
光成(藤原・治部少丞)……253,259
光雅(藤原・前頭弁・参議)……27,106,247,249,250,251,254
三奈木三郎守直　→モ守直
源顕信　→ア顕信
源有資　→ア有資
源有房　→ア有房
源有通　→ア有通
源兼定　→カ兼定
源兼忠　→カ兼忠
源兼信　→カ兼信
源清実　→キ清実
源邦広　→ク邦広
源国基　→ク国基
源国行　→ク国行
源惟義　→コ惟義
源定俊　→サ定俊
源季国　→ス季国
源禅師丸　→セ禅師丸
源高清　→タ高清
源忠国　→タ忠国
源親房　→チ親房
源親元　→チ親元
源経成女　→サ三位殿
源時綱　→ト時綱
源時房　→ト時房
源時盛　→ト時盛
源俊観　→ト俊観
源俊実　→ト俊実
源長邦　→ナ長邦
源仲綱　→ナ仲綱
源長俊　→ナ長俊
源仲盛　→ナ仲盛
源成実　→ナ成実
源成康　→ナ成康
源信定　→ノ信定
源範実　→ノ範実
源誠実　→マ誠実
源雅賢　→マ雅賢
源雅親　→マ雅親
源通資　→ミ通資
源通親　→ミ通親
源通具　→ミ通具
源通光　→ミ通光
源光景　→ミ光景
源光輔　→ミ光輔
源宗雅　→ム宗雅
源盛長　→モ盛長
源師清　→モ師清
源師時　→モ師時
源師行　→モ師行
源保行　→ヤ保行
源行永　→ユ行永
源義経　→ヨ義経
源義朝　→ヨ義朝
源頼家　→ヨ頼家
源頼朝　→ヨ頼朝

源頼房　→ヨ頼房
美乃得業　→ソ増運
三参成宗　→ナ成宗
美作房　→エ円慶
三宅守正　→モ守正
明阿弥陀仏……389
明庵　→ヨ栄西
明恵……444
明縁……270
妙覚寺上人……142
明経……238
明迎坊　→レ蓮慶
明定房　→レ蓮慶
明智……263
妙貞(南無仁王)……441
明範(参川得業)……110,261
明遍(空阿弥陀仏)……103,139,140,142,360,444
明弁……256,270
妙法……24
妙法(藤原氏沙弥)……453
妙蓮……442
三善清信　→キ清信
三善為重　→タ為重
三善為信　→タ為信
三善仲弘　→ナ仲弘
三善仲康　→ナ仲康
三善成宗　→ナ成宗
三善信重　→ノ信重
三善倫仲　→ミ倫仲
三善宗遠　→ム宗遠
三善行政　→ユ行政
三善良国　→ヨ良国

## ム

武蔵房　→チ重喜
宗家(藤原・権大納言)‥58,71,74,75,78,79,80,82
宗包……239
宗清(佐藤)……40,41
宗定……464
宗重……416
宗高(平・右近将監)……258
宗忠(藤原・右大臣)……176
宗次(木工三郎入道)……460
宗遠(三善)……85
宗利……464
宗直……54
宗長……217
宗業(藤原・大内記)……255
棟範(平・右中弁)……195,228
宗政(小山五郎)……244
宗雅(源・刑部卿)……250
宗光(伊岐)……253,259
宗盛(平・前内府・内大臣)……70,369
宗保(大江・玄蕃少允)……253,259
宗行……193
宗頼(藤原・大蔵卿・中宮亮・備中権守・蔵人頭・右大弁・左大弁・按察大納言)……195,198,199,217,219,251,252,254,256,325,352,356
村上天皇……157

## メ

命範……269
命猷……237

## モ

毛利主膳正就信　→ナ就信
毛利広政　→ヒ広政
以仁王(一院皇子)……29
以政……260
基兼(前山城守)……151,152
基清(藤原)……260
元貞(中原・権少外記)……254
基輔……27
基綱(中原・治部少丞)……253,259
基房(中原・造寺判官)……232
基康(中原・造東大寺判官)·32,33,59,273,319,372
物部為里(伊勢権守)　→タ為里
守包(土師)……394,408,423
盛国(平・主馬判官)……369
盛貞(高橋・左少史)……254
守季(中原)……251,257
盛綱(多々良)……394,407,422
盛経(内藤九郎)……144
守直(三奈木三郎)……144
盛長(源・左近将監)……258
守正(三宅・右近将曹)……258
盛保(中原)……396,410,425
盛安……80,255
諸兄(橘・左大臣)……247
師清(源)……9

師実(藤原・図書允)……253
師重(大外記)……456
師時(源)……9
師朝(中原・少外記)……472,473
師尚(中原・大外記)……79,177,178
師盛(大江)……196,348
師行(源・大蔵卿入道)……7,8,9,320,322
文覚(文覚房・文覚上人)……215,217,219,225,226,353

## ヤ

泰家(高階)……260
保家(藤原・少将)……252
安景……402,417
保孝(藤原・右近将監)……258
安清……467
保実……260
泰隆……276
泰忠(安部・大監物)……230
康綱(紀・左衛門・右衛門尉・右近将監)……2,3
泰経(高階・大蔵卿)……70,80,218
安時(菅野・典薬允)……86
泰時(高階)……260
安利(土師)……147,394,408,423
安範(中原・弾正忠)……84
安憲(中原・弾正忠)……80
泰通(藤原・参議・権中納言)……80,248,254,373
安光……400,415
保行(源)……260
矢田部弘直　→ヒ弘直
山県少助　→シ少助
大和入道　→ケ見仏

## ユ

有栄……269
有延……268
有覚……267
祐覚……263
有慶……237,265,379
祐慶……238,452
有賢……238
祐賢……441
有源……264
有厳……268
猷玄……237
有実……441
有俊……265
有順……269
有序……441
有心……238
有信……262,269
有諶……268
融西……268
有詮……265
有禅……264
有増……270
有尊……237,441
有能(善アミタ仏)……460
有範……263
融遍……264
行家……453
幸氏(海野小太郎)……245
行包(法阿弥陀仏)……464
行清(権大工大夫)……376
行貞……376
行隆(藤原・蔵人・左少弁・造寺長官・右大弁・右中弁・左中弁・左大弁)……28,30,31,32,33,34,35,37,39,40,41,42,43,44,45,46,53,56,59,62,63,66,74,75,76,79,80,82,99,100,102,104,109,124,125,132,149,150,349
行豊……365
行永(源)……442
行房……349
行政(藤原)……455
行政(三善・造寺主典)……32,33
行政……235
行光(藤原・令右兵衛少尉)……455

## ヨ

栄西(明庵・西公)……1,2,3,17,18,23,172,286,359
吉岡……400,415
義興(大内左京大夫)……129
能兼(上総介)……244
良国(三善・左近将監)……258
良重(紀・左史生)……231,232
良重(藤原・式部大丞)……251,257
吉末……406,421
良輔(藤原・中将)……252
能隆(神祇権大副)……105,123
能高(清原)……85

能種(紀・左兵衛・左衛門尉)……………………2,3
良経(藤原・権大納言・左近大将)……242,249,251,254
義経(源)……………………………………70
義時(平・権右京大夫)……………………193,194
吉富(如阿弥陀仏)……………………………459
義朝(源)……………………………………157
吉永…………………………………………413
良業(清原・大外記)…242,247,248,250,251,252,254,255,256,274,284,456,472
義範(伊豆守)…………………………………244
義盛(和田左衛門尉)…………………241,244,245
能盛入道……………………………………83
能保(一条・左馬頭・前中納言)…136,218,219,233
米富(経アミタ仏)……………………………460
頼家(源・左衛門督)…………………………481
頼兼(紀・官掌)……………………………231,232
頼兼(蔵人大夫)………………………………244
頼清(中原・右大史・典薬允)………76,79,80,83,87
頼実(藤原・右大将・権大納言)………242,251,254
頼重(大江)……………………………………260
依時(藤井・図書属)…………………………85,87,232
頼朝(源・前兵衛佐・鎌倉殿・前右大将家・右大将家・(征夷)大将軍・将軍家・鎌倉将軍・将軍・二品)……30,63,70,71,79,98,138,144,146,148,150,151,152,157,171,172,174,176,180,186,192,194,196,217,219,220,222,226,234,240,241,243,244,257,284,285,287,324,348,350,452
頼業(清原・大外記)…………46,76,79,80,177,178
頼成(藤原)……………………………………85
頼房(源・少納言)・79,80,83,244,251,252,254,257
自光(藤原・西市正)…………………………259
頼盛(平・入道大納言)………………………104,349

## ラ

頼永…………………………………………266
頼円……………………………………265,266
頼縁…………………………………………271
頼恩…………………………………………270
頼金…………………………………………269
頼恵…………………………………189,262,480
頼憲…………………………………………271
頼厳…………………………………………440
頼深…………………………………………269
来西…………………………………………238
頼詮…………………………………………269
頼同…………………………………………264

## リ

李宇…………………………………………273
理恩…………………………………………270
理暁…………………………………………268
理慶…………………………………………268
理真……………………………………261,273
理盛…………………………………………270
理詮……………………………………256,265
隆胤…………………………………………268
隆永…………………………………………269
隆延…………………………………………270
隆円………………………………263,268,441
隆縁………………………………256,264,270
隆恩…………………………………………267
隆暁……………………………………267,268
隆慶……………………………………266,267
隆憲…………………………………………271
隆玄…………………………………………435
隆実…………………………………………269
隆樹…………………………………………261
隆心…………………………………………268
隆信…………………………………………262
龍心…………………………………………266
隆諶…………………………………………269
隆詮…………………………………………265
隆禅…………………………………………262
隆任…………………………………………268
隆範…………………………………………269
隆祐(義善房)………………………………110,261
了阿弥陀仏…………………………………440
良尹…………………………………………265
良印…………………………………………268
良慧(良恵)………………………………366,446
良円…………………………………………454
良延…………………………………………273
良圓…………………………………………440
了恩…………………………………………269
良恩…………………………………………267
寮恩…………………………………………268
良快………………………………237,441,454
了寛…………………………………………268
良寛…………………………………………271

良基……271
良喜……265
良久……261
良暁……263
良慶……238,264,269
良賢……238,442
良玄……269
良厳……273
良公……236
良弘……268
良潤……159
良勝……263
良情……441
良信……264,268
良真……238
了諶……265
良尋……253,261
良諶……269
良清……237
良詮……269
良禅……237,271
良尊……237,264,271,441
良智……441
良忠……269
良澄……263
良禎……354
良林……261
林栄……269
倫円……157,158
林寛……262
林観房　→セ聖詮
琳暁……269
林慶……261,264
林賢……263
林静房　→キ教観
林尊……265
林祐……268

## ル

盧舎禅師……349

## レ

蓮阿弥(蓮阿弥陀仏)……390,454
蓮栄……268
蓮宴……263
蓮覚(本覚房)……133,269
蓮行……262
蓮慶(明迎房・明定房)……141,142
蓮慶……265
蓮契……139,140,142
蓮秀……265
蓮西……443
蓮任……263
蓮妙……444

## ロ

朗円……265
良弁(良辨)……378,486
朗隆……261
六条殿尼御前……160,485
六朗(宋人)……340

## ワ

若狭……470
和田左衛門尉義盛　→ヨ義盛

定価　三、四〇〇円

昭和四十年五月二十日　印刷
昭和四十年五月三十日　発行

奈良国立文化財研究所史料第四冊
俊乗房重源史料集成

編者　小林剛
版権所有者　文化財保護委員会
発行者　吉川圭三
奈良市尼辻町一丁目五三一番地
印刷者　共同印刷工業株式会社
長澤恒二

発行所　吉川弘文館
東京都文京区本郷七丁目二ノ八号
電話（八一一）五二一四・六九〇八・七四三〇番
（八一二）四八七八・四八七九番
振替口座　東京二四四番